ALLONS-Y!

Le français par étapes

Jeannette D. Bragger   Donald B. Rice

Cahier de laboratoire et de travaux pratiques

Second Edition

HH

(p. 66) Article on the Musée d'Orsay reprinted courtesy of *Le Journal Français d'Amérique*, Vol. 9, No. 2, 29 janvier 1987.

(p. 114) Documents of Martinique and Guadeloupe reprinted from *Service de publicité, Air France Jumbo*, No. 25.

(p. 168) Paris — Toulon TGV schedules reprinted from SNCF publication *Le Guide du Voyageur TGV*, 1 juin — 27 septembre, 1986

(p. 184) Excerpts from Parisian *Pages jaunes* reprinted from *AATF Bulletin*, Vol. 13, No. 3, January 1988.

(p. 204) Real estate advertisements reprinted from *Le Figaro Magazine*, Edition Internationale, No. 335, 12 — 18 avril, 1986.

(p. 225) *Sénégal: Profil d'un pays* reprinted courtesy of *Le Journal Français d'Amérique*, Vol. 9, No. 20, 9 — 22 octobre 1987.

ISBN 0-8384-1559-8

10 9 8 7 6

TABLE DES MATIÈRES

ÉTAPE PRÉLIMINAIRE:
Apprenons une langue étrangère! (pp. 1 – 6)

I. Les accents écrits *(Written accents)*

A. Since English does not use written accents, English speakers often overlook the accent marks in French. This first exercise is designed to get you to notice written accents. In the following paragraph circle each letter that has an accent mark. When you finish, you should have circled seventeen letters.

En 1200, Philippe Auguste élève, près de la Seine, le château fort du Louvre. Il n'en fait pas sa résidence, mais y abrite son trésor. Au quatorzième siècle, Charles V le transforme en demeure habitable. Mais après lui, le Louvre ne reçoit plus guère d'hôtes pendant 150 ans, les rois préférant leurs hôtels parisiens. C'est François 1er qui en 1546 commence à transformer la forteresse en palais.

Adapted from the Guide Michelin

B. Now copy the following sentences, being sure to include all written accents. (Check the number of accent marks against the number in parentheses at the end of the sentence.)

1. accent aigu (acute accent)

    Nous préférons célébrer la majorité d'André en été. (8)

    Nous préférons célébrer la majorité d'André en été.

2. accent grave (grave accent)

    Le père et le frère espèrent voir leur chère mère à Genève. (7)

    Le père et le frère espèrent voir leur chère mère à Genève.

3. accent circonflexe (circumflex accent)

    Le maître du château rêve d'être des nôtres. (5)

    Le maître du château rêve d'être des nôtres.

4. cédille (cedilla)

    Commençons les livres de français que tu as reçus. (3)

    Commençons les livres de français que tu as reçus

II. Cognates

C. **Les villes du monde** *(The cities of the world)*. The French names of most major cities in the world are French-English cognates. Identify the cities numbered on the map and write the name next to the number, choosing from the list on the next page; be sure to include all accent marks. When you have finished, circle the number of those cities whose names are *exactly* the same in French and English.

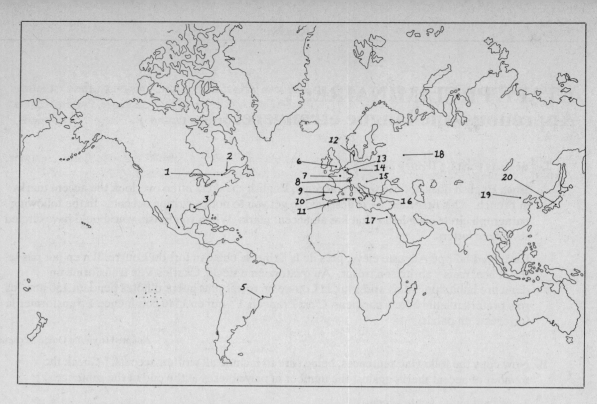

Cities in French: **Alger, Berlin, Bruxelles, Le Caire, Copenhague, Genève, Lisbonne, Londres, Madrid, Mexico, Montréal, Moscou, La Nouvelle-Orléans, Paris, Pékin, Québec, Rio de Janeiro, Rome, Tokyo, Vienne**

1. Montréal
2. Québec
3. La Nouvelle-Orléans
4. Mexico
5. Rio de Janeiro
6. Londres
7. Paris
8. Genève
9. _____
10. _____

11. Alger
12. _____
13. Bruxelles
14. _____
15. _____
16. Rome
17. _____
18. Moscou
19. _____
20. Tokyo

D. Les prénoms (*First names*). Also included among French-English cognates are many French first names—for example, **Hélène, Bernard, Isabelle, Paul, Francine, Vincent.** There are some "false friends" in French, however: for example, **Jean** is a male name while **Claude** can be either a male or a female name. In order to familiarize yourself with some of the French first names you will be using in *ALLONS-Y!*, read the following lists, then do the exercise.

Male names: **Alain, Alfred, Bernard, Charles, Christian, Didier, Éric, Étienne, François, Georges, Gérard, Jacques, Jean, Jean-Luc, Jean-Marc, Jean-Marie, Jean-Pierre, Marc, Mathieu, Nicolas, Pierre, Sacha, Vincent, Xavier, Yves**

Female names: **Anne-Marie, Annick, Béatrice, Bénédicte, Chantal, Christiane, Claire, Émilie, Francine, Françoise, Germaine, Hélène, Irène, Jeanne, Joséphine, Simone, Sylviane, Véronique, Yvette, Yvonne**

Male or female names: **Claude, Dominique, Stéphane**

In a small village in France, there are nine boys and nine girls of school age. Curiously, the first letters of the **prénoms** of eight boys (**garçons**) make up the name of the ninth boy; similarly, the first letters of the **prénoms** of eight girls (**jeunes filles**) make up the name of the ninth girl. Using the eighteen names listed below, complete the anagrams.

Prénoms (par ordre alphabétique): Alain, Alfred, Annick, Christian, Émilie, Étienne, Irène, Jacques, Jean-Marc, Laure, Mathieu, Nathalie, Nicolas, Robert, Simone, Sylviane, Véronique, Yvonne.

Garçons	Jeunes filles
Alain	Annick
Alfred	Émilie
Christian	Irène
Étienne	Laure
Jacques	Sylviane
Jean-Marc	Véronique
Mathieu	Yvonne
	Simone
=	=

CHAPITRE PREMIER:
Allons au café!

TRAVAIL PRÉPARATOIRE

Before beginning the work of each chapter, you will be asked to do two types of preliminary activities that will help you benefit the fullest from the chapter content. In the first of these activities, **Planning Strategy,** *you are to provide phrases and expressions in English* that allow you to accomplish particular linguistic tasks. In doing so, you will bring to mind how you function effectively in your own language and how you get things done in English. As you progress through the chapter, you will find French equivalents for some of these English expressions, and you will get a sense of their importance in communicating your needs and desires. The second activity, **Écoutons!**, involves listening to a short taped conversation or series of conversations. Listening to the tape and answering the general comprehension question(s) will begin to familiarize you with what you are going to hear and say. At the end of the chapter, you will have the opportunity to listen to the same and/or similar conversations again.

I. Planning Strategy

How do I... ? You are tutoring your French friend in English. Answer your friend's questions by suggesting some useful phrases and expressions.

1. How do I order something to eat at McDonald's?

   _____

2. What do I say when I am introduced to a teacher or to the parents of one of my new friends?

   Enchanté, Madame (Monsieur)

   What do I say when I am introduced to a student or another young person?

   Bonjour, (name)

3. How do I make an introduction? Does it depend on who the person is?

   _____

II. Student Tape

Listen to the Student Tape for Chapter 1, repeating and doing the exercises as indicated.

Exercise 1. The sounds of French. The French equivalents of the five basic English vowels (a, e, i, o, u) are:

/ a /, / ə /, / i /, / o /, / y /. Listen and repeat:

/ a /	m**a**dame	Co**c**a	gar**ç**on		/ o /	**au**	**eau**	r**o**se
/ ə /	d**e**	d**e**mi	m**o**nsieur		/ y /	nat**u**re	**u**ne	ét**u**diante
/ i /	merc**i**	l**i**monade	k**i**r				

There are in French, however, six other vowels that are close to these basic vowel sounds: / e /, /ɛ/, /∅/, /œ/, /ɔ/, /u/. Listen and repeat:

/ e /	caf**é**	th**é**	l**ai**t		/œ/	mot**eu**r	act**eu**r	n**eu**f
/ɛ/	**e**xpr**e**ss	v**e**rre	bi**è**re		/ɔ/	c**o**ca	**O**rangina	lim**o**nade
/∅/	mons**ieu**r	bl**eu**	**Eu**rope		/u/	p**ou**r	v**ou**s	r**ou**ge

French also has three nasal vowels; that is, the sound is pushed through the nose rather than through the mouth: /ɛ̃/, /ũ/, /ɔ̃/. Listen and repeat:

/ũ/   française   blanc   menthe

/ɛ̃/   un   vin   pain

/ɔ̃/   allons   citron   non

While doing the preceding exercises on the vowel sounds, you probably noticed that many of the French consonants are pronounced very much like English consonants. Consequently, you should have little trouble with the following phonemes. Listen and repeat:

/ b /	bière	blanc	/ k /	crème	kir
/ p /	pressé	étape	/ s /	pressé	citron
/ d /	demi	mademoiselle	/ z /	fraise	mademoiselle
/ t /	Vittel	citron	/ v /	Vittel	vous
/ m /	menthe	crème	/ l /	lait	allemande
/ n /	nature	limonade	/ r /	rouge	merci
/ g /	garçon	guitare			

There are, however, a few consonant sounds that are not as easily recognizable. Listen and repeat the following:

/ʃ/	chapitre	douche	/ j /	bière	Perrier
/ʒ/	je	rouge	/ɥ/	Suisse	huit
/ɲ/	espagnol	signe	/ w /	oui	boisson

Exercise 2. Now that you have heard and repeated all of the basic sounds of French, practice them by listening to and repeating some of the drinks you might want to order in a café.

une limonade	une menthe à l'eau	un verre de blanc
un demi	un coca	un thé-nature
un verre de rouge	un thé au citron	un Perrier
un express	un Orangina	un kir
un café-crème	une bière allemande	un citron pressé
un Vittel	un lait fraise	une bière française

Exercise 3. Now that you are a little more familiar with these sounds, let's practice listening to some spoken French. Imagine that a large group of people arrive at a café. As the waiter struggles to get their orders, you "keep score" on the checklist provided in your workbook.

_____	un café au lait	_____	un thé-nature	_____	un verre de blanc
X	un café-crème	X	un thé au lait	_____	un verre de rouge
X	un express	_____	un coca	_____	un kir
_____	une bière allemande	_____	un Orangina	_____	un lait-fraise
_____	une bière française	X	une limonade	_____	un citron pressé
X	un demi	_____	un Perrier	X	une menthe à l'eau
_____	un thé au citron	X	un Vittel		

PARTIE ÉCRITE

Première Étape (pp. 8 – 14)

I. L'article indéfini (<u>un</u>, <u>une</u>)

A. Commandons une boisson! You are seated in a café.
When the waiter comes over, you order the following
beverages:

Modèle: *Un coca, s'il vous plaît.*

1. *un demi.* *s'il vous plaît*

2. *une bière allemande* *s'il vous plaît*

3. *un thé au citron* *s'il vous plaît*

4. *une bière au blanc* *s'il vous plaît*

5. *une menthe au l'eau* *s'il vous plaît*

6. *un café-crème* *s'il vous plaît*

7. *un Perrier* *s'il vous plaît*

8. *un citron pressé* *s'il vous plaît*

9. *un bière un rouge* *s'il vous plaît*

10. *un Orangina* *s'il vous plaît*

II. Le présent des verbes réguliers en <u>-er</u> (1ère et 2ème personnes)

B. Give the appropriate form of the infinitives:

travailler

1. Je ___*travaille*___ beaucoup.

2. Tu ___*travailles*___ beaucoup aussi.

3. Nous _travaillons_ à New York.

4. Vous _travaillez_ à Paris, n'est-ce pas?

étudier

5. Est-ce que tu _étudies_ l'espagnol?

6. J' _étudie_ le français.

7. Est-ce que vous _étudiez_ l'anglais?

8. Nous _étudions_ l'allemand.

C. **Vous ou tu?** In asking the following simple questions, you must decide whether to use **tu** or **vous.**

Find out if the following people want something.

1. (Your teacher) Vous désirez quelque chose?

2. (Your best friend) _tu désires quelque chose?_

3. (Your mother and father) _Vous désirez quelque chose?_

Find out if the following people live in Paris.

4. (Your father's boss) Vous habitez à Paris?

5. (Your cousin) _tu habites à Paris?_

6. (Your brother and sister) _tu habites à Paris?_

Find out if the following people speak French.

7. (Your aunt and uncle) Vous parlez français?

8. (Your neighbor's father) _Vous parlez français?_

9. (Your teacher's little daughter) _tu parles française?_

D. **Parlons de vous!** (*Let's talk about you!*)

Answer affirmatively the questions that your teacher asks you.

1. Vous parlez anglais? _Oui, je parle anglais._

2. Vous habitez à... ? _J'habite là Michigan._

3. Vous voyagez beaucoup? _Non, je voyage beaucoup._

Answer affirmatively the questions that your roommate asks you.

4. Tu étudies beaucoup? _Oui, j'étudie beaucoup_

5. Tu désires un coca? (use **je voudrais**) _je voudrais un coca._

6. Tu parles français? _Non, je parle anglais_

Answer affirmatively the questions that your teacher asks the class.

7. Vous parlez anglais? _Oui, nous parlons anglais._

8. Vous travaillez? _non, nous travailleons._

9. Vous gagnez beaucoup? _Non nous gagnons beaucoup_

III. Les formes interrogatives

E. Pour te connaître un peu mieux (*To get to know you a little better*). Choose six of the following verbs to ask questions of one of your classmates using the expression **est-ce que: habiter, parler, étudier, travailler, gagner, voyager, danser, chanter.**

Modèle: *Est-ce que tu habites à Milwaukee?*

1. Est-ce que tu parles français?
2. Est-ce que tu travailles un peu?
3. Est-ce que tu voyages beaucoup?
4. Est-ce que tu danses?
5. Est-ce que tu chantes souvent?
6. Est-ce que tu étudies beaucoup?

IV. Débrouillons-nous!

F. Martine and Gérard are students from France. Ask them the following questions, then answer the questions according to the information suggested by the drawings. Vary the form of your questions.

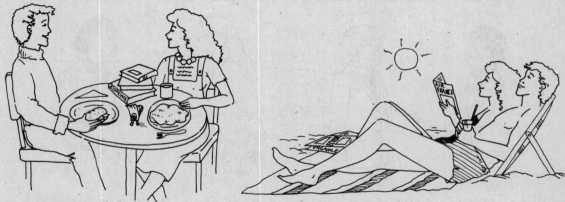

Questions   *Answers*

Ask Martine and Gérard

1. if they live in Paris.

   Est-ce que vous habitez à Paris?   Oui, nous habitons à Paris.

2. if they speak French.

   Est-ce que vous parlez français   Oui, nous parlons français

3. if they work a lot. Est-ce que   Oui, nous
   vous travaillez beaucoup   travaillons beaucoup.

Ask Martine

4. if she speaks Spanish.
   Est-ce que tu   Oui, je parle espanol
   parles espanol

5. if she studies a great deal.
   Est-ce que tu   Oui, j'etudie
   etudie beaucoup   beaucoup

6. if she often travels.

Est-ce que tu travailles souvent

Oui, je travaille souvent.

Ask Gérard

7. if he talks a lot. *Est-ce que tu parles beaucoup*

Oui, je parle beaucoup

8. if he is eating a sandwich.

Tu manges un sandwich

Oui, je mange un sandwich

9. if he eats a lot. *Est-ce que tu manges beaucoup*

Oui, je mange beaucoup

Deuxième Étape   (pp. 15 – 21)

I. Saluer, se présenter, prendre congé

A. **Bonjour, ...**   For each of the drawings below, imagine a short dialogue. When there are two people in the picture, have them greet each other. When there are three people, have them make introductions. Use the names accompanying the drawings when appropriate.

1. **Mme Serreau / M. Nougent**

Bonjour Serreau, Comment allez-vous
Très bien, monsieur, Et vous?
Je vais bien aussi, merci

2. **Dominique / Marie-Hélène**

Salut, Marie-Hélène, Comment ça va?
Ça va bien, Et toi?
Dominique, ça va
Oh, oui ça va

3. Simone Verdun / Germaine Ledoux / Jacques Olivier

Bonjour, Monsieur
Simone Verdun,
Jacques Olivier
Enchanté Madame
Enchanté Monsieur

4. Bénédicte Masson / Jean-Pierre Thibault / Vincent Beauchamp

Salut, Vincent, Salut
Jean-Pierre, Jean-Pierre Thibault
Bénédicte Masson — Bonjour Bénédicte
Bonjour Jean-Pierre.

B. Au revoir. For each drawing below, imagine a short dialogue in which the people are saying good-bye to each other.

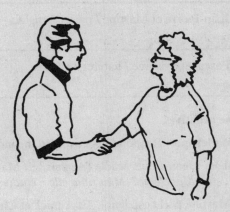

1. Marcel / Sylvie

Allez Sylvie
Au revoir
Salut Marcel,
À demain

2. Georges Molina / Andrée Gerbal

Au revoir Madame
Au revoir, Monsieur
Bonne journée —
Merci, À vous aussi
Merci

II. Le présent des verbes réguliers en -er (3ᵉ personne)

C. Les étudiants. There are many foreign students in Paris who speak different languages, study at different schools, like different beverages in the cafés. Complete the following statements with the appropriate forms of the verbs.

Quelle langue (*what language*) est-ce qu'ils parlent?

1. Antonio _____*parle*_____ espagnol.

2. Olga _____*parle*_____ russe.

3. Peter et Reginald _____*parlent*_____ anglais.

Où (*where*) est-ce qu'ils étudient le français?

4. Verity _____*étudie*_____ le français à l'Alliance française.

5. Heinrich _____*étudie*_____ le français à la Sorbonne.

6. Fabiola et Margarita _____*étudient*_____ le français à COPE.

Qu'est-ce qu'(*what*) ils commandent au café?

7. Yoshi _____*commande*_____ un demi.

8. Ivan et Natasha _____*commandent*_____ deux Oranginas.

9. Mary Ellen _____*commande*_____ un thé-nature.

D. Est-ce qu'il parle anglais? Find out the following information by asking a question with **est-ce que.**

Modèle: Jacques / parler / anglais
Est-ce que Jacques parle anglais?

1. Françoise / habiter / à Bruxelles

Est ce que Françoise habite à Bruxelles?

2. M. Darbelnet / travailler / à Québec

Est-ce que M. Darbelnet travaille à Québec?

3. Jean-Pierre et Martine / parler / anglais

Est ce que Jean-Pierre et Martine parlent anglais?

4. Pascal et Sylviane / habiter / à Paris

Est ce que Pascal et Sylviane habitent à Paris?

III. La forme négative

E. Et Madeleine? Respond negatively to the inquiries.

Modèle: Jean-Louis étudie l'anglais. Et Madeleine?
Madeleine? Mais non, elle n'étudie pas l'anglais.

1. Martine parle espagnol. Et Annick et Chantal?

Annick et Chantal? Mais non, elles ne parlent pas espagnol.

2. Jean-Alex habite à Grenoble. Et Nicolas et Mathieu?

Nicolas et Mathieu? Mais non, ils n'habitent pas à Grenoble.

3. M. et Mme Breton chantent bien. Et Jeannette?

Jeannette? Mais non, elle ne chante pas bien.

4. Simone étudie l'espagnol. Et Pierre et Dominique?

Pierre et Dominique? Mais non, ils n'étudient pas l'espagnol.

5. Vous et Éric, vous parlez italien, n'est-ce pas? Marc et moi?

Marc et moi? Mais non, vous ne parlez pas italien.

6. Toi, tu voyages beaucoup, n'est-ce pas? Moi?

Toi? Mais non, tu ne voyages pas beaucoup.

IV. Débrouillons-nous!

F. Use the following verbs to write four sentences about the persons described below: **commander, étudier, gagner, travailler, voyager, fumer, chanter.**

1. Thérèse (a student in Paris)

_____

_____

_____

_____

2. Pierre et Jean-Yves (two students living in Montreal)

_____

_____

_____

_____

Troisième Étape (pp. 22 – 28)

I. Mangeons!

A. Le petit déjeuner et le déjeuner. You are seated in a café; when the waiter comes, order something to eat and drink according to the drawing.

Modèle: *Un sandwich au jambon et un demi, s'il vous plaît.*

1.   2.   3.

4.   5.   6.

1. Un croissant et un café au lait, s'il vous plaît.
2. Une omelette, et un verre de rouge, s'il vous plaît.
3. Un sandwich au fromage et un express, s'il vous plaît.
4. Un croissant et un chocolat, s'il vous plaît.
5. Un croque-monsieur et un coca, s'il vous plaît.
6. Une omelette aux fines herbers et un thé au citron, s'il vous plaît.

II. Le verbe irrégulier <u>être</u>

B. Où est... ? (*Where is... ?*) Show where each of the following people is at the present time by completing the sentence with the appropriate form of **être**.

1. Georges _____ *est* _____ à Rome.
2. Monique et Chantal _____ *sont* _____ à Genève.
3. Je _____ *suis* _____ à Londres.
4. Vous _____ *êtes* _____ à Madrid.
5. Nous _____ *sommes* _____ à Moscou.
6. Tu _____ *es* _____ à Montréal.

C. Je suis avocat(e). Indicate the correct profession of each of the following people.

Modèle: Est-ce que Georges est avocat? (médecin)
Non, il n'est pas avocat; il est médecin.

1. Est-ce qu'Annick est professeur? (avocate)

   Non, elle n'est pas professeur, elle est avocate.

2. Est-ce que Michel est ingénieur? (professeur)

   Non, il n'est pas ingénieur, il est professeur.

3. Est-ce que tu es professeur? (médecin)

   Non, je ne suis professeur, je suis médecin.

4. Est-ce que Nicole et Francine sont étudiantes? (assistantes)

   Non elle ne sont pas étudiantes; elle sont assitantes.

5. Est-ce que Juliette est avocate? (professeur)

   _____

6. Est-ce que vous êtes assistants? (étudiants)

   _____

III. Les adjectifs de nationalité

D. Ah, bon. Il est français. All of the following people are natives of the country in which they live. Make the logical association based on the information given.

Modèle: Herbert habite à Londres.
Ah, bon. Il est anglais.

1. Marcello habite à Rome.

   _____

2. Yvonne habite à Québec.

   _____

3. Leonid et Andrei habitent à Moscou.

   _____

4. Luisa et Marisela habitent à Lisbonne.

   _____ n'est-ce pas?

5. Herbert habite à Berlin.

_____

6. Suimei (*f.*) habite à Pékin.

_____

7. Ruth et Fred habitent à New York.

_____

8. Gerta et May habitent à Munich.

_____

IV. Débrouillons-nous!

E. Au café. Write a short dialogue in which two friends order lunch in a café.

_____

_____

_____

_____

_____

F. Moi, je... Use the following verbs and expressions to write at least five sentences about yourself: **être, être d'origine, habiter, travailler, gagner, parler, fumer, voyager.**

_____

_____

_____

_____

_____

_____

Quatrième Étape   (pp. 29 – 32)

I. Lecture: Déjeunons au café

Read the following passage, concentrating on finding the main ideas. Then answer the questions that follow, rereading the passage if necessary.

C'est l'heure du déjeuner. Marc et ses amis décident d'aller au café. Marc est belge et il étudie à l'université de Grenoble. Ses amis sont français. Ils arrivent à un café du quartier où les prix sont très raisonnables. Marc commande un sandwich au fromage et un Perrier. Jeanne préfère un croque-monsieur et un citron pressé. Pauline mange une omelette aux fines herbes, et Maurice commande une salade. Pendant le déjeuner, ils parlent ensemble et discutent des cours. Ils travaillent beaucoup, mais ils adorent être étudiants. Ils ont des professeurs formidables et ils aiment la ville de Grenoble. Des étudiants de toutes les nationalités habitent dans cette ville universitaire: des étudiants canadiens, chinois, américains, espagnols, suisses, anglais, italiens. L'ambiance des cafés du quartier est internationale.

Après le déjeuner, les quatre amis commandent des cafés-crème et continuent leur conversation tranquillement. Mais c'est presque l'heure des cours et ils sont obligés de retourner à l'université.

A. Exercice de compréhension. On the basis of what you have read, choose the phrase that best completes the following statements.

1. Marc and his friends go to the café
    a. between 8 and 9 A.M.
    b. between 12:30 and 1:30 P.M.
    c. between 5 and 6 P.M.

2. Marc and his three friends
    a. are all of French nationality.
    b. are all Europeans.
    c. each come from different countries.

3. On the basis of what the students order to eat, you can conclude that
    a. they have varied tastes.
    b. male students are the only ones who like sandwiches.
    c. French students sometimes have alcoholic beverages for lunch.

4. During the meal the four friends
    a. discuss why they like being at the university of Grenoble.
    b. talk about the lack of foreign students at the university.
    c. complain about their teachers.

5. After the meal the four students
    a. hurry off to the university.
    b. discuss how to spend the rest of the afternoon.
    c. stay at the café until it is time for class.

II. Révision du chapitre

B. Parlons de vous! Answer these questions about yourself.

1. Quelle est votre nationalité? (*What is your nationality?*)

    Je suis américaine.

2. Vous êtes de quelle origine?

    Je suis Toledo.

3. Où est-ce que vous habitez?

    J'habite Ottawa Lake.

4. Quelles langues (*what languages*) est-ce que vous parlez?

    Je suis anglais.

5. Est-ce que vous travaillez? Où? Vous gagnez beaucoup?

    Oui, je gagne beaucoup.

6. Est-ce que vous voyagez souvent?

    Non, je ne voyage pas souvent.

7. Est-ce que vous êtes professeur?

    Non, je ne suis pas professeur.

C. Au café.
Write an imaginary conversation that takes place in a café, basing your dialogue on the following situation: you and an acquaintance of your parents, Harold Smith, have made plans to meet at a café for lunch; a French friend of yours, Janine Leclair, joins you; during lunch, Harold and Janine try to find out about each other. Use a separate sheet of paper.

Travail de la fin du chapitre

I. Student Tape

Listen now to the second part of the Student Tape for Chapter I. You will hear two short conversations; do the following exercises based on what you hear.

1. Combien de personnes participent à cette conversation? _____

2. Quelles boissons est-ce qu'on commande? _____

3. Quelle est la nationalité de Nelly? _____

II. Le savez-vous?

This exercise type, which will appear at the end of most chapters, consists of questions dealing with cultural facts about France and the French-speaking world. If you do not know the answer from your general knowledge, make an intelligent guess.

1. French young people often use an expression from a foreign language when they are taking leave of someone. What do they say?

   a. So long!

   b. Ciao!

   c. Adios!

   d. Sayonara!

2. Many older French people complain about the increased presence of **franglais** on television, in the newspapers, on the streets. What is **franglais?**

   a. a slang spoken and understood mainly by high school students

   b. a language spoken on some islands in between France and England

   c. the large number of words from American English that have found their way into the French language

III. Mais comment dit-on... ? (*But how do you say... ?)* At the end of each chapter, you will be asked to think over the various communicative strategies you have learned and to jot down any additional expressions you think would be useful in performing the activities featured in the chapter. For Chapter 1, list any additional expressions you would like to learn for use in a café situation or when you are meeting, greeting, making introductions and/or saying good-bye.

_____

_____

_____

_____

CHAPITRE DEUX:
Faisons connaissance!

TRAVAIL PRÉPARATOIRE

I. Planning Strategy

How do I... ? You are tutoring your French friend in English. Answer your friend's questions by suggesting some useful phrases and expressions.

1. How do I introduce myself? _____ J'ai m'appelle Holly _____
_____

2. How do I express different degrees of liking or disliking something? (for example, singing)
_____ J'aime chanter _____
_____
_____

3. How do I tell someone about the makeup of my family? _____
_____
_____

II. Student Tape

Exercise 1. You will have probably noticed that many of the letters in French are quite similar to those in English. For example, repeat the following letters:

a b c d f l m n o p q r s t v

Now repeat the following letters that are different; you will do each one twice:

h k u w x y z

Finally, there are two pairs of letters that can be confusing to speakers of English. Repeat each of the pairs several times:

e i   g j

Now let's run through the alphabet from **a** to **z**:

a	b	c	d	e	f	g
h	i	j	k	l	m	n
o	p	q	r	s	t	u
v	w	x	y	z		

When spelling in French, there are several other expressions you need to know. For double letters, say **deux** before the letters: **ll, pp, ss, tt.** If a letter has an accent mark, say the name of it after the letter: **e accent aigu, e accent grave, i accent circonflexe, c cédille.** The same is true for a capital letter and a little letter: **F majuscule, d minuscule.**

Exercise 2. Comment s'écrit... ? (*How is... written?*) Knowing the alphabet will come in handy, particularly when someone gives you names or addresses over the telephone. In this exercise, a French friend is telling you about two people you could contact while traveling in the south of France. Your friend spells out the last names, the street names, and the names of the town. (Your friend assumes you can spell the first names and cognate words such as **avenue** and **boulevard.**) Write in the spaces provided the names and addresses.

_____

_____

_____

_____

Exercise 3. Épelez... (*Spell...*). You, in turn, may need to spell in French when making reservations or when filling out forms for someone. Imagine that you are trying to reserve a hotel room. The clerk asks you for the following information; be able to spell these words in French for your instructor.

    a.   your last name

    b.   your first name

    c.   the name of the street where you live

    d.   your city

    e.   your state

Exercise 4. In Chapter 2, you are going to be working with words and expressions used when getting to know someone; in particular, you will need vocabulary to talk about things that you own (a stereo set, for example) and activities you like (for example, playing tennis). Many of these words are cognates—i.e., the French word is quite similar to the English. You are going to hear two short monologues. In the first, Jean-Pierre, a French university student, is going to describe his room; in the second, Michelle, a young lawyer, is going to talk about how she likes to spend her time. Much of what they say you will not understand; however, what is important is to recognize the words you can. For each monologue, look at the drawings below and circle the objects or the activities mentioned.

Première Étape   (pp. 34 – 40)

I. Le présent du verbe irrégulier <u>avoir</u> et les expressions <u>il y a</u> et <u>voilà</u>

    A. Mes amis et moi (*My friends and I*). Yvette is talking about her friends. Complete the sentences using the appropriate form of **avoir**:

       1. Jean-Pierre _____a_____ faim.

       2. Annick et moi, nous n'____avons_____ pas faim.

       3. Toi, tu _____as_____ tort.

       4. Moi, j'_____ai_____ raison.

5. Est-ce que vous _____*arez*_____ soif?

6. Marie-Claire et Anne, elles _____*ont*_____ soif.

B. **Oui, mais...** (*Yes, but...*). React to the following statements about possessions by indicating what the people do *not* have. Pay attention to who the speaker is.

    Modèle: Yvonne: Moi, j'ai une auto. (vélo)
              Oui, mais tu n'as pas de vélo.

1. Gérard: Moi, j'ai une calculatrice. (ordinateur)
   Oui, mais tu n'as pas d'ordinateur.

2. Sylvie: Éric a une télévision. (magnétoscope)
   Oui, mais il n'a pas un magnétoscope.

3. Vincent: Toi, tu as un cahier. (livre)
   Oui, mais je n'ai pas un livre

4. Xavier: Monique et moi, nous avons un appartement. (maison)
   Oui, mais ils n'ont pas une maison.

5. Marianne: Chantal a des cassettes. (chaîne stéréo)

_____

6. Claire: Simone et Véronique ont un vélo. (vélomoteur)

_____

7. Jacques: Vous et Didier, vous avez un transistor. (appareil-photo)

_____

C. **Petites conversations** (*Little conversations*). Complete the following conversations, using the expressions **il y a** or **voilà** or the appropriate form of the verbs **être** or **avoir**.

1. — À Cassis ___*il y a*___ des avocats?

   — Oui. Tiens! Regardez! (*Look!*) ___*Voilà*___ un avocat!

   — Ah, oui. M. Rocard. Il ___*est*___ de Marseille, mais il ___*a*___ une maison à Cassis.

2. — Nous sommes à l'université?

   — Oui. Regardez! ___*Voilà*___ des étudiants. Là, au restaurant universitaire.

   — Est-ce qu'ils ___*sont*___ français?

   — Non, espagnols et allemands. ___*Il y a*___ beaucoup d'étudiants étrangers (*foreign*) à l'université.

3. — Où est-ce que Nathalie habite?

   — Est-ce qu'elle ___*a*___ un appartement?

   — C'est possible. ___*Il y a*___ des appartements pour étudiants dans l'avenue Dauphin.

   — Où ___*est*___ l'avenue Dauphin?

   — ___*Voilà*___ l'avenue Dauphin. Tout droit (*straight ahead*).

zero   trois   six   neuf
un une   quatre   sept   dix
deux   cinq   ~~deuf~~   huit

II. Les nombres de 0 à 10

D. Une calculatrice. Indicate the combination of numbers needed to make the following two-digit figures on a calculator.

Modèle: 52   *cinq* et *deux*

47 _quatre_ et _sept_   18 _un_ et _huit_

29 _deux_ et _neuf_   35 _trois_ et _cinq_

60 _six_ et _zero_   51 _cinq_ et _un_

III. L'article indéfini (un, une, des)

E. Qu'est-ce que c'est? Identify the objects below.

Modèles:

C'est une télévision.

Ce sont des disques.

1. C'est une maison

2. C'est un sac à dos

3. Ce sont des clés

4. C'est un calculatrice

5. C'est un appareil photo

6. Ce sont des cassettes

7. Ce sont des stylos

8. C'est un ordinator

9. C'est un chaine stereo

10. Ce sont des livres

11. C'est un vélo.

12. C'est un portfeuille

1. *C'est une maison*   7. *Ce sont des stylos.*
2. *C'est un sac à dos*   8. *C'est un ordinateur*
3. *Ce sont des clés*   9. *C'est une chaîne stéréo*
4. *C'est un calculatrice*   10. *Ce sont des livres.*
5. *C'est un appareil-photo*   11. *C'est un vélo.*
6. *Ce sont des cassettes*   12. *C'est un portefeuille*

IV. Débrouillons-nous!

F. Moi, je... Compare your possessions with those of Nathalie. Give as much information as possible.

Modèle: Nathalie a une motocyclette.
Moi, je n'ai pas de motocyclette, mais j'ai une auto et un vélo.

1. Nathalie a une Renault.

_____

2. Nathalie a un ordinateur.

_____

3. Nathalie a deux stylos et trois crayons.

_____

4. Nathalie a un sac et un portefeuille.

_____

5. Nathalie habite dans un appartement.

_____

6. Nathalie a quatre disques des Beatles.

_____

Deuxième Étape (pp. 44 − 47)

I. L'article défini (le, la, l', les)

A. Les catégories. Reorganize the following list by putting each noun in its category. (Some items may fit under more than one category.)

la bière, le café, le camping, le cinéma, la danse, le football, les langues, la littérature, les mathématiques, la musique, l'opéra, la peinture, la politique, les sciences, la sculpture, le ski, la télévision, le tennis, le thé, le théâtre, le vin

les boissons: *la bière, le café, le thé, le vin*

les sports: *le football, le ski, le tennis*

les arts: *la danse, la musique, l'opéra, la peinture*

les distractions: _____

les matières (*school subjects*): *les langues, la littérature, les mathématiques, les sciences*

B. Moi, j'aime mieux... Choose three items for each category in Ex. A and indicate your personal attitude toward them. Use each of the following expressions at least once: **adorer, aimer beaucoup, aimer bien, aimer mieux, aimer un peu, ne pas aimer, ne pas aimer du tout** (*to hate*).

Modèle: *En général, je n'aime pas les sports. J'aime un peu le tennis, mais je n'aime pas du tout le football.*

les boissons: _j'aime un thé_

_____

_____

les sports: _je n'aime pas le ski_

_____

_____

les arts: _____

_____

_____

les distractions: _____

_____

_____

les matières: _____

_____

_____

II. L'adjectif possessif (1ère et 2e personnes)

C. L'inventaire. You and your roommate (**camarade de chambre**) are leaving your apartment at the end of the school year. Your landlord (**propriétaire**) is watching you pack. You discuss who has what. Complete the conversation by using **mon, ma, mes, ton, ta, tes, votre, vos, notre,** or **nos.**

VOUS: Bon, j'ai _____mon_____ appareil-photo, _____ma_____ chaîne stéréo,

_____mes_____ disques et _____mon_____ sac à dos. Est-ce que tu as _____ta_____

serviette, _____tes_____ cahiers et _____ton_____ transistor?

VOTRE CAMARADE DE CHAMBRE: Oui. Eh bien, nous avons _____notre_____

télévision, _____nos_____ livres et _____notre_____ ordinateur.

VOTRE PROPRIÉTAIRE: Oui, mais vous n'avez pas _____vos_____ plantes et

_____votre_____ motocyclette. Et... attention! Vous avez _____mes_____ clés!

D. À qui est le livre? (*To whom does the book belong?*) Using the information given, complete the following mini-conversations with the appropriate possessive adjectives. Pay close attention to the person(s) speaking.

Alain: chambre, sac à dos, auto, stylos

Francine: appartement, magnétoscope, calculatrice, disques

Didier et Christiane: maison, ordinateur, appareil-photo, clés

1. Alain: Où sont ___mes___ stylos?

   Francine: Ils sont dans ___ton___ sac à dos.

2. Alain: Francine, c'est ___ta___ maison?

   Didier: Non, c'est ___notre___ maison.

   Francine: Je n'ai pas de maison. J'ai un appartement.

   Didier: Ah, oui. Où est ___ton___ appartement?

3. Francine: Didier et Christiane, ce sont ___vos___ clés?

   Christiane: Oui, ce sont ___nos___ clés.

4. Alain: Francine, c'est ___ton___ magnétoscope?

   Francine: Oui, et ce sont ___mes___ disques aussi.

5. Francine: À qui est l'appareil-photo?

   Alain: Francine, ce n'est pas ___ton___ appareil-photo?

   Christiane: Mais non, c'est ___notre___ appareil-photo.

   Francine: Ah, bon. C'est ___leur___ appareil-photo.

6. Didier: Francine, où est ___ton___ ordinateur?

   Francine: Je n'ai pas d'ordinateur. Mais voici ___ma___ calculatrice.

7. Francine: Alain, où est ___ton___ auto?

   Alain: Elle est devant la maison de Didier et Christiane.

   Christiane: Ah, c'est ___ton___ auto.

   Alain: Oui. Il n'y a pas de place dans ___ma___ chambre pour une auto!

III. Débrouillons-nous!

E. Mes possessions. Give your reactions to the objects illustrated below, then compare them to your own.

Modèle: *Je n'aime pas la Cadillac de David. J'aime mieux ma Renault.* ou *Je n'ai pas d'auto.*
Mon amie Anne a une Ford, mais j'aime mieux la Cadillac de David.

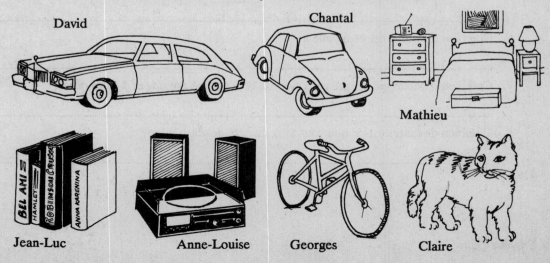

David   Chantal   Mathieu

Jean-Luc   Anne-Louise   Georges   Claire

1. _____

2. _____

3. _____

4. _____

5. _____

6. _____

7. _____

Troisième Étape (pp. 48 – 53)

I. La famille

A. Ma famille. Answer the following questions about your family.

1. Comment vous appelez-vous?

   Je m'appelle Holly.

2. Combien de frères et de soeurs est-ce que vous avez?

   J'ai un frère

3. Comment s'appelle votre père?

   Il s'appelle Richard

4. Combien de soeurs est-ce qu'il a?

   Non je n'ai pas de soeurs.

5. Comment s'appelle votre mère?

   Elle s'appelle Susan

6. Combien de frères est-ce qu'elle a?

   _____

7. Combien d'oncles est-ce que vous avez du côté de (*on the side of*) votre père?

   _____

8. Combien de tantes est-ce que vous avez du côté de votre mère?

   _____

II. Les questions d'information (<u>où, combien de, que, pourquoi</u>)

B. Des questions. You are trying to get to know your new friend Marcel a little better. Here are the answers he gives you to your questions; you are to write the questions that you asked.

Modèle: J'habite à Rouen.   *Où est-ce que tu habites?*

1. Je suis étudiant parce que j'aime étudier.

   Pourquoi est-ce que tu es étudiant?

2. Dans mon sac à dos il y a des livres et des cahiers.

   _____

3. J'ai trois soeurs.

   Combien de soeurs est-ce que tu as?

4. Elles habitent à Grenoble.

   _____

5. J'ai un frère.

   Combien de frères est-ce que tu as?

6. Il a deux enfants.

   _____

7. Il travaille à Versailles.

   Où est-ce qu'il travaille

8. Pour aller au travail il a une voiture.

   _____

C. Pour faire continuer la conversation (*To keep the conversation going*). You are sitting in a café with some friends. Whenever someone makes a statement or answers a question, you take it upon yourself to keep the conversation going by asking a questions using **où, combien de, que,** or **pourquoi**:

Modèle: J'adore les chats.
    Combien de chats est-ce que tu as? ou *Pourquoi est-ce que tu aimes les chats?*

1. J'aime beaucoup mes soeurs.

   _____

2. Je n'habite pas à Paris.

   _____

3. Mon père déteste nos chiens.

   _____

4. J'ai un vélomoteur et une motocyclette.

   _____

5. Il n'y a pas de livres dans notre chambre.

   _____

6. Je cherche quelque chose.

_____

III. Le présent du verbe irrégulier <u>faire</u>

D. Les activités. You ask some of your friends about their activities. Complete the questions and answers using the appropriate form of the verb **faire**.

1. Joseph, est-ce que tu ___*fais*___ du ski?

2. Je ___*fais*___ du ski nautique (*water skiing*).

3. Élisabeth, toi et ton mari, est-ce que vous ___*faites*___ du tennis?

4. Oh, oui, nous ___*faitons*___ du tennis.

5. Est-ce que Jacques ___*fait*___ des promenades?

6. Non, mais les soeurs de Jacques, Hélène et Martine, elles ___*font*___ souvent des promenades.

IV. Débrouillons-nous!

E. Une interview. You have been chosen to interview a French person who is at your university. Prepare questions that you could ask in order to elicit the following information. Do not translate word for word, but look for French equivalents.

1. his/her name

   Comment vous appellez-vous?

2. where he/she lives

   Où est-ce que vous habitez?

3. whether he/she lives in a house, an apartment, etc.

   vous habitez dans une maison ou dans un appartement?

4. how many brothers and sisters he/she has

   Combien de frères et de soeurs est-ce que vous avez?

5. whether he/she works or is a student

   Est-ce que vous travaillez ou est-ce que vous êtes étudiant?

6. what he/she is studying

   Qu'est-ce que vous étudiez?

7. whether he/she prefers sports or music

   _____

8. why he/she doesn't like American beer

   _____

9. what he/she likes to do on the weekend

   _____

10. whether or not he/she is a skier

   _____

Quatrième Étape (pp. 54 – 58)

I. Lecture: Permettez-moi de me présenter

Je m'appelle Chantal Cazenave et je suis française. Cette année, j'habite à Boston où je suis étudiante en littérature américaine. C'est la première fois que je suis en Amérique. Je suis ici parce que je désire améliorer mon anglais et parce que je désire faire connaissance avec des Américains.

J'ai un petit appartement très chic au centre de la ville. Mon appartement a quatre pièces: une chambre, une cuisine, une salle de bains et une salle de séjour. J'ai une chaîne stéréo et des disques français et américains. J'adore la musique et quand j'étudie, j'écoute surtout des compositeurs classiques. J'ai beaucoup de livres et une machine à écrire. Je n'ai pas de télévision parce que je préfère aller au cinéma.

Ma famille habite à Besançon, en France. J'ai deux frères et une soeur. Mon père est avocat et ma mère est médecin. Ils habitent dans une grande maison avec un chien et deux chats. Mes frères aiment les sports et ma soeur travaille dans l'édition. Je suis très contente d'être à Boston, mais je téléphone souvent en France parce que j'aime beaucoup ma famille.

A. Les mots apparentés. Circle all cognate words in the reading whose meaning you can guess because of their similarity to English.

B. Vrai ou faux. On the basis of the reading passage, indicate which of the following statements about Chantal Cazenave are true (**vrai**) or false (**faux**). Put V or F in the blank before each statement.

   __F__ 1.   Elle est d'origine canadienne.

   __F__ 2.   Elle visite souvent Boston.

   __T__ 3.   Elle parle anglais.

   __F__ 4.   Elle a un grand appartement.

   __F__ 5.   Elle aime beaucoup le jazz.

   __T__ 6.   Elle aime le cinéma.

   __T__ 7.   Il y a six personnes dans la famille de Chantal.

   __T__ 8.   Le père et la mère de Chantal travaillent.

   __F__ 9.   La soeur de Chantal est étudiante aussi.

   __F__ 10. Elle n'aime pas Boston.

II. Révision du chapitre

C. Un autoportrait. You are planning to study in France and you have asked for a room in a student dormitory. In order to match you up with a roommate, the housing authorities have asked you to write a short self-portrait. Include information such as your name, where you live, your work (if any), your possessions, your activities, your likes and dislikes. Use a separate sheet of paper.

D. Le portrait de mon (ma)... A member of your family (who is of the opposite sex) is planning a trip to France. In a letter to some French friends, you introduce this family member to them. Include the same kinds of information as in exercise C. Use a separate sheet of paper.

TRAVAIL DE LA FIN DU CHAPITRE

I. Student Tape

Listen now to the second part of the Student Tape for Chapter 2. You will hear a short conversation between two students—Henri and Janine. Indicate whether the expressions listed below apply to Henri (**H**), to Janine (**J**), or to neither one (**X**).

1. _____ être de Rennes
2. _____ habiter à Lyon
3. _____ être d'une famille nombreuse
4. _____ avoir deux frères et une soeur
5. _____ avoir des soeurs qui sont étudiantes
6. _____ aimer le tennis
7. _____ faire du ballet
8. _____ aimer les sports de combat

II. Le savez-vous?

1. Which of the following is *not* a French-made automobile?
   a. Renault
   b. Fiat
   c. Citroën
   d. Peugeot

2. Radio and TV stations in France are
   a. privately owned.
   b. publicly owned.
   c. a mix of public and private ownership.

3. **Mémé** and **pépé** are terms often used by French children when talking to or about their
   a. mother and father.
   b. grandmother and grandfather.
   c. sister and brother.
   d. aunt and uncle.

III. Mais comment dit-on... ?

List any additional words or expressions whose French equivalents you do not know and that you would find useful when introducing yourself and talking about your family, your hobbies and activities, your likes and dislikes.

_____

_____

_____

_____

CHAPITRE TROIS:
Renseignons-nous!

TRAVAIL PRÉPARATOIRE

I. Planning Strategy

How do I... ? Your French friend has been having trouble finding his/her way around your town and also responding when people ask him/her for directions. Suggest some phrases and sentences he/she might use to accomplish the following tasks.

1. Find out from a stranger the location of the town library.

   _____

2. Find out from you if there is a drugstore nearby.

   _____

3. Explain to someone how to walk from campus to a bank (a restaurant, a post office, etc.) that is in the vicinity but not right next to campus.

   _____

   _____

   _____

4. Explain to a passerby how to get to campus from somewhere in town.

   _____

   _____

   _____

II. Student Tape

Listen to the Student Tape for Chapter 3, then do the following exercise.

Exercise 1. You are going to hear four short conversations in which various people ask directions. Match the number of the conversation (1, 2, 3, 4) with the brief description below. (You will not understand most of each conversation in detail; listen for the general context.)

_____ A motorist asks a policeman for directions.

_____ A tourist asks a passerby for directions, but the passerby cannot help.

_____ A student tells a friend how to get somewhere in town.

_____ A student explains to a friend how to get to a relative's house.

PARTIE ÉCRITE

Première Étape   (pp. 60 – 65)

I. Faisons la connaissance de la ville!

A. **Le plan de Nancy.** In making a map of the city of Nancy, the printer inadvertently left off the legend. Using the symbols as a guide, match the names of the various buildings and sites with their numbers. Be sure to include the definite article (**le, la, l', les**).

aéroport   hôpital militaire
bibliothèque municipale   hôtel La Lorraine
bureau de poste   musée de l'École de Nancy
Cathédrale de Nancy   parc de la Pépinière
église Saint-Sébastien   Université de Nancy
gare Centrale   Grand Théâtre

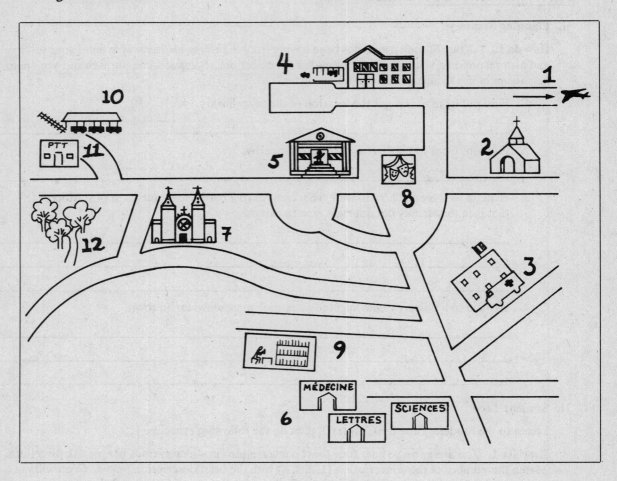

1. _aéroport_   7. _Cathédrale de Nancy_
2. _église Saint-Sébastien_   8. _Grand Théâtre_
3. _hôpital militaire_   9. _bibliothèque municipale_
4. _hôtel La Lorraine_   10. _Gare Centrale_
5. _musée de l'École de Nancy_   11. _bureau de poste_
6. _Université de Nancy_   12. _parc de la Pépinière_

B. Ma ville (Mon quartier). Describe your town (**ville**) or, if you live in a large city, your neighborhood (**quartier**) by giving precise information about what one finds or does not find there. Write sentences involving all of the places mentioned below.

Modèle: *Dans ma ville (Dans mon quartier) il y a trois églises, mais il n'y a pas d'hôpital.*

une gare, un aéroport, une cathédrale, une église, une école, un lycée, une université, une bibliothèque, un hôpital, un bureau de poste, une banque, une pharmacie, un bureau de tabac, un restaurant, un café

Dans ma ville il y a une bureau de poste. Il n'y a pas une cathédrale. Il y a une gare et un aéroport. Il n'y a pas une université et un hôpital.

II. Le présent du verbe irrégulier aller

C. Vous allez souvent à Paris?

Using the number in parentheses (which equals the number of trips per month) as a guide, indicate how frequently the following people go to Paris. Remember that **de temps en temps** and **quelquefois** either begin or end the sentence, while **souvent** and **rarement** come right after the verb.

Modèle: Jacques Crépelle (1)
Jacques Crépelle va rarement à Paris.

1. je (10)
   Je vais souvent à Paris

2. Annick Leclair (4)
   Annick Leclair va rarement à Paris.

3. nous (1)
   Nous allons rarement à Paris.

4. M. et Mme Santerre (10)
   M. et Mme Santerre vont souvent à Paris

5. tu (4 ou 5)
   tu va à Paris de temps en temps.

6. vous (assez souvent)
   Vous allez assez souvent à Paris.

III. La préposition à + l'article défini

D. Où est-ce que vous allez? Indicate where the following people are and are not going.

Modèle: Sylvie / église / cathédrale
Sylvie va à l'église, elle ne va pas à la cathédrale.

1. tu / théâtre / cinéma

   Tu vas au théâtre, tu ne vas pas ~~à la~~ au cinéma.

2. vous / pharmacie / bureau de poste

   Vous allez à la pharmacie. Vous n'allez pas au bureau de poste.

3. Jean et Martine / école / université

   Jean et Martine vont ~~souvent~~ à l'école, ils ne vont pas à l'université.

4. je / café / restaurant

   Je vais au café, je ne vais pas au restaurant.

5. Claire / banque / librairie

   Claire va à la banque, elle ne va pas à la librairie.

6. nous / gare / aéroport

   Nous allons à la gare, nous n'allons pas à l'aéroport.

7. Philippe et Raymond / musée / parc

   Philippe et Raymond vont au musée, ils ne vont pas au parc.

8. Pierre / maison de Jeanne / hôtel

   Pierre va à la maison de Jeanne, il ne va pas à l'hôtel.

IV. Les nombres de 11 à 20

E. Dix sur vingt *(Ten out of twenty)*. In French schools, students are often graded on the basis of twenty: ten out of twenty is a passing grade. Write in French the grades of the following students.

Modèle: Hervé Maréchal: 10/20   *dix sur vingt*

Colette Marchand: 14/20   *quatorze sur vingt*

Henri Saulnier: 11/20   *onze sur vingt*

Véronique Dupuis: 18/20   *dix-huit sur vingt*

Jean Leblanc: 15/20   *quinze sur vingt*

Françoise Lévarèque: 19/20   *dix-neuf sur vingt*

Jean-Claude Goidin: 7/20   *sept sur vingt.*

Mireille Tavernier: 8/20   *huit sur vingt*

Éric Ménétrier: 16/20   *seize sur vingt*

Joëlle Vinaver: 12/20   *douze sur vingt*

V. Débrouillons-nous!

F. Quand ma famille va en ville *(When my family goes to the city)*. Write sentences about the following members of your family (or substitute a friend). Indicate where they go when they are in the city. Use expressions such as **souvent** and **toujours** where appropriate.

1. ma mère _____

   _____

2. mon frère _____
   _____

3. je _____
   _____

4. mes parents _____
   _____

5. mon père et moi, nous _____
   _____

Deuxième Étape   (pp. 66 – 71)

I.   Où se trouve... ?

A. **Qu'est-ce qu'il y a... ?** Using the drawings as a guide, answer the following questions.

Modèle: Qu'est-ce qu'il y a devant l'hôtel?
Devant l'hôtel il y a une motocyclette.

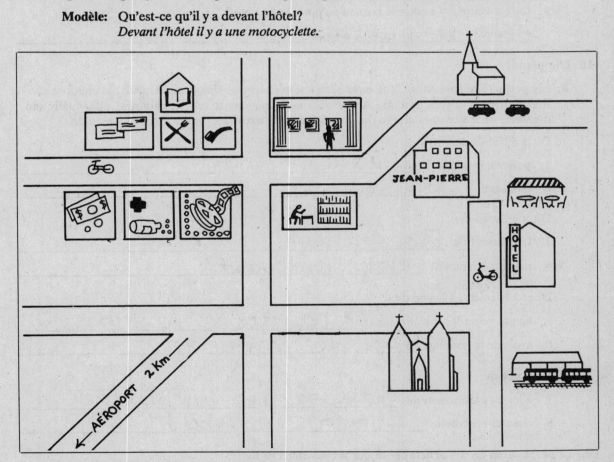

1. Qu'est-ce qu'il y a à côté du café?

   À côté du café il y a un hôtel.

2. Qu'est-ce qu'il y a en face de la gare?

   En face de la gare il y a une cathédrale.

3. Qu'est-ce qu'il y a en face de la bibliothèque?

En face de la bibliothèque il y a un musée.

4. Qu'est-ce qu'il y a près de la ville?

Près de la ville il y a un aéroport.

5. Qu'est-ce qu'il y a entre la banque et le bureau de poste?

Entre la banque et le bureau de poste il y a un vélo.

6. Qu'est-ce qu'il y a derrière le restaurant?

Derrière le restaurant il y a une librairie.

7. Qu'est-ce qu'il y a à côté de la pharmacie?

À côté de la pharmacie il y a un cinéma

8. Qu'est-ce qu'il y a devant l'église?

Devant l'église il y a deux autos.

9. Qu'est-ce qu'il y a entre le bureau de poste et le tabac?

~~Entre le télévision~~

II. L'impératif

B. Les petits *(The little ones).* You have been left in charge of Nicole and David, the children of French friends of your parents. At various times, you have to tell the children, individually and together, what to do and not to do; you also suggest activities for the three of you to do.

Dites à Nicole de:

1. parler lentement *(slowly)* _Parle lentement!_
2. être sage _Sois sage!_

Dites à David de:

3. faire attention _Fais Attention!_
4. manger lentement _Mange lentement!_

Dites à Nicole et à David de:

5. ne pas regarder la télévision _Ne regardez pas la télévision!_
6. avoir de la patience _Ayez de la patience!_

Proposez de:

7. aller au parc ensemble _Allons au parc ensemble!_
8. chanter ensemble _Chantons ensemble!_

III. La préposition <u>de</u> + l'article défini; les prépositions de lieu

C. Les noms, les adresses et les numéros de téléphone. Ask questions to find out the following names, addresses, and telephone numbers.

Modèle: hôtel

    (nom) *Quel est le nom de l'hôtel?*

    (adresse) *Quelle est l'adresse de l'hôtel?*

    (numéro de téléphone) *Quel est le numéro de téléphone de l'hôtel?*

les noms

1. église _Quel est le nom de l'église?_

2. lycée _Quel est le nom du lycée?_

3. banque _Quel est le nom de la banque?_

les adresses

4. restaurant _Quelle est le nom de l'église?_

5. librairie _Quelle est l'adresse de la librairie?_

6. école _Quelle est l'adresse de l'école?_

les numéros de téléphone

7. frère de Martine _Quel est le numéro de téléphone du frère de Martine._

8. cousins de Jean-Luc _____

9. soeur de Madeleine _____

D. Où est... ? Using the map on page 35 as a guide, explain where each of the following places or things is located.

    Modèle: la banque

    La banque est à côté de la pharmacie et en face du bureau de poste.

1. le cinéma _Le cinéma est à côté de la pharmacie et en face du tabac_

2. le restaurant _Le restaurant est entre le bureau de poste et le tabac et devant la librairie_

3. l'appartement de Jean-Pierre _____

4. le vélo de Thierry _____

5. le bureau de poste _Le bureau de poste est en face de la banque et à côté du restaurant_

6. la pharmacie _____

7. le bureau de tabac _____

8. le musée _Le musée est en face de la bibliothèque._

IV. **Débrouillons-nous!**

 E. **La ville où je suis né(e)** *(The town where I was born).* Using the prepositions of place (**près de, loin de**, etc.), describe where the following places are located in your home town. Add proper names where appropriate—i.e., **le restaurant Criterion, l'Hôpital Memorial**, etc.

  1. ma maison _____

   _____

  2. la gare ou l'aéroport _____

   _____

  3. l'église _____

   _____

  4. l'hôpital _____

   _____

  5. le restaurant _____

   _____

Troisième Étape (pp. 72 – 79)

 I. **Vous allez tout droit!**

  A. **Dans la rue...** Using the map on p. 40 of the *Cahier,* indicate on which streets the following places are located.

  Modèles: l'hôtel Villages
     L'hôtel Villages est dans l'avenue Albert 1er.

     une pharmacie
     Il y a une pharmacie sur le boulevard de l'Université.

  1. le restaurant Les Trois Frères
   Le restaurant Les Trois Frères se trouve dans la rue de l'École.

  2. l'église Notre-Dame
   L'église Notre-dame est au bout de la rue de la Chouette

  3. un bureau de poste
   Il y a un bureau de poste dans la rue de la Chouette

  4. une banque

   _____

  5. l'hôpital Militaire

   _____

  6. une librairie

   _____

  7. un bureau de tabac

   _____

8. le musée des Beaux Arts

_____

B. Pour aller à la place de la Liberté... Using the map on p. 40 of the *Cahier,* complete the following conversation by giving directions on how to get where the person wishes to go. Pay attention to your starting point and to how well you know the person to whom you are talking.

1. Vous êtes à la gare.

— Pardon. L'hôtel Saint-Bernard, s'il vous plaît.

— L'hôtel Saint-Bernard? Il est dans l'avenue de Bourgogne.

— C'est loin d'ici?

— Non. Vous allez jusqu'à <u>la rue de la Liberté et vous tournez</u> <u>à gauche. Vous tournez à droite dans la rue Gabriel</u> <u>et vous continuez jusqu'à à la avenue de Bourgogne</u> <u>et</u>

2. Vous êtes à la bibliothèque Municipale avec votre ami.

— Est-ce qu'il y a une banque près d'ici?

— Oui, il y a une banque dans l'avenue de Bourgogne.

— Où est l'avenue de Bourgogne?

— Bon. Tu tournes à droite dans <u>la rue Jeanne d'Arc et tu vas</u> <u>tout droit jusqu'à à l'avenue de Bourgogne. Tu</u> <u>traverses l'avenue et la banque est juste à côté de</u> <u>la pharmacie.</u>

3. Vous êtes à l'hôtel du Chapeau Rouge avec vos parents.

— Papa, où est le musée des Beaux-Arts?

— _____

— Il est loin d'ici?

— _____

_____

_____

4. Vous êtes à l'hôpital Psychiatrique.

— Pardon. Est-ce qu'il y a un café près d'ici?

— <u>Oui, il y a un café dans l'avenue Albert</u>

— Est-ce que je traverse le parc?

— <u>Oui, tu traverses le parc, et puis tu</u> <u>traverses la rue de la Liberté. Il y a un café</u> <u>en face du cinéma Vauban.</u>

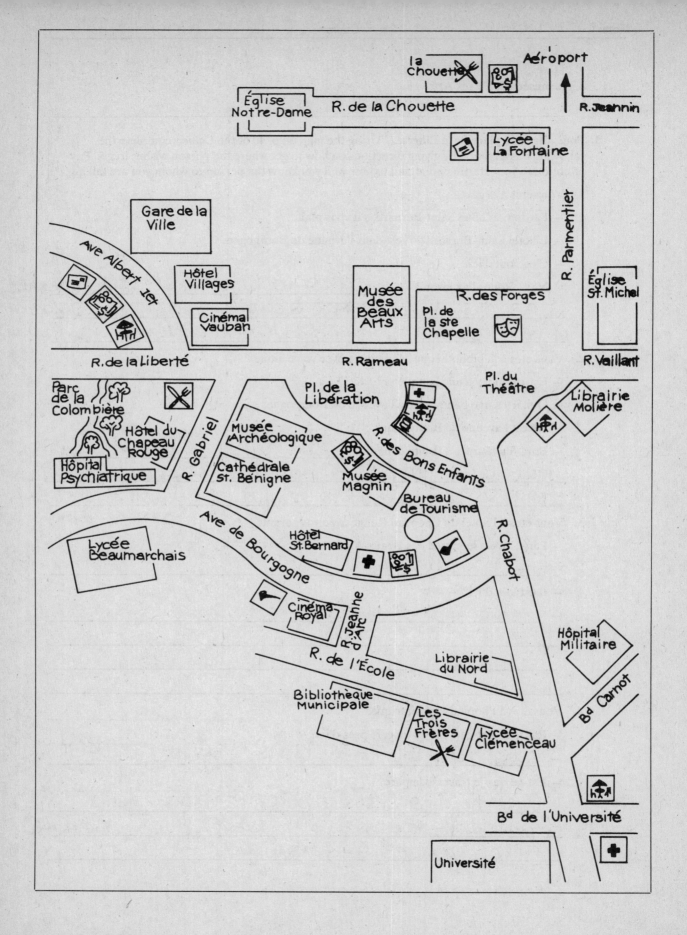

II. Les adjectifs possessifs (3ᵉ personne)

C. "His and hers." Give the French equivalent of the following English phrases.

1. his typewriter, her typewriter

   Sa machine à écrire, sa machine à écrire

2. his keys, her keys

   ses clés, ses clés.

3. his car, her car

   son auto, son auto.

4. his VCR, her VCR

   Son magnétscope, son magnétoscope.

5. their record, their records

   leur disque, leurs disques

D. L'inventaire (The inventory). Pierre and his sister Danielle have been away at school. Their father watches them unpack and describes to his wife what the children have brought back. Complete the father's description with the appropriate possessive adjectives.

— Bon. Pierre a _son_ appareil-photo, _sa_ chaîne stéréo, _ses_ disques et _son_ sac à dos.

— Danielle a _sa_ calculatrice, _son_ vélo et _ses_ cahiers; elle n'a pas _son_ appareil-photo.

— Très bien. Ils ont _leur_ télévision, _leurs_ livres et _leur_ ordinateur. Mais où est _mon_ argent?

E. Qu'est-ce que... aime le mieux?

You are preparing a survey for your sociology class about family preferences. In order to get extra practice, you decide to conduct the survey in French.

Modèle: père / voiture, travail, ordinateur
        Qu'est-ce que ton père aime le mieux — sa voiture, son travail ou son ordinateur?

1. mère / maison, travail, argent

   _____

   _____

2. frère / voiture, télévision, chien

   _____

   _____

3. soeur / disques, vélo, livres

   _____

   _____

4. parents / maison, peintures, travail

_____

_____

III. Débrouillons-nous!

F. Pour aller au (à la)... A French person who doesn't speak English is staying with you. Give this person simple directions from your house to two places in the town. Be as specific as possible, mentioning streets, landmarks, etc. Use a separate sheet of paper.

Quatrième Étape   (pp. 80 – 84)

I. Lecture: Des itinéraires

In guidebooks, writers often use the infinitive, rather than the present tense or the command forms of the verb, when giving itineraries. Do the following exercises based on two itineraries taken from guidebooks: one for southern France, the other for Paris. Vocabulary aids: **prendre** *(to take)*, **suivre** *(to follow)*, **laisser** *(to leave)*, **après** *(after)*.

A. Nîmes. Read the following itinerary for a tour of Nîmes, a city renowned for its Roman ruins. Then trace the route on the map.

Prendre comme point de départ de la visite le boulevard des Arènes. Visiter les Arènes (l'amphithéâtre de Nîmes). Suivre en auto le boulevard de la Libération et le boulevard Amiral-Courbet jusqu'au boulevard Gambetta. Tourner à gauche et suivre le boulevard Gambetta jusqu'au square Antonin et prendre le boulevard A.-Daudet. Laisser la voiture près de la Maison Carrée. Visiter la Maison Carrée (un temple romain). Reprendre la voiture. Suivre la rue Auguste et tourner à gauche après le square Antonin, puis suivre le quai de la Fontaine jusqu'au Jardin de la Fontaine. Visiter le parc. Reprendre la voiture et revenir aux Arènes par le quai de la Fontaine, le boulevard A.-Daudet et le boulevard Victor-Hugo.

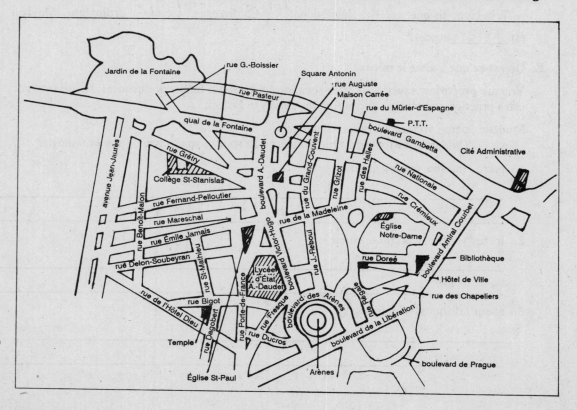

B. L'Hôtel des Invalides. Read the recommended itinerary for a visit to the Hôtel des Invalides, a former military hospital and today the burial place of Napoleon on the Left Bank in Paris. As you read, compare the directions with the map of the area; try to find and correct any mistakes made by the writer of the itinerary.

Prendre comme point de départ de la visite l'aérogare des Invalides. Tourner à droite dans l'avenue Maréchal Galliéni; continuer jusqu'à la place des Invalides. Traverser le Jardin et entrer dans la Cour d'Honneur. Visiter l'église du Dôme (où se trouve le tombeau de Napoléon). Traverser l'avenue de Tourville, ensuite suivre l'avenue de Breteuil jusqu'à l'église St. François Xavier. Passer devant l'église et prendre le boulevard des Invalides. Suivre le boulevard des Invalides et ensuite la rue de Grenelle et la rue de Constantine pour retourner à l'aérogare des Invalides.

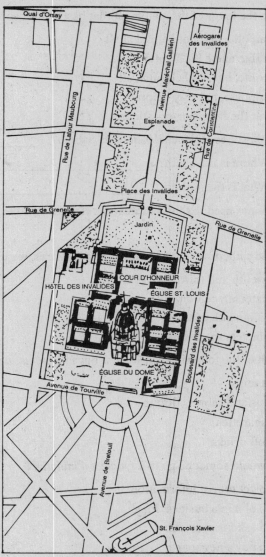

II. Révision du chapitre

C. Pour visiter la ville.

Some tourists arrive in the city pictured on the map (p. 40 of the *Cahier*). You are to prepare a tour for them so that they get to see the fine arts museum, the cathedral, the park, the library, and the Notre Dame church. Be sure to allow a stop for lunch. On a separate sheet of paper, write out precise directions so that the group leader will know where to go. Starting point: the Hôtel du Chapeau Rouge.

TRAVAIL DE LA FIN DU CHAPITRE

I. Student Tape

You are going to listen again to the four conversations that you heard at the beginning of this chapter. Then do the following exercises.

1. Using the following proper names, *diagram* the instructions given in the conversation: **la rue St-Jacques, l'avenue Lafayette, le boulevard St- Germain.**

2. Using the following proper names, *diagram* the location of the store that the person is going to: **Hachette, St-Michel, Duprès, Longchamp.**

3. Circle the letter of the statement that best describes the passerby in this conversation.

   a. impolite and not helpful at all

   b. polite and a bit helpful

   c. polite, but not helpful at all

   d. impolite, but very helpful

4. Answer the following questions:

   a. Why does Hélène telephone Élisabeth? _____

   b. Where is Élisabeth? _____

   c. What is the address? _____

Proper names used in this conversation: **Hautes-Feuilles, Petits Fours, Haussmann.**

II. Le savez-vous?

1. Gothic cathedrals, such as Reims and Chartres, were built in what time period?

   a. twelfth and thirteenth centuries

   b. sixteenth century

   c. eighteenth century

   d. nineteenth century

2. Which of the following can you *not* buy in a *bureau de tabac?*

   a. stamps

   b. bus and subway tickets

   c. cigarettes

   d. soft drinks

3. Why would someone go to a *syndicat d'initiative?*

   a. to get tourist information

   b. to obtain a business loan

   c. to ask for protection

   d. to buy a newspaper

III. Mais comment dit-on?

List any additional expressions whose French equivalents you do not know or any strategies that you would like to learn when dealing with cities and towns. Use a separate sheet of paper.

CHAPITRE QUATRE:
Allons en ville!

TRAVAIL PRÉPARATOIRE

I. Planning Strategy

How do I... ? Your French friend asks you the following questions about speaking English.

1. How do I invite someone to go downtown with me?

    _____

    _____

2. If someone invites me to go downtown, how do I find out our means of transportation?

    _____

    _____

3. If I take a taxi, how do I find out how much I owe? What do I do and say about a tip?

    _____

    _____

II. Student Tape

A. Le Métro de Paris. In this chapter, you are going to learn about the Paris subway system. Part of using that system is recognizing the many station names. In order to familiarize yourself with some of the most frequently used of these proper names, listen to the short conversations between people talking about using the **métro**. In each conversation, *two* stations will be mentioned by name; find those two stations in the list of station names given below and put the number of the conversation next to each name.

_____ Chapelle (Porte de la)	_____ Nation
_____ Châtelet	_____ Neuilly (Pont de)
_____ Châtillon-Montrouge	_____ Orléans (Porte d')
_____ Clignancourt (Porte de)	_____ Pantin (Église de)
_____ Concorde	_____ République
_____ Italie (Place d')	_____ St-Denis-Basilique
_____ Montparnasse-Bienvenüe	_____ Sèvres (Pont de)
_____ Montreuil (Mairie de)	_____ Vincennes (Château de)

B. Listen to three friends discussing their plans for Saturday evening, then answer the following questions. Circle the letter of the correct response.

1. Où est-ce qu'ils vont?   a. à un concert   b. au cinéma   c. au musée   d. à une discothèque

2. Comment est-ce qu'ils y vont?   a. en taxi   b. en voiture   c. en autobus   d. par le métro

3. Combien de personnes y vont?   a. 1   b. 2   c. 3

PARTIE ÉCRITE

Première Étape   (pp. 86 – 92)

I. Le présent du verbe irrégulier <u>prendre</u>

A. Comment est-ce qu'ils vont en ville? Write sentences that indicate how each of the following people go to the city.

Modèle: Éric / autobus   *Éric prend l'autobus.*

1. nous / métro   *Nous prenons le métro.*
2. tu / auto   *Tu prends ton auto*
3. je / vélo   *Je prends mon vélo.*
4. M. Bontemps / un taxi   *M. Bontemps prend un taxi*
5. vous / train   *Vous prenez le train.*
6. mes parents / autobus   *Mes parents prennent l'autobus.*

B. Questions personnelles. Answer the following questions about you, your family, and your friends.

1. Est-ce que vous prenez toujours le petit déjeuner?

_____

2. Est-ce que votre père prend l'autobus pour aller à son travail?

_____

3. Est-ce que vous et vos amis apprenez le chinois?

_____

4. Est-ce que vous comprenez toujours votre professeur?

_____

5. Est-ce que vos amis apprennent le français aussi?

_____

6. Est-ce que vous prenez toujours votre temps?

_____

II. Les jours de la semaine

C. La semaine de Philippe. Using the calendar as a guide, answer the questions about Philippe's life. A vertical arrow indicates something he does routinely; the absence of an arrow means that it occurs only this week.

L	M	M	J	V	S	D
école ↓	école ↓	aller au parc	école ↓	école ↓	école visiter le musée ↓	église ↓

1. Quels jours est-ce que Philippe va à l'école?

Il va à l'école le lundi, le mardi, le jeudi, le vendredi et le samedi.

2. Quels jours est-ce que Philippe ne va pas à l'école?

   Il ne va pas à l'école le mercredi et le dimanche.

3. Quel jour est-ce que Philippe va à l'église?

   Il va à l'église le dimanche.

4. Quand est-ce que Philippe va au parc?

   Il va au parc le mercredi

5. Quand est-ce que Philippe visite le musée?

   Il visite le musée le samedi.

III. Le verbe irrégulier <u>vouloir</u>

D. Pourquoi... ?
Use the elements provided to find out why the various people mentioned want or don't want to do something. Use the appropriate form of the verb **vouloir** in *both* the question and the answer.

Modèle: tu / ne pas aller au cinéma / regarder la télévision
— *Pourquoi est-ce que tu ne veux pas aller au cinéma?*
— *Parce que je veux regarder la télévision.*

1. tu / apprendre le français / aller à Paris

   Pourquoi est-ce que tu ~~ne~~ veux ~~pas~~ apprendre le français?
   Parce que je veux aller à Paris.

2. ta soeur / ne pas faire une promenade / étudier

   Pourquoi est-ce que ta soeur ne veut pas faire une promenade?
   Parce que elle veut ~~tra~~ étudier.

3. ta soeur et toi, vous / ne pas dîner à la maison / dîner au restaurant

   Pourquoi est-ce que ~~tu veux~~ vous, ne ~~va~~ voulez pas dîner à la maison?
   Parce que nous voulons ~~dî~~ner au restaurant.

4. tes parents / aller à Rome / visiter le Vatican

   Pourquoi est-ce que tes parents ~~ne~~ veulent ~~pas~~ aller à Rome?
   Parce qu'ils veulent visiter le Vatican.

E. Des invitations.
Use the verb **vouloir** to extend invitations directly or indirectly to the following people. Wherever possible, choose activities that might interest them.

Modèle: (invitation directe) votre amie
Est-ce que tu veux aller en ville avec nous?

(invitation indirecte) l'ami de votre amie
Est-ce que Jean-Pierre veut aller en ville avec nous?

1. votre frère (soeur, cousin ou cousine)

   Est ce que tu veux aller

2. l'ami(e) de votre frère (soeur, cousin ou cousine)

   _____

3. vos amis de classe

_____

4. les amis de vos amis

_____

IV. Débrouillons-nous!

F. Moi, je... Use the expressions given below to write six sentences indicating which method of transportation you prefer. Use at least one expression from each list in each sentence.

d'habitude	aller	à pied	(pour aller) en ville
souvent	prendre	le train	au...
toujours		le métro	à la...
de temps en temps		l'autobus	à l'...
quelquefois		un taxi	à
rarement			mon auto
ne... jamais			mon vélo

Modèle: *D'habitude je vais à l'université à pied.* ou *Quelquefois je prends l'autobus pour aller à l'université.*

_____
_____
_____
_____
_____
_____

Deuxième Étape   (pp. 93 – 99)

I. Quelle direction?

A. Pour aller au travail. Many Parisians take the **métro** to get to work. Complete the following sentences, using the appropriate forms of **prendre, changer,** and **descendre:**

Modèle: M. Lécuyer: Passy / Charles de Gaulle-Étoile / Concorde
M. Lécuyer prend le métro à Passy, il change à Charles de Gaulle-Étoile et il descend à Concorde.

1. je: Pierre Curie / place d'Italie / Edgar Quinet

   Je prends le métro à Pierre Curie, je change à Place d'Italie et je descends à Edgar Quinet

2. ma soeur: Rennes / Montparnasse / Daumesnil

   Ma soeur prend le metro à Rennes, elle change à Montparnasse et elle descend à Daumesnil.

3. M. et Mme Verdun: Vaugirard / Pasteur / Charles de Gaulle-Étoile

   _____
   _____

4. mon mari et moi, nous: Château Rouge / Strasbourg-Saint-Denis / Richelieu

_____

_____

5. vous: porte Maillot / Concorde / République

Vous prenez le mètro à Porte Maillot, vous changez à Concorde et vous descendez à République.

6. tu: Mairie de Montreuil / Nation / Bonne Nouvelle

_____

_____

B. Prenez le métro! Using the **métro** map opposite p. 111 in your textbook, explain to the people indicated how to take the **métro** from the first station mentioned to the second.

Modèle: votre ami Gérard: Kléber → Maison Blanche
À Kléber tu prends la direction Nation; tu changes à place d'Italie, direction Mairie d'Ivry; tu descends à Maison Blanche.

1. votre amie Danielle: Saint-Michel → Charles de Gaulle-Étoile

À Saint-Michel tu prends la direction Porte de Clignancourt; tu changes à Châtelet, direction Pont de Neuilly; tu descends à Charles de Gaulle Étoile.

2. M. Julien: Montparnasse → République

_____

_____

_____

_____

3. vos parents: place d'Italie → Château Rouge

À Place d'Italie vous prenez la direction Bobigny-Pablo Picasso; vous changez à Gare du Nord, direction Porte de Clignancourt; vous descendez à Château Rouge.

4. votre frère: Pasteur → Palais Royal

_____

_____

_____

_____

II. Le futur immédiat

C. Pas aujourd'hui, mais demain. Indicate that the following activities are not occurring today, but that they will take place tomorrow.

Modèle: Anne-Marie / travailler
Anne-Marie ne travaille pas aujourd'hui, mais elle va travailler demain.

1. je / faire une promenade

Je ne fais pas une promenande aujord'hui, mais je vais faire une promenade demain

2. Jean-Paul / aller au concert

_____

3. nous / visiter le musée

Nous ne visitons pas le musée aujordlui, mais nous allons visiter le musée demain.

4. mes amis / aller au théâtre

_____

5. tu / être en ville

_____

6. mes parents / rester à la maison

Mes parents ne restent pas à la maison aujourd'hui, mais ils vont rester à la maison demain.

D. Comment aller de la gare au... You live in a small town near the city on the map on p. 40. Your daughter will be going to the **lycée Beaumarchais**; you explain to her how to walk as directly as possible from the railroad station to the **lycée.** Use the present tense or an imperative form.

Tu es à la gare. Tu tournes à gauche dans l'avenue Albert 1er et tu vas jusqua à la rue de la Liberté. Tu tournes à gauche. et puis tu tournes à droite dans la rue Gabriel Tu continues jusqu à l'avenue de Bourgogne et tu traverses l'avenue, mais ils vont rester à la maison demain.

Your daughter has other ideas. She explains to a friend that she is going to take a bus to the **place du Théâtre,** where she will meet her boyfriend (**retrouver son petit ami**); they are going to walk from the **café du Théâtre** to the **cinéma Royal.** Use the verb **aller** and an infinitive.

Je ne vais pas aller au lycée Beaumarchais. Je vais _____

_____

_____

_____

_____

III. Les nombres de 21 à 69

E. Les lignes d'autobus. The bus lines in Paris are numbered. Write in French the numbers of the following bus lines.

Modèle: 58   *cinquante-huit*

26 *vingt-six*   65 *soixante-cinq*

49 *quarante-neuf*   24 *vingt-quatre*

63 *soixante-trois*   47 *quarante-sept*

31 *trente et un*   52 *cinquante-deux*

IV. Débrouillons-nous!

F. Pour aller à... Using the mini-maps as a guide, write directions that describe the following journeys. Notice that some of the trips include walking and taking the bus as well as using the subway.

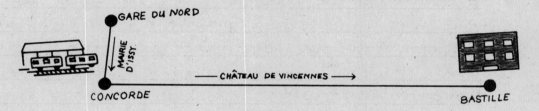

1. Explain how one goes from the **Gare du Nord** to a student dormitory near the **Bastille.** Use the subject pronoun **on.**

   À Gare du Nord, on prend la direction Mairie d'Issy, on change à Concorde, direction Château de Vincennes; on descend à Bastille.

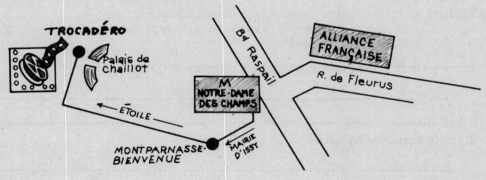

2. Explain to another student how to go from the **Alliance Française** language school to the **cinémathèque** at the **Palais de Chaillot.** Use the subject pronoun **tu.**

   _____

   _____

   _____

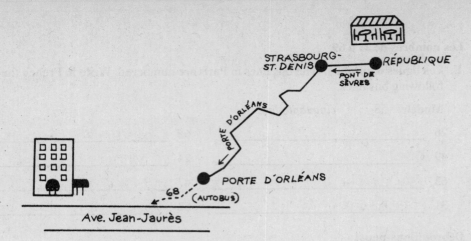

Ave. Jean-Jaurès

3. Explain to some friends how to get to the apartment where your parents are staying in the suburb of **Montrouge**. You and your friends are in a café across from the subway stop **République**. Use the subject pronoun **vous**.

À République vous prenez la direction Pont de Sèvres ;
vous changez à Strasbourg-Saint-Denis, direction Porte
d'Orléans ; et vous descendez à Porte d'Orléans. Vous
prenez l'autobus numéro soixante-huit jusqu'à
l'avenue Jean-Jaurès. L'appartement de mes parents
est tout près.

Troisième Etape   (pp. 100 – 106)

I. Taxi! Taxi!

A. Combien de temps? Thinking of your own college or university, answer the following questions about the time it takes to go from one place to another. In each case, specify the most efficient means of getting there.

Modèle: de votre chambre (maison) à la classe de français
Pour aller de ma chambre (maison) à la classe de français, il faut 10 minutes à pied (30 minutes en voiture).

1. de votre chambre (maison) à la classe de français

_____

_____

2. de l'aéroport à l'université

_____

_____

3. de l'université à un hôtel (ou à un restaurant)

_____

_____

4. de l'université à un cinéma

_____

_____

II. Les adverbes désignant le présent et le futur

B. Vos projets (*Your plans*). Using the agenda as a guide, make a list of your plans for the next two weeks. *Today* is June 6.

L 6   matin: travailler à la maison; après-midi: aller en ville; soir: aller au cinéma

M 7   après-midi: visiter le musée

M 8   après-midi: prendre des livres à la bibliothèque; soir: regarder la télé

J 9   matin: aller au parc; soir: aller au théâtre

V 10   aller à la plage

S 11   aller en ville; soir: dîner au restaurant

D 12   aller à l'église

L 13   téléphoner à mes cousins

M 14 - D 19   visiter Londres

Modèle: jeudi matin   *Jeudi matin je vais aller au parc.*

1. ce matin   *Ce matin je travaille (vais travailler) à la maison.*

2. samedi soir   *Samedi soir je vais dîner au restaurant.*

3. cet après-midi   _____

4. la semaine prochaine   *La semaine prochaine je vais visiter Londres.*

5. lundi prochain   *Lundi prochain je vais téléphoner à mes cousins.*

6. ce soir   _____

7. dimanche matin   *Je vais aller à l'église dimanche matin.*

8. mercredi après-midi   *Mercredi après-midi je vais prendre des livres à la bibliothèque.*

III. Les expressions espérer et avoir l'intention de

C. L'avenir. (*The future*). Different people have different plans and dreams for the future — both the immediate future and the more distant future. Using the expressions suggested, write *three* sentences for each situation: (a) your best friend (**mon meilleur ami, ma meilleure amie**), (b) your parents (**mes parents**), (c) yourself (**je**).

1. ce soir / avoir l'intention de

   a. _____

   b. _____

   c. _____

2. demain / aller

   a. _____

   b. _____

   c. _____

3. l'année prochaine / vouloir

   a. _____

   b. _____

   c. _____

4. un jour / espérer

   a. _____

   b. _____

   c. _____

IV. Débrouillons-nous!

D. Ma vie. Indicate what you do in a typical week, then tell what you intend, want, hope and/or are going to do next week. Use a separate sheet of paper.

Modèle: *D'habitude, le lundi je reste à la maison. Mais lundi prochain j'espère faire un tour en voiture.*

Quatrième Étape (pp. 108 – 111)

I. Lecture: Une question de transports

La vie dans la ville française est souvent très compliquée du point de vue des transports. Est-ce qu'on prend la voiture, l'autobus, le métro pour aller au travail? Est-ce que les enfants vont à l'école à pied? L'exemple suivant illustre les complications et les décisions qu'on prend tous les jours.

Les Dumas habitent dans la banlieue de Paris. M. Dumas travaille de l'autre côté de la ville et Mme Dumas est dans une entreprise au centre de Paris. Un enfant est à l'école primaire, les deux autres sont au lycée. Quelle est leur stratégie pour les transports le lundi matin?

M. Dumas est le premier à quitter la maison. S'il a le temps, il prend l'autobus jusqu'à la porte de Pantin et de là, il prend le métro et il traverse la ville. Après une correspondance, il descend à la Porte d'Ivry sur le boulevard Masséna. De là, il continue à pied pendant quelques minutes et arrive finalement à son travail. Quelquefois, M. Dumas est obligé de prendre sa voiture. Il prend alors le boulevard périphérique et évite le centre de la ville. Mais il n'aime pas aller au travail en voiture parce que le matin il y a beaucoup de circulation et il arrive à sa destination très irrité.

Mme Dumas, elle aussi, prend l'autobus jusqu'à la Porte de Pantin. Elle prend le métro, direction Place d'Italie et après une correspondance, elle descend au boulevard Sébastopol. Quelquefois elle quitte la maison avec son mari, mais en général elle préfère accompagner son fils Jean-Claude à l'école. L'école primaire est tout près de la maison et de là elle continue à pied au prochain arrêt d'autobus. Ses deux filles sont au lycée et sont obligées de prendre le bus parce que le lycée est assez loin de la maison.

L'après-midi et le soir, toute la famille arrive à la maison très fatiguée. Demain matin, ils vont recommencer leurs voyages. Heureusement, le système de transports publics est efficace à Paris. Les Dumas sont typiques de beaucoup de familles françaises. Leur vie de tous les jours dépend des bus et du métro.

A. Le mot et le contexte. On the basis of the context and with the help of hints given, guess the meaning of the underlined words:

1. ...**prendre sa voiture. Il prend alors le boulevard périphérique et évite le centre de la ville.** (What English word do you recognize in **périphérique?** Why might one take this route?)

2. Quelquefois elle quitte la maison avec son mari, mais __en général__ elle préfère accompagner son fils Jean-Claude à l'école. (What is the opposite of __en général__?)

3. ...de là elle continue à pied au __prochain__ arrêt d'autobus. (What verb is used? Which bus stop would she logically go to?)

4. ...les décisions qu'on prend __tous les jours__ / leur vie de __tous les jours__ dépend des bus et du métro. (What does the word __jour__ mean? What expression makes sense in both sentences?)

B. Le lundi matin chez les Dumas. Using arrows, trace the movements of the Dumas family on a typical Monday morning.

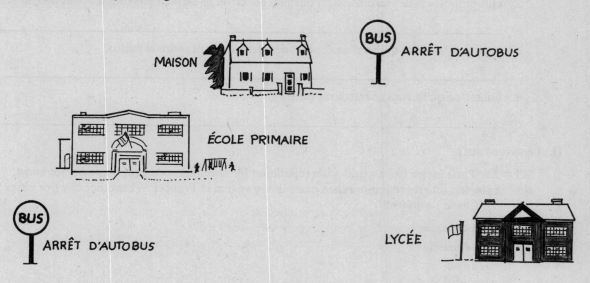

MAISON   BUS ARRÊT D'AUTOBUS

ÉCOLE PRIMAIRE

BUS ARRÊT D'AUTOBUS   LYCÉE

II. Révision du chapitre

C. Une lettre à un(e) ami(e). You and a friend or relative have made plans to go downtown (into the city) one day next week. On a separate sheet of paper write a letter to another friend inviting him/her to join the two of you. Begin the letter: **Cher (Chère)**... End the letter: **Bien à toi.** Include in the letter the following ideas: *masc.* Dear *fem.*   Best wishes

1. Mention what day it is today and then tell what your plans are for the same day next week.

2. Invite your friend to join you and the other person.

3. Explain what means of transportation you have chosen and why.

4. Mention one or two things you hope and/or intend to do in town.

5. Tell your friend to call you (**Téléphone-moi**).

Sortons - let's go out!

Allons à pied.
Let's walk

hope
J'espère   manger to eat

intend
J'ai l'intention

Travail de la fin du chapitre

I. Student Tape

Listen again to the second part of the tape, the conversation between the three friends (Laurent, Élisabeth, Hélène), and answer the questions.

1. Qui ne va pas aller au concert? Pourquoi pas?

   Hélène n'aime pas le jazz.

2. Qui propose d'aller au cinéma? Pourquoi est-ce qu'ils ne vont pas tous les trois au cinéma?

   _____

3. Pourquoi les deux qui vont au concert décident-ils de prendre le métro?

   _____

4. Où est-ce qu'ils vont se retrouver (*meet*)?

   _____

II. Le savez-vous?

1. The Paris **métro** has a world-wide reputation for excellence. Many people do not know, however, that there is more than one subway system in France. What other city (or cities) has (have) a **métro**?

   a. Bordeaux
   b. Marseille
   c. Lyon
   d. Lille

2. What do the following names have in common — **Franklin D. Roosevelt, Georges V, Voltaire, Victor Hugo?**

   a. They are all former heads of state.
   b. They are all famous writers.
   c. They all spent most of their lives in Paris.
   d. They are all Paris **métro** stations.

3. July 14, the French national holiday, commemorates

   a. the day the last French king was guillotined.
   b. the day France became an independent country.
   c. the day Joan of Arc liberated the French from the British.
   d. the day the Parisians stormed the Bastille prison.

III. Mais comment dit-on?

List any additional expressions whose French equivalents you do not know and that you would like to learn for use in situating where places are located and in giving or getting directions.

_____

_____

_____

_____

CHAPITRE CINQ:
Visitons Paris!

TRAVAIL PRÉPARATOIRE

I. Planning Strategy

How do I... ? You are tutoring your French friend in English. Answer your friend's questions by suggesting some useful phrases and expressions.

1. What are some of the expressions I can use to indicate at what point in the past something happened? _____

   _____

   _____

2. How do I explain that something happened at a certain point in the past?

   _____

   _____

3. How do I indicate the amount of time I spent doing something in the past?

   _____

   _____

II. Student Tape

A. Visitons Paris! In this chapter, you are going to learn some things about Paris. Getting to know a city means learning about how it is organized and what there is to see and do. This involves recognition of proper names and what they represent. We hope that you will have the chance to visit Paris some day; but even if you don't, you will find out that your knowlegde adds to your general cultural background and enables you to engage in conversations with those who have already visited the city.

You will hear a series of segments from presentations made by tour guides. As you listen to the information, indicate whether the following proper names refer to: (1) a district (neighborhood) of the city, (2) a museum, (3) a monument, (4) a church or cathedral, (5) a famous street. Put the appropriate number in the blank next to the proper noun.

Modèle: _5_ *Boul' Mich'*

1. _____ la rive gauche		6. _____ l'île de la Cité
2. _____ la tour Eiffel		7. _____ les Champs-Élysées
3. _____ le Centre Pompidou		8. _____ la Sainte-Chapelle
4. _____ l'Arc de Triomphe		9. _____ le Louvre
5. _____ Notre-Dame de Paris		10. _____ le Sacré-Coeur

B. Quelle belle journée! Listen to three friends discuss how they spent the day in Paris. As you listen, check the places they visited.

_____ la rive droite   _____ Beaubourg   _____ le boulevard Saint-Germain

_____ la Conciergerie   _____ l'église Saint-Germain-des-Prés   _____ l'avenue des Champs-Élysées

_____ la Sorbonne   _____ le Panthéon   _____ le jardin du Luxembourg

_____ Montparnasse   _____ la tour Eiffel   _____ le Palais de Justice

_____ Notre-Dame   _____ la place de la Concorde   _____ l'Opéra

_____ Montmartre   _____ l'Arc de Triomphe

PARTIE ÉCRITE

Première Étape (pp. 112 – 119)

I. Paris à vol d'oiseau

A. La géographie de Paris. Situate the following places on the map below by writing the numbers of the places in the appropriate spots.

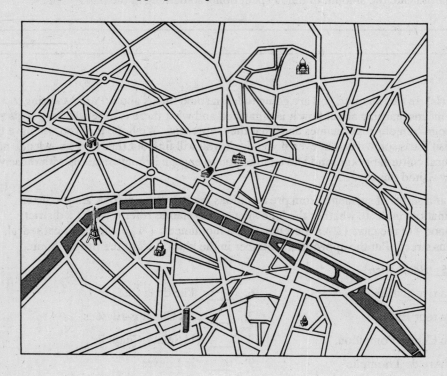

1. la Seine
2. la rive gauche
3. la rive droite
4. l'île de la Cité

5. l'île Saint-Louis
6. le boulevard Saint-Michel
7. le boulevard Saint-Germain
8. l'avenue des Champs-Élysées

II. Le passé composé avec <u>avoir</u>

B. Deux réponses. Jean-Claude and his sister, Michèle, never agree on anything. Whenever one answers a question affirmatively, the other gives a negative response.

Modèle: Est-ce que vous avez trouvé vos livres?
JEAN-CLAUDE: *Oui, nous avons trouvé nos livres.*
MICHÈLE: *Non, nous n'avons pas trouvé nos livres.*

1. Est-ce que vous avez pris l'autobus?
   JEAN-CLAUDE: *Oui, ~~nous~~ avez pris l'autobus*
   MICHÈLE: *Non, nous n'avons pas pris l'auto bus*

2. Est-ce qu'Alain a acheté un ordinateur?
   JEAN-CLAUDE: ~~Nos parents ont dîné en ville.~~
   MICHÈLE: _____

3. Est-ce que vos parents ont dîné en ville?
   JEAN-CLAUDE: *Nos parents ont dîné en ville*
   MICHÈLE: _____

4. Est-ce que Marie a téléphoné ce matin?
   JEAN-CLAUDE: *Oui, elle a téléphone ce matin*
   MICHÈLE: *Non elle n'a téléphone ce matin*

5. Est-ce que Jean-Claude a travaillé hier?
   JEAN-CLAUDE: *Oui, il a travaillé hier.*
   MICHÈLE: *Non, il n'ya pas travaille hier.*

6. Est-ce que Michèle a étudié son français?
   JEAN-CLAUDE: *Oui, elle a étudié son français*
   MICHÈLE: *Non, elle n'a pas étudié son français*

C. Des questions. Use the elements given to form questions with the **passé composé**.

Modèle: pourquoi / vous / prendre / taxi / ?
Pourquoi est-ce que vous avez pris un taxi?

1. quand / vous / être / Paris / ?
   Quand est-ce que vous avez été à Paris?

2. que / tu / acheter / en ville / ?
   Qu'est ce que tu as acheté en ville?

3. pourquoi / ils / ne pas quitter / maison / ?
   Pourquoi est-ce qu'ils n'ont pas quitté la maison

4. quand / elle / avoir / accident / ?
   Quand est-ce qu'elle a eu l'accident?

5. que / il / faire / hier / ?

_____

6. pourquoi / elles / apprendre / le français / ?

Pourquoi est-ce qu'elles ont appris le français.

III. Les adverbes et les prépositions désignant le passé

D. **Non,...** Answer each question negatively, then use the cue provided to give the correct information.

Modèle: Est-ce que vos amis ont quitté Paris hier? (il y a trois jours)
Non, ils ont quitté Paris il y a trois jours.

1. Est-ce que vos amis ont visité Paris l'année dernière? (il y a trois ans)

Non, ils ont visité Paris il y a trois ans.

2. Est-ce que vous avez été à Londres le week-end dernier? (le mois dernier)

Non, nous avons été à Londres le mois dernier.

3. Anne a pris le métro ce matin, n'est-ce pas? (hier matin)

_____

4. Tu as quitté la maison il y a une heure, n'est-ce pas? (il y a deux heures)

Non, j'ai quitté la maison il y a deux heures

5. Est-ce que tes parents ont dîné au restaurant hier soir? (mardi dernier)

_____

6. Jean-Jacques a étudié son français ce matin, n'est-ce pas? (hier soir)

Non, il a étudié son français hier soir

7. Est-ce que vous avez commencé votre travail aujourd'hui? (la semaine dernière)

_____

8. Tu as eu un accident cette année, n'est-ce pas? (l'année dernière)

Non, j'ai eu un accident l'année dernière.

IV. Débrouillons-nous!

E. **Récemment.** Answer the following questions about your recent activities. Be as specific as possible.

1. Est-ce que vous avez dîné au restaurant récemment?

Non, nous avons dîné au restaurant récemment

2. Est-ce que vous avez fait une promenade récemment?

_____

3. Est-ce que vous avez visité un musée récemment?

_____

4. Est-ce que vous avez acheté quelque chose récemment?

_____

5. Est-ce que vous avez pris l'avion récemment?

_____

6. Est-ce que vous avez téléphoné à quelqu'un (*someone*) récemment?

_____

7. Est-ce que vous avez regardé la télévision récemment?

_____

8. Est-ce que vous avez été à la bibliothèque récemment?

_____

Deuxième Étape   (pp. 120 – 127)

I. La rive gauche et l'île de la Cité

A. Où se trouve... ? Situate the following places on the Left Bank and **l'île de la Cité** by writing the numbers of the places in the appropriate spots on the map below.

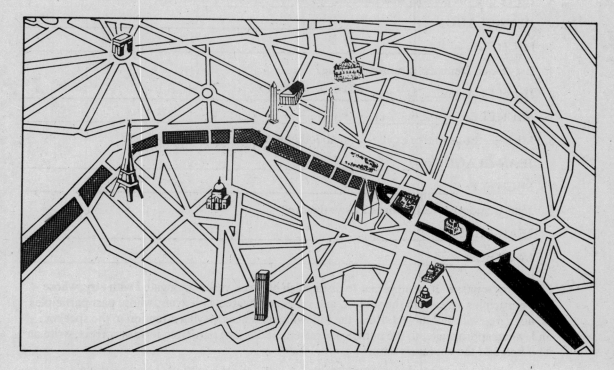

1. la Sorbonne	7. la tour Eiffel
2. le Panthéon	8. le Palais de Justice
3. l'église Saint-Germain-des-Prés	9. la Conciergerie
4. le jardin du Luxembourg	10. la Sainte-Chapelle
5. la tour Maine-Montparnasse	11. Notre-Dame de Paris
6. l'Hôtel des Invalides	12. le Pont Neuf

II. Le passé composé avec être

B. Déjà? Pas encore? Jean-Claude and his sister, Michèle, are still at it. Whenever one thinks that something has already (**déjà**) happened, the other insists that it hasn't happened yet (**ne... pas encore**). Pay attention to the agreement of the past participle.

Modèle: Est-ce que vous êtes allés au bureau de poste?
JEAN-CLAUDE: *Oui, nous sommes déjà allés au bureau de poste.*
MICHÈLE: *Non, nous ne sommes pas encore allés au bureau de poste.*

1. Est-ce que vous êtes allés au Louvre?

JEAN-CLAUDE: *Oui, nous sommes déjà allés au Louvre*

MICHÈLE: *Non, nous ne sommes pas encore allés au Louvre*

2. Est-ce que Jacqueline est entrée dans la cathédrale?

JEAN-CLAUDE: _____

MICHÈLE: _____

3. Est-ce que vos parents sont rentrés?

JEAN-CLAUDE: _____

MICHÈLE: _____

4. Est-ce que Denis est retourné à Rome?

JEAN-CLAUDE: *Oui, il est déjà retourné à Rome*

MICHÈLE: *Non, il n'est pas encore retourné à Rome*

5. Michèle, est-ce que tu es allée à la bibliothèque?

JEAN-CLAUDE: _____

MICHÈLE: _____

6. Jean-Claude, est-ce que tu es allé au théâtre?

JEAN-CLAUDE: _____

MICHÈLE: _____

C. Le participe passé. It is important to distinguish between verbs conjugated with **être**, whose past participles agree with the subject, and verbs conjugated with **avoir**, whose past participles do not agree with the subject. Read the following sentences, paying attention to the speaker and, when appropriate, to the person addressed. If the past participle form is correct, write an X; if not, add the necessary letter(s).

1. Marie-Claude: Moi, je suis arrivé*S* il y a une heure. Et toi, Édouard, quand est-ce que tu es arrivé*X* ?

2. Jacques: Ma soeur et moi, nous sommes allé*s* à la librairie, mais nous n'avons pas acheté *X* de livres.

3. Gabrielle: Voilà mes amies Frédérique et Anne. —Salut. Est-ce que vous avez pris*X* le métro? Où est-ce que vous êtes descendu*es* ?

4. Michel: Mon père est allé *X* en ville, mais ma mère est resté*e* à la maison.

5. Nathalie: Mes cousins Jean-Pierre et Dominique ont habité ✗ à Marseille pendant trois ans; ensuite ils sont allé ✗ à Grenoble.

6. Thierry: J'ai eu ✗ un accident; je suis tombé ✗ dans la rue.

IV. Débrouillons-nous!

D. Hier, j'ai (je suis)... Use the following verbs and expressions to write sentences about your recent activities. Verbs: **acheter, dîner, étudier, prendre, rentrer, faire, aller, visiter, rester, travailler.**

1. hier soir _____

2. lundi dernier _____

3. la semaine passée _____

4. le week-end dernier _____

5. il y a... jours _____

6. l'année dernière _____

7. dimanche soir _____

8. le mois dernier _____

Troisième Étape   (pp. 128 – 134)

I. La rive droite

A. Où se trouve... ? Situate the following places on the Right Bank by writing the numbers of the places in the appropriate spots on the map below.

1. les Champs-Élysées
2. la place de l'Étoile
3. la place de la Concorde
4. l'Opéra

5. la place Vendôme
6. Montmartre
7. la Madeleine
8. le jardin des Tuileries

9. le Louvre
10. le centre Beaubourg
11. la basilique du Sacré-Coeur

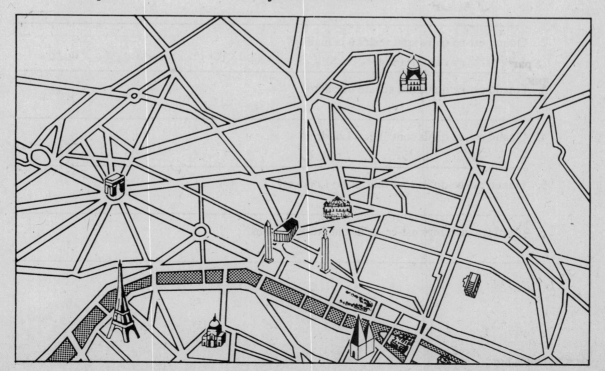

II. Le passé composé (suite)

B. Quand... ? Your friends, François and Nicole, have had a very busy month. Using the calendar as a guide, answer the following questions about their activities. In some cases, there may be more than one way to respond. *Today* is Thursday the 22nd.

LUNDI	MARDI	MERCREDI	JEUDI	VENDREDI	SAMEDI	DIMANCHE
5	6	7 acheter une voiture	8	9	10	11
12	13 à la maison	14	15	16 à Londres	17	18 de Londres
19 dîner en ville	20 musée	21 téléphoner à Marc	22	23 théâtre	24	25
26	27	28	29	30	31	

Modèle: Quand est-ce qu'ils ont dîné en ville?
Ils ont dîné en ville lundi dernier (il y a quatre jours).

1. Quand est-ce qu'ils sont allés au théâtre?

   _____

2. Quand est-ce qu'ils sont restés à la maison?
   Ils sont restés à la maison mardi dernier

3. Quand est-ce qu'ils ont acheté une auto?

   _____

4. Quand est-ce qu'ils sont allés à Londres?
   Ils sont allés à Londres vendredi dernier

5. Quand est-ce qu'ils sont rentrés de Londres?

   _____

6. Combien de temps est-ce qu'ils ont été à Londres?

   _____

7. Quand est-ce qu'ils sont allés au musée?

_____

8. Quand est-ce qu'ils ont téléphoné à Marc?

_____

C. **L'interrogatoire** (*The interrogation*). Your parents are very strict. Whenever you and your sister go out, they interrogate you about your activities. Use the elements provided below to recreate your parents' questions. In the first set of questions, they are talking only to your sister; in the second set, they are questioning both of you.

votre soeur

Modèle: quand / quitter la maison / ce matin
Quand est-ce que tu as quitté la maison ce matin?

1. où / aller
   Ou est-ce que tu es allée?

2. prendre le métro
   Est-ce que tu a pris le métro?

3. où / descendre
   Où Est-ce que tu es decendue?

4. combien de temps / rester / librairie
   Combien de temps est-ce que tu es resté à la librairie?

5. que / acheter
   Qu'est-ce que tu as acheté?

vous et votre soeur

Modèle: que / faire / hier soir
Qu'est-ce que vous avez fait hier soir?

6. où / aller
   Où est-ce que vous êtes allées?

7. avec qui (*with whom*) / dîner
   Avec qui est-ce que vous avez dîné?

8. avoir un accident

_____

9. pourquoi / ne... pas téléphoner

_____

10. quand / rentrer

_____

III. Débrouillons-nous!

D. Un après-midi en ville. Georges and his girlfriend (**sa petite amie**), Martine, spent yesterday afternoon in town. Using the drawing below as a guide, describe their activities. Suggested verbs: **aller, acheter, admirer, chercher, continuer, descendre, entrer dans, prendre, quitter, regarder, rentrer, rester, retrouver, tourner, traverser, visiter.** Use a separate sheet of paper.

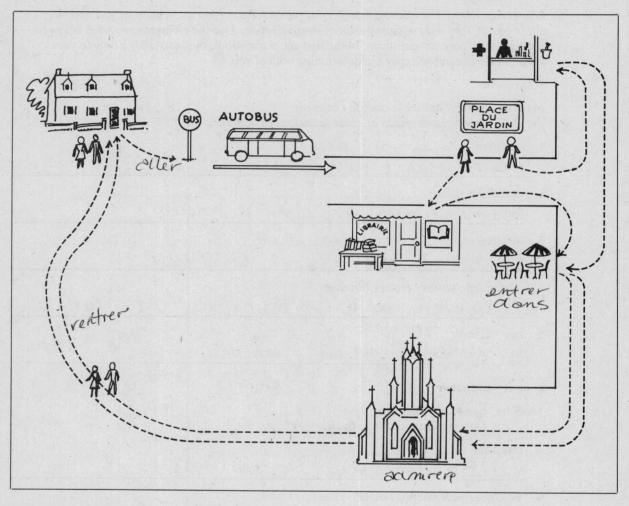

Quatrième Étape (pp. 135 – 138)

I. Lecture: Un nouveau musée

Un nouveau musée, c'est toujours une aventure. Orsay, temple du 19ᵉ siècle, qui vient de s'ouvrir en grande pompe à Paris, est plus qu'une aventure: une épopée!

Orsay, c'est d'abord un défi architectural consistant à transformer une gare géante en musée. Mais sur le plan culturel, le nouveau musée réussit, pour la première fois, à cerner tous les aspects d'une époque, d'un patrimoine étalés sur un court laps de temps (60 ans): peinture, sculpture, architecture, arts décoratifs, photographie et cinéma sont au rendez-vous.

Installé sur les bords de la Seine, le nouveau musée d'Orsay constitue désormais le volet intermédiaire entre le Louvre, qui lui fait presque face, et le musée d'Art moderne du centre Pompidou. La collection-reine, bien sûr, c'est celle des Impressionnistes. Mais le musée fait la part belle à la sculpture et les surprises ne manquent pas dans cet extraordinaire musée. Si vos pérégrinations vous amènent dans la capitale française, une visite s'impose. Mais prévoyez de longues files d'attente...

Journal Français d'Amérique

A. Les mots de la même famille. Find in the reading a word belonging to the same family as each of the following French words; write the word and its English equivalent.

ouverture (*opening*) _____ *s'ouvrir* _____ (*to open*)

aventureux _____ *une aventure* _____ (*an adventure*)

architecture _____ *architectural* _____ (*architectural*)

transformation _____ *transformer* _____ (*to transform*)

culture _____ *culturel* _____ (*cultural*)

peintre _____ (_____)

sculpteur _____ (_____)

décorer _____ *décoratif* _____ (*decorative*)

photographe _____ *photographie* _____ (*photography*)

installation _____ (_____)

artistique _____ (_____)

surprendre (*to surprise*) _____ (_____)

visiter _____ *une visite* _____ (*a visit*)

B. Exercice de compréhension. Circle the letter of the statement in each of the following pairs that best expresses the ideas of the reading passage.

1. (a) Orsay is a new museum.
   b. Orsay is a museum dating from the 19th century.

2. a. Orsay used to be a temple.
   (b) Orsay used to be a train station.

3. a. Orsay is limited to the exhibition of paintings.
   (b) Orsay contains a variety of art forms.

4. (a) Orsay is located on the banks of the Seine.
   b. Orsay is quite a distance from the banks of the Seine.

5. (a) Orsay exhibits works of the Impressionists.
   b. Orsay exhibits works of artists of all periods.

II. Révision du chapitre

C. Une journée inoubliable (*An unforgettable day*). You are in Paris. Yesterday you had a wonderful day. In the space below or on a separate sheet of paper, write your French teacher in the United States, describing your activities.

1. Begin your letter: **Cher Monsieur, Chère Madame, Chère Mademoiselle.**
   Close your letter: **Cordialement.**

2. Use some of the following verbs: **aller, acheter, admirer, changer, chercher, commander, descendre, entrer dans, manger, prendre, quitter, regarder, rentrer, retrouver, téléphoner à, traverser, tourner, visiter.**

3. Include in your day: a subway trip, a visit to two or three places of interest, a stop in a café.

TRAVAIL DE LA FIN DU CHAPITRE

I. Student Tape

Listen again to the second segment of Chapter 5 of the Student Tape, then do the following exercise.

Quelle journée! The three friends each had a busy day in Paris. First, name where they went, then say what they did or saw.

1. Place: _____

   What did she buy? _____

2. Places: _____

   What did he like? _____

3. Places: _____

   What did he see? _____

II. Mais comment dit-on?

List any additional words or expressions whose French equivalents you do not know and that you would find useful when you want to talk about events that took place in the past.

_____

_____

_____

_____

CHAPITRE SIX:
Faisons les courses!

TRAVAIL PRÉPARATOIRE

I. Planning Strategy

How do I... ? Your French-speaking friend is having some difficulties dealing with shopkeepers. In particular, she wants to find out the best way to let salespeople know what she wants or needs and then how to find out the price of something. Suggest some phrases and sentences she might use to accomplish the following tasks.

1. How do I respond when I hear the phrase: "Can I help you?"

_____

_____

2. How do I find out what something costs?

_____

_____

3. How do I express an indefinite quantity of something (such as bread or different pastries)?

_____

_____

II. Student Tape

Listen to the Student Tape for Chapter 6, then do the following exercise.

Exercise 1. You will hear four short conversations between customers and shopkeepers. Match the number of the conversation (1, 2, 3, 4) with the brief description below. (You will not understand everything in each conversation in detail; listen for the general context.)

_____ Someone is buying fruit and vegetables.

_____ Someone is buying coldcuts for a picnic.

_____ Someone is buying pastries for dessert.

_____ Someone is buying meat.

PARTIE ÉCRITE

Première Étape   (pp. 140 – 146)

I. À la boulangerie et à la pâtisserie

A. Les courses. The mother in the French family with which you are staying sends you to the **boulangerie-pâtisserie**. However, she has the habit of making out the shopping list using abbreviations. "Translate" the list.

Modèle: trt cer (1)   *Une tarte aux cerises.*

bag (1) ___ une baguette ___

pn cmpgn (1) ___ un pain de campagne ___

pn choc (4) _quatre pain au chocolat_

crsst (4) _quatre croissant_

écl (2) _deux éclair_

rel (2) _deux religieuse_

trt pm (1) _une tarte aux pommes_

trlt frs (4) _quatre tartelette aux fraises_

B. **Qu'est-ce que vous avez acheté?** When you and your friends were out for a walk, you decided to stop at the neighborhood **boulangerie-pâtisserie** for an afternoon snack. Indicate four items that you bought and four that you did not buy.

Modèle: *Nous avons acheté des croissants, mais nous n'avons pas acheté de baguettes.*

1. _Nous avons acheté une baguette, mais nous n'avons pas acheté des éclair._

2. _Nous avons acheté un gâteau au chocolat, mais nous n'avons pas acheté de croissant_

3. _____

_____

4. _____

_____

II. Le partitif

C. **Mon ami(e).** Choose a friend and indicate whether he/she does or does not have each of the following qualities.

Modèle: énergie
Mon amie Francine a de l'énergie. ou *Mon amie Francine n'a pas d'énergie.*

1. ambition _Ma mère a de l'ambition._

2. tact _Mon amie a de le tact._

3. patience _____

4. courage _____

5. imagination _____

6. talent _____

D. **Des goûts et des habitudes.** Complete the following conversations by adding the appropriate articles.

1. — Nous prenons toujours _du_ pain avec le dîner.

— Nous aussi. Moi, j'aime beaucoup _le_ pain.

— Voici la boulangerie. Entrons. Moi, je vais acheter _une_ baguette.

— Et moi, je voudrais _un_ pain de campagne.

2. — Je vais acheter __des__ pâtisseries.

   — Attention! Quand on mange __les__ pâtisseries, on grossit (*gets fat*).

   — Je ne résiste pas à la tentation. J'adore __les__ tartelettes. Et toi, tu vas prendre quelque chose?

   — Oui, pourquoi pas? Je vais prendre __des__ mille-feuilles.

3. — Vous désirez __du__ vin?

   — Non, j'aime mieux __l'__ eau minérale.

   — Je n'ai pas __l'__ eau minérale, mais est-ce que vous prenez __du__ coca?

4. — Je vais manger __un__ sandwich.

   — Moi aussi. Est-ce que vous avez __du__ jambon?

   — Non, mais nous avons __du__ fromage.

   — Je n'aime pas __le__ fromage. Je vais prendre __une__ omelette aux fines herbes.

III. L'expression interrogative quel

E. Je ne comprends pas! You're very forgetful, and when your friends tell you something, you can't remember what they're talking about. Get clarification by asking questions using a form of **quel**.

Modèle: Mon amie s'appelle Janine. *Quelle amie?*

1. J'ai trouvé mes clés. __Quelles clés?__

2. Nous avons visité le monument. __Quel monument?__

3. Françoise cherche son sac. __Quel sac?__

4. Voilà la calculatrice. __Quelle calculatrice__

5. Ma mère a commandé l'ordinateur. _____

6. J'ai acheté les cahiers. __Quels cahiers__

7. Paul a mangé la tarte. _____

8. Elles aiment tes disques. __Quels disques?__

IV. Débrouillons-nous!

F. À la boulangerie-pâtisserie. Complete the following sentences about various items that can be bought at a bakery shop. Use a different item for each answer.

1. J'adore __les cerises__

2. Ce soir je vais manger __un poulet__

3. Je n'aime pas _____

4. Récemment j'ai mangé _____

5. J'aime _____, mais j'aime mieux _____

6. S'il vous plaît, Madame. Je voudrais _____

Deuxième Étape (pp. 147 − 153)

I. À la charcuterie et à la boucherie

A. Les courses (suite). The mother sends you out again, this time to buy meat. Translate the shopping list, and write the items in the appropriate column.

jmbn (4 tr) / vau (4 ctlt) / rti prc (1) / scs (6) / pté (100 gr) / plt (1)

à la boucherie	à la charcuterie
un rôti de porc	six saucisses
quatre côtelettes de veau	cent grammes de pâté
un poulet	quatre tranches de jambon

B. Est-ce que vous aimez... ? Quand est-ce que vous avez mangé... ? Indicate how well you like the following meats and the last time you have eaten them. If you are a vegetarian, complete the exercise as if you were a family member or a friend who does eat meat.

Modèle: saucisson
Je n'aime pas beaucoup le saucisson. J'ai mangé du saucisson il y a trois mois.

1. viande J'aime beaucoup viande

2. boeuf J'aime beaucoup le boeuf.

3. poulet J'aime beaucoup ce poulet

4. saucisses

5. veau

6. jambon

II. Les expressions de quantité

C. Et votre frère? Indicate to what degree each of the following people possesses the characteristics given below. Then compare each person with yourself. If necessary, substitute another person for the one indicated.

Modèle: talent / votre frère
Mon frère a beaucoup (très peu) de talent. Il a plus de (moins de) talent que moi.

1. patience / votre père

2. tact / votre frère

3. imagination / votre soeur

_____

4. ambition / vos amis

_____

5. goût / votre mère

_____

6. courage / votre petit(e) ami(e)

_____

D. Est-ce qu'il y a de la place... ? Indicate whether or not there is enough room for the person(s) mentioned in the following situations.

Modèle: l'auto de Jean-François: quatre places / trois places occupées
Est-ce qu'il y a de la place pour Marie dans l'auto de Jean-François?
Oui, il y a assez de place pour Marie.

1. l'auto de Christine: quatre places / trois places occupées

Est-ce qu'il y a de la place pour Georges et sa cousine dans l'auto de Christine?

Non, il n'y a pas assez de place pour Georges et sa cousine dans l'auto de Christine.

2. la table de Mme Lefranc: huit places / trois places occupées

Est-ce qu'il y a de la place pour M. et Mme Jussieu à la table de Mme Lefranc?

_____

3. la motocyclette d'Alain: deux places / deux places occupées

Est-ce qu'il y a de la place pour Vincent sur la motocyclette d'Alain?

_____

4. la maison de M. et Mme Verrière: trois chambres / une chambre occupée

Est-ce qu'il y a de la place pour votre oncle, votre tante et votre petit cousin dans la maison de M. et Mme Verrière?

Oui, il y a assez de place pour mon oncle, ma tante et mon petit cousins dans la maison de M et Mme

E. Qu'est-ce que vous avez acheté? Indicate how much of each item the following people bought yesterday.

Modèle: Mme Tanson / eau minérale (1 bouteille)
Mme Tanson a acheté une bouteille d'eau minérale.

1. mon père / pommes (1 kilo)

Mon père a acheté un kilo de pommes.

2. je / vin blanc (1 litre)

J'ai acheté un litre de vin blanc

3. Mlle Lécuyer / jambon (4 tranches)

Mlle Lécuyer a acheté quatre tranches de jambon

4. nous / croissants (1 douzaine)

_____

5. M. Robichou / pâté (200 grammes)

M. Robichou a acheté 200 grammes de pâté.

6. mes cousins / vin rouge (3 bouteilles)

Mes cousins ont acheté trois bouteilles de vin rouge.

III. Les nombres de 70 à 1 000 000

F. Mes factures (*My bills*). You're paying your monthly bills using checks. Write out the amount for each of the following bills.

Modèle: 14F80   *quatorze francs quatre-vingt*

1. 16F95   *Seize francs quatre-vingt-quinze*
2. 89F   _____
3. 379F   *trois cent soixante-dix-neuf francs*
4. 181F   _____
5. 13F75   *treize francs soixante-quinze.*
6. 1500F   _____

IV. Débrouillons-nous!

G. Et vous? Write sentences about your personal finances (**argent**), using the following expressions: **beaucoup, trop, assez, plus, moins, autant.** Compare your situation to that of your friends or brothers and sisters. Use a separate sheet of paper.

Troisième Étape   (pp. 154 − 160)

I. À l'épicerie

A. Les courses (suite). Your final stop is the grocery store. Once again you have to "translate" the shopping list.

pmms (1 k)   *un kilo de pommes*

frs (1/2 k)   _____

bnns (4)   *quatre bananes*

ors (1 dz)   _____

prs (6)   *six poires*

pmmsdetr (1 k)   _____

hv (1/2 k)   *un demi-kilo de haricots verts.*

sal (2)   _____

asp (1/2 k)   _____

vin r (2 btls)   _____

rqft (100 gr)   *Cent grammes de roquefort*

gry (1 mrc)   _____

B. Qu'est-ce qu'on utilise pour préparer... ? List the ingredients you need to prepare the following foods. Some additional vocabulary: **la farine** (*flour*), **le beurre** (*butter*).

Modèle: Qu'est-ce qu'on utilise pour préparer une omelette au jambon?
On utilise des oeufs, du jambon et du lait.

Qu'est-ce qu'on utilise pour préparer

1. une omelette au fromage? _____

_____

2. une salade de légumes? _____

_____

3. une tarte aux fraises? _____

_____

4. un sandwich au jambon? _____

_____

5. une salade de fruits? _____

_____

6. un ragoût de boeuf (*beef stew*)? _____

_____

II. Le verbe irrégulier <u>devoir</u>

C. Traduisons! Give the English equivalent of the following sentences. Be careful of the translation of the verb **devoir**.

1. Nous devons parler au professeur. (*2 possibilities*)

We must speak to the professor

2. Elle a dû avoir un accident.

She must have had an accident

3. Je dois 100 dollars à mes parents.

_____

4. Il doit être malade.

He must be sick

5. Elles ont dû aller au laboratoire.

_____

6. Je dois retrouver mes amis au café.

I have to meet my friends at the café

D. Parce que... Answer the questions using either the present or the **passé composé** of the verb **devoir**.

Modèle: Pourquoi Marianne n'est-elle pas ici? (aller à la bibliothèque)
Parce qu'elle a dû aller à la bibliothèque.

1. Est-ce que Francine va au cinéma avec nous? (non, faire ses devoirs)

   Non, elle doit faire ses devoirs

2. Les Merlier ne sont pas chez eux ce soir. Où sont-ils? (aller au théâtre)

   Ils ont dû aller au théâtre.

3. Pourquoi ne dînez-vous pas souvent au restaurant? (faire des économies)

   Parce que nous devons faire des économies

4. Pourquoi Anne-Louise est-elle allée en ville? (faire des courses)

   Parce qu'elle a dû faire des courses

5. Pourquoi vas-tu à la librairie? (acheter mon livre de français)

   Parce que je dois acheter mon livre de français.

6. Pourquoi est-ce qu'ils font des économies? (devoir 150 dollars à leurs parents)

   Parce qu'ils doivent 150 dollars à leurs parents.

III. Les adjectifs démonstratifs

E. Non. Ce morceau-là! In each of the stores you visit, you make your choice. However, the shopkeepers don't understand what you want; therefore, you make it clear by using **-ci** or **-là**. Write the conversations you have.

Modèle: morceau (de fromage) / -là
— *Je vais prendre ce morceau.*
— *Ce morceau-ci?*
— *Non. Ce morceau-là.*

1. tarte / -ci Je vais prendre cette tarte

   Cette tarte-ci?

   Non, ce tarte-là

2. saucisses / -là

3. rôti / -là Je vais prendre ce rôti

   Ce rôti-ci?

   Non, ce rôti-là?

4. éclairs / -ci

IV. Débrouillons-nous!

F. Chacun à son goût (*To each his own*). Your family and friends all have different likes and dislikes concerning food. For each of the categories below, choose one person and discuss his or her general attitudes toward that food category and his or her particular likes and dislikes. Then indicate what you are going to buy for that person. Use a separate sheet of paper.

Modèle: légumes
En général, ma mère aime assez les légumes. Elle aime beaucoup les carottes et les petits pois, mais elle déteste les épinards.
Je vais acheter des haricots verts pour ma mère.

1. légumes   2. fruits   3. viande   4. pâtisseries

G. Quand? Use the elements provided with the verb **devoir** and a demonstrative adjective to provide information.

Modèle: ils / aller à la charcuterie / après-midi
Ils doivent aller à la charcuterie cet après-midi.

1. nous / faire nos devoirs / soir

_____

2. je / téléphoner à mes parents / matin

_____

3. elles / passer un examen / semaine

_____

4. il / faire les courses / après-midi

_____

5. vous / prendre un cours de chimie / année

_____

6. tu / aller chez le dentiste / mois

_____

Quatrième Étape   (pp. 161 – 164)

I. Lecture: La charcuterie du quartier

Très tôt le matin, les Chartier arrivent dans leur charcuterie. Sur le trottoir, ils rencontrent leur voisin, le boulanger. Ils discutent pendant quelques minutes avant de commencer leur travail. Les Chartier, comme tous les petits commerçants français, travaillent très dur pour gagner leur vie. Du matin au soir ils préparent de bons plats pour leurs clients.

Dans la cuisine, à l'arrière du magasin, Mme Chartier prépare une variété de salades, coupe les tranches de rôti et prépare le poulet. Son mari fait l'inventaire. Est-ce qu'il y a assez de pâté, de saucisson, de conserves? Demain, c'est dimanche. Les clients vont donc arriver en grand nombre pour acheter les plats pour le grand repas.

Bientôt, ces clients commencent à arriver. «Bonjour, Monsieur... Bonjour, Madame... Vous désirez?... Ah, oui, notre pâté est excellent... Assez de jambon pour quatre... Notre salade aux concombres est exceptionnelle... Comment vont les enfants?... Et votre femme?... Pour un repas spécial, prenez le saumon comme hors-d'oeuvre... Jean-Paul est encore à Paris?... Des escargots?... Pour vous, Madame, nous avons préparé une mayonnaise sans égale...» Ainsi continuent les commentaires et les discussions tout le long de la journée.

Le soir, les Chartier sont fatigués, mais contents. Ils ont bien travaillé et leurs clients sont satisfaits. Avant de fermer la charcuterie pour dimanche, ils n'oublient pas leur dîner. Ils vont rentrer et manger tranquillement quelques bonnes choses de leur magasin. Heureusement qu'ils ne sont pas obligés de faire la cuisine ce soir! Demain, ils vont aller prendre le repas de dimanche chez leur fille Annick. C'est elle qui va faire la cuisine!

A. Le sens général. Find the sentence that expresses the *general* meaning of the reading passage.

_____

B. Les détails. Answer in French the following questions about the passage.

1. What other kind of **petit commerçant** is mentioned? _____

2. Make a list of all the products sold in a **charcuterie** that are mentioned in this passage.

_____

_____

3. Make a list of all the verbs that indicate what the Chartiers do as part of their work. Give the infinitive forms of the verbs.

_____

_____

C. Conclusion. According to your interpretation of the passage, what makes the Chartier successful business people?

_____

_____

_____

II. Révision du chapitre

D. Un dîner pour deux. You are planning to prepare a French dinner for a special friend or relative. You want to serve bread and wine along with a main course, salad, cheese, and dessert. Indicate what stores you will go to and what you will buy there. Given below are the first and last sentences of your narration. Use a separate sheet of paper.

First sentence: *D'abord, je vais aller à la boulangerie.*

Last sentence: *Enfin, je vais rentrer et je vais préparer le dîner.*

TRAVAIL DE LA FIN DU CHAPITRE

I. Student Tape

Listen again to Chapter 6 of the Student Tape and provide the details from the four conversations between customers and shopkeepers. You should indicate *where the purchase was made, what was bought, for what reason, and how much it cost*.

1. Where: _____

   Purchase: _____

   Reason: _____

   Cost: _____

2. Where: _____

   Purchase: _____

   Cost: _____

3. Where: _____

   Purchase: _____

4. Where: _____

   Purchase: _____

   Reason: _____

II. Le savez-vous?

Circle what you think is the correct answer for each of the following statements.

1. In France, the crusty French bread is eaten
   a. only at breakfast.
   b. only at lunch as a sandwich.
   c. only at dinner.
   d. with every meal.

2. According to the latest polls, the preferred beverage of the French is
   a. water.
   b. wine.
   c. fruit juices.
   d. soda.

3. In France, fast-food places are called
   a. la cuisine rapide.
   b. les fast-food.
   c. les restaurants rapides.
   d. none of the above. Fast-food places don't exist in France.

III. Mais comment dit-on... ?

List any additional words or expressions whose French equivalents you do not know and that you would find useful when you want to ask questions in a store, when you want to ask the price of something, or when you want to indicate a quantity.

_____

_____

_____

_____

CHAPITRE SEPT:
Précisons!

TRAVAIL PRÉPARATOIRE

I. Planning Strategy

How do I... ? One of the greatest difficulties your French-speaking friend has when speaking English is in providing details. She has no problem generalizing on something, but when people ask her to be precise, she doesn't seem to have the necessary vocabulary. The three topics of immediate interest are the weather, physical descriptions of people and things, and descriptions of personality traits. Suggest some phrases and sentences she might use to accomplish the following tasks:

1. When someone asks me about the weather in Southern France, I can say "It's very nice." How do I elaborate and give more detail?

   _____

   _____

2. Many people use the weather to make "small-talk." What kinds of things can I say when I want to do the same thing?

   _____

   _____

3. What words and sentences can I use to give a physical description of a person?

   _____

   _____

4. What kinds of things can I tell people about someone's personality?

   _____

   _____

II. Student Tape

Listen to the Student Tape for Chapter 7, then do the following exercise.

Exercise 1. You will hear four short weather reports from the radio. According to what you hear, decide what clothing you'll bring on your vacation. Match the number of the report (1, 2, 3, 4) with the clothing description below. (You will not understand everything in each report in detail; listen for the gist of each weather report.)

_____ I'm going to take a bathing suit, very light clothing, shorts, sandals, tee-shirts, and light formal wear.

_____ I've got to take some warmer clothing, a raincoat, an umbrella, and a light jacket.

_____ I had better bring my ski jacket, a scarf, a hat, a pair of gloves, and my boots.

_____ It's hard to know what to bring. To be sure, I'll take some warm clothing as well as a pair of shorts, my sandals, and my bathing suit.

PARTIE ÉCRITE

Première Étape (pp. 166 — 173)

I. Quel temps fait-il?

A. Quel temps fait-il à... ? Using the weather maps below as a guide, answer the questions about last week's, today's, and tomorrow's weather in various French cities. Give as much information as possible.

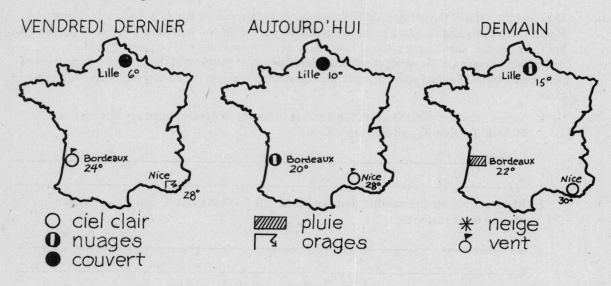

1. Quel temps fait-il aujourd'hui à Nice?

Il fait beau

Et à Bordeaux?

~~Il neige~~. Le ciel est ~~couvent~~ nuageux

Et à Lille?

Le ciel est couvent.

2. Quel temps a-t-il fait vendredi dernier à Bordeaux?

Il fait du vent.

Et à Lille?

Le ciel est couvent

Et à Nice?

Il y a un orage.

3. Quel temps va-t-il faire demain à Lille?

~~beaucoup~~ Il va y avoir des nuages à Lille.

Et à Nice?

_____

Et à Bordeaux?

_____

B. Quelle est la température à... ? You open your newspaper and read the following Celsius temperatures for various cities in Europe. Give their Fahrenheit equivalents.

	C	F		C	F
Paris	13°	55.4°	Madrid	22°	71.6°
Marseille	18°	64.4°	Munich	6°	42.8°
Strasbourg	9°	48.2°	Istanbul	25°	77°

II. Les mois, la date, et les saisons

C. Quelle est la date? Write out in French the following dates.

Modèle: 5.2.88   *C'est le cinq février dix-neuf cent quatre-vingt-huit.*

12.1.89 _C'est le douze janvier dix-neuf cent quatre-vingt neuf._

30.9.76 _C'est le Septembre trente dix-neuf cent soixante-seize_

23.5.42 _C'est le mai vingt-trois dix-neuf cent quarante-deux._

1.3.68 _C'est le mars un dix-neuf cent soixante-huit._

6.12.51 _C'est le décembre seize dix-neuf cent cinquante et un._

votre anniversaire _C'est le août vingt-trois dix-neuf cent soixante et un._

D. Moi... ? Using the questions as a guide, write a short paragraph telling about the month in which you were born and your feelings about that season of the year. Questions: *En quelle saison est-ce que vous êtes né(e)? En quel mois? Quel temps fait-il d'habitude en... dans la région où vous habitez? Est-ce que vous aimez cette saison? Pourquoi (pas)? Est-ce qu'il y a une saison que vous préférez? Pourquoi?* Use a separate sheet of paper.

III. L'interrogation — inversion

E. Eh bien... (*Well...*). Continue the conversation started with each statement by asking a question; use inversion and the cues provided. Pay attention to the tense of the verb.

Modèle: Je vais faire un voyage l'été prochain. (où / aller)
Eh bien, où vas-tu aller?

1. Je n'habite pas à Madrid. (où / habiter)   _Où habite vous_
Non, où n'habite-je-habite pas à Madrid.

2. Nous cherchons quelque chose. (que / chercher)
Que cherche-t-vous? quelque chose.

3. Mes parents ne sont pas allés au théâtre avec nous. (pourquoi / rester à la maison)
Pourquoi, tes parents reste

4. J'ai des frères et des sœurs. (combien de / avoir)
Combien de freres avez-vous

5. Marc veut un verre de lait. (pourquoi / ne pas prendre / bière)
_____

6. Non, il ne va pas faire froid demain. (quel temps / faire)
_____

IV. Débrouillons-nous!

F. Dans la région où j'habite. On a separate sheet of paper, write a short paragraph dealing with weather conditions during each of the following months or seasons in the area where you live.

Modèle: au mois de septembre
Dans la région où j'habite, il fait très beau au mois de septembre. Il fait assez chaud. La température est de 65° à 75° F. Il ne pleut pas beaucoup. J'aime le mois de septembre.

1. en été   2. au mois de décembre   3. en avril

G. Une interview. You're a reporter for your school newspaper and you've been assigned to interview a new professor who has just come to your college. Because you want the interview to go well, you prepare your questions ahead of time. Write out six questions using inversion.

1. _____
2. _____
3. _____
4. _____
5. _____
6. _____

Deuxième Étape (pp. 174 – 180)

I. Faisons des descriptions!

A. Votre maison est-elle... ou...? Answer the following questions according to your personal situation. If the question does not apply, say so.

Modèle: Votre maison est-elle grande ou petite?
Elle est grande (petite). ou *Je n'ai pas de maison; j'habite dans un appartement.*

1. Votre maison est-elle grande ou petite?
   Elle est grande.

2. Votre université est-elle jolie ou laide?
   Elle est jolie.

3. Ce livre est-il bon ou mauvais?
   Elle est bon

4. L'avenue où vous habitez est-elle longue ou courte?
   Elle est courte.

5. Votre auto est-elle vieille ou neuve?
   Elle est neuve.

6. Cet exercice est-il facile ou difficile?
   Il est facile.

7. Votre église est-elle vieille ou moderne?
   Elle est vieille

8. Votre vie est-elle intéressante ou ennuyeuse?

Elle est intéressante.

II. L'accord des adjectifs

B. De quelle couleur est? Give the color of the following items.

Modèle: De quelle couleur est le ciel? *Le ciel est bleu.*

De quelle couleur est...

1. la neige? _Le ciel est blanc._ *neige*
2. le café? _Le ciel est brun._
3. votre maison? _____ *café*
4. votre auto? _La ciel est bleu._ *l'auto*
5. votre livre? _Le ciel est bleu_ *livre*

De quelle couleur sont...

6. les pommes? _Le ciel sont brun_ *pommes sont*
7. les épinards? _Le ciel sont vert._
8. les citrons? _Le ciel sont jaune_ *citrons*
9. vos stylos? _Le ciel sont bleu._ *stylos*
10. vos cahiers? _Le ciel sont bleu._ *cahiers*

C. Comment est ce... ? Describe each of the following items, using the appropriate forms of the adjectives. Do not use an adjective more than twice.

Modèle:

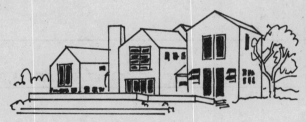

Cette maison est belle. ou
Cette maison est grande. ou
Cette maison est moderne.

1.

2.

3.

4.

5.

6.

7.

8.

1. _Cette auto-là est neuve._
2. _Cette église est grande._
3. _Ce livre-ci est ennuyeux._
4. _Cette fromage-ci est bonne_
5. _Ce ordinateur-ci est intéressant_
6. _Cette rue est petite._
7. _Ce cinéma-ci est très ennuyeux._
8. _Ce chien-ci est belle._

III. La place de l'adjectif

D. Je voudrais avoir... For each of the nouns below, choose two adjectives to describe your preferences. Use the verb in parentheses to write your sentence.

Modèle: maison (avoir)

Je voudrais avoir une grande maison moderne. ou *Je voudrais avoir une vieille maison blanche.*

1. maison (avoir)

   Je voudrais avoir une petite maison brun.

2. auto (avoir)

   Je voudrais avoir une neuve auto bleu.

3. restaurant (manger dans)

   Je voudrais manger dans petite restaurant vieux.

4. devoirs (faire)

   Je voudrais faire

5. musée (visiter)

   Je voudrais visiter un grande musée vieux

6. hôtels (trouver)

   _____

IV. Débrouillons-nous!

E. Mon ami(e) a... ; moi, j'ai... For each of the things mentioned below, choose a friend or family member who has the same thing. Compare yours with his or hers.

Modèle: vélo

Mon frère a un petit vélo américain; moi, j'ai un grand vélo japonais.

1. vélo _Mon frère a un blanc vélo; moi, j'ai un noir vélo._

2. maison _Mon ami a un grande maison; Moi, j'ai a un petite maison._

3. auto _Mon père a un gris auto; moi j'ai a un bleu auto._

4. sac à dos _Mon frère a petite sac à dos, Moi j'ai un [grand] moderne sac à dos._

5. livres _Mon frère a [petite] livres est facile, moi, j'ai a un difficile._

Troisième Étape (pp. 181 – 186)

I. Nos voisins et nos amis

A. Moi et mon (ma)... Describe yourself and a person who is older and of the opposite sex. Give information for each of the following categories.

Modèle: âge
      Moi, je suis jeune; j'ai 18 ans. Mon père est plus âgé; il a 52 ans.

1. âge _Moi, je suis [août]; j'ai 21 ans. Mon père est plus âgé; il a 54 ans._

2. taille (*size*) _____

3. yeux _____

4. cheveux _Moi Elle est cheveux est brun._

5. apparence générale _____

B. Il est très... Personal characteristics can be expressed in French either with a noun (and the verb **avoir**) or with an adjective (and the verb **être**). For each of the following people, use an adjective to describe the characteristic attributed to that person.

Modèle: Georges a de l'ambition.   *Il est ambitieux.*

1. Élisabeth a du courage.
Elle est courageuse

2. Marguerite a de la naïveté.
Elle est naïve.

3. Marie-Jo aime les sports.
Elle est sportive.

4. Éric a de la patience.
Il est patient.

5. Alain n'a pas d'ambition; il n'aime pas travailler.
Il n'est pas ambiteuse.

6. Claire a beaucoup de générosité.
Elle est généreuse.

7. Sylvie a beaucoup d'optimisme.

Elle est optimiste

8. Thierry n'a pas de patience.

Il n'est pas impatiente

II. Les adjectifs (suite)

C. Mes deux amis... Choose two friends, one male and one female. Indicate to what degree each of the following adjectives applies to your friends.

Modèle: patient
Michèle et Hervé sont tous les deux (both) très patients. ou *Michèle est assez patiente, mais Hervé n'est pas très patient. (Il est impatient.)*

Before you begin the exercise, name your two friends and briefly say something about them (where they live, what they do, how old they are, etc.).

Mon ami _Jack_ _Jack est habite en Michigan. Il travaille a grain elevator. Il est 22 ans._

Mon amie _Gina_ _Gina habite en Michigan Il travaille a Toledo hôpital. Il est 20 ans._

1. actif _Jack et Gina sont le deux actif._

2. sérieux _Jack et Gina n'est pas très sérieux._

3. intelligent _____

4. gros _____

5. discret _____

III. Les verbes réguliers en -ir

D. La vie à l'université. You are home on a break after your first semester away at college. Use the elements given to explain to your family what life is like at school.

Modèle: amie / finir / études de français.
Mon amie finit ses études de français.

1. on / choisir / cours

   On choisit ses cours.

2. les étudiants / ne... pas obéir toujours / profs

   Les étudiants ne ses

3. je / finir d'étudier / vers minuit (*midnight*)

   Je finis d'étudier vers minuit

4. nous / réussir / toujours / examens

   Nous réussions toujours examens.

5. quand / je / manger / restaurant universitaire / je / grossir

   _____

6. amis / réfléchir / beaucoup / avenir (*future*)

   _____

IV. Débrouillons-nous!

E. Un portrait. Choose a person whom you have not already described in this chapter and give a physical and personal description of him/her. Write at least ten sentences on a separate sheet of paper.

Quatrième Étape (pp. 187 – 190)

I. Lecture: L'Horoscope

In some situations, you read only part of a text: i.e., the section that concerns or interests you, such as your horoscope. When you read the horoscope section in a newspaper, you are likely to select only your sign and perhaps that of a friend or family member. In the following passage, choose those signs that hold particular interest for you. Use the reading techniques you have already practiced in order to guess words you do not know. Then go to part II.

Bélier 22/3 — 20/4. Planète: Mars. Couleur: Rouge. Vous êtes très actif, enthousiaste et généreux. Vous adorez les sports. Vous avez beaucoup de courage et vous aimez le danger. Vous êtes très persévérant et vous êtes capable d'être un grand «leader». En amour, vous êtes facilement jaloux.

Taureau 21/4 — 21/5. Planète: Vénus. Couleur: Bleu. Vous cherchez la sécurité dans les traditions et dans une vie bien ordonnée. Vous êtes matérialiste et vous travaillez avec beaucoup d'énergie pour avoir une vie aisée. En amour, vous êtes sentimental et passionné, mais vous n'êtes pas très démonstratif.

Gémeaux 22/5 — 22/6. Planète: Mercure. Couleur: Jaune. La variété et les changements sont essentiels pour vous. Vous êtes souvent une personne impatiente. Vous trouvez les groupes ennuyeux et vous préférez la société d'une ou deux personnes. La communication et l'expression de vos idées sont très importantes dans votre vie. En amour, vous détestez la soumission et vous cherchez souvent la solitude.

Cancer 23/6 — 23/7. Planète: Lune. Couleurs: Violet et bleu clair. Vous êtes positif et optimiste. Vous êtes très attaché à votre famille. Vous n'êtes pas frivole et vous faites attention à votre argent. En amour, vous êtes très fidèle à votre partenaire et vous cherchez la stabilité dans le mariage.

Lion 24/7 — 23/8. Planète: Soleil. Couleurs: Jaune et orange. Vous êtes créateur et dynamique. Vous aimez les flatteries et vous cherchez le pouvoir. Vous êtes généreux avec les personnes que vous aimez. Vous êtes non-conformiste, exubérant et ambitieux. En amour, vous êtes très spontané.

Vierge 24/8 — 23/9. Planète: Mercure. Couleurs: Marron et gris clair. Vous êtes une personne très sérieuse qui a la manie de l'organisation et de la propreté. Vous êtes perfectionniste et systématique, et vous détestez le désordre. En amour, vous avez tendance à être un peu froid, et vous cherchez donc une personne intuitive qui aime le contact physique.

Balance 24/9 — 23/10. Planète: Vénus. Couleurs: Bleu et rose. Vous avez un tempérament heureux et vous aimez passer votre temps avec vos amis. Vous avez beaucoup de charme et vous cherchez l'harmonie et l'équilibre dans votre vie. Vous êtes idéaliste, même quelquefois à l'extrême. En amour, vous cherchez l'harmonie et vous êtes très raisonnable. Vous détestez les disputes.

Scorpion 24/10 — 22/11. Planète: Pluton. Couleur: Rouge foncé. Vous êtes une personne profonde qui déteste la superficialité et la compétition. En public, vous êtes de préférence silencieux. Vous êtes très intense, presque fanatique, et vous faites tout avec beaucoup d'attention. Vous êtes ambitieux dans votre vie professionnelle et dans votre vie privée. En amour, vous êtes intense et très passionné.

Sagittaire 23/11 — 22/12. Planète: Jupiter. Couleur: Violet foncé. Vous êtes toujours aimable, optimiste et honnête. Vous avez une imagination très riche, mais vous n'avez pas beaucoup de persévérance. Vous avez l'esprit ouvert et curieux et vous adorez les voyages. En amour, vous avez certaines difficultés parce que vous êtes une personne indépendante qui désire être libre.

Capricorne 23/12 — 19/1. Planète: Saturne. Couleurs: Bleu marine et noir. Vous êtes très arriviste. Vous traitez vos supérieurs avec respect, mais vous montrez une indifférence presque totale à vos inférieurs. Vous adorez vos parents et ils peuvent toujours compter sur vous. Vous avez un très bon sens de l'humour. Vous êtes assez conservateur. En amour, vous êtes sentimental.

Verseau 20/1 — 19/2. Planète: Uranus. Couleur: Turquoise. Vous êtes brillant mais pas très réaliste. Vous êtes une personne intellectuelle qui désire être indépendante. Vous êtes aimable et sociable, mais calme et un peu distant et détaché. Vous êtes innovateur et vous adorez trouver des solutions à des problèmes difficiles. En amour, vous avez des sentiments profonds.

Poissons 20/2 — 21/3. Planète: Neptune. Couleur: Vert d'eau. Vous êtes une personne très sensible et généreuse. Pour vous, les sentiments, les rêves et les intuitions dominent la raison et la logique. Vous êtes facilement influencé par les autres. Vous détestez la discipline et la routine. Vous n'avez pas du tout l'esprit pratique. En amour, vous cherchez une vie sentimentale très riche.

II. Révision du chapitre

A. L'astrologie et vous.
To what degree do you believe in astrology? Based on the information provided in Part I, evaluate your personality and the personality of two other people (friends or relatives) in terms of their Zodiac signs. Use a separate sheet of paper.

Modèle: *Moi, je suis née sous le signe du Béliers. En général, les Béliers sont actifs et enthousiastes et ils aiment le danger. Moi, je suis active et enthousiaste, mais je ne suis pas très courageuse.*

B. Mon/Ma camarade de chambre.
You've just met your new roommate. Write a letter to your family describing the person. While you're writing home, ask some questions about the family (use inversion). Use a separate sheet of paper.

TRAVAIL DE LA FIN DU CHAPITRE

I. Student Tape

Listen again to Chapter 7 of the Student Tape, then do the following exercise.

Quel temps fait-il? Each of the four weather reports gives the general weather condition as well as more detailed information. Listen carefully to the details and write them down.

1. Temperature: _____

   Roads: _____

   Mountains: _____

2. Temperature: _____

   Weather in the South: _____

   Weather in the rest of the country: _____

3. Temperature: _____

   Roads: _____

   Precipitation: _____

4. Temperature: _____

   Night temperature: _____

   Roads: _____

   Morning: _____

II. Le savez-vous?

Circle what you think is the correct answer for each of the following statements.

1. **Le Mistral** is a violent, very cold and dry wind that brings unusually cold weather to
   a. the south Atlantic region of France.
   b. the Paris region.
   c. the Mediterranean coastal region.
   d. the northern region of France.

2. The color adjective **marron** comes from the noun
   a. marraine (*godmother*).
   b. marron (*chestnut*).
   c. se marrer (*to laugh*).
   d. marrant (*funny*).

3. If the temperature is 28 degrees Celsius, you should
   a. wear a heavy sweater because it's cold outside.
   b. wear a light jacket because it's cool outside.
   c. turn on the air conditioner.

III. Mais comment dit-on... ?

List any additional words or expressions whose French equivalents you do not know and that you would find useful when you want to describe someone or when you want to talk about the weather.

_____

_____

_____

_____

CHAPITRE HUIT:
Trouvons un hôtel!

TRAVAIL PRÉPARATOIRE

I. Planning Strategy

How do I... ? Your French-speaking friend is about to take a trip around the United States and will be staying in many hotels. However, your friend is having some difficulty knowing what to say and do to get a hotel room. Suggest some phrases and appropriate vocabulary she might use to get the accommodations she wants in hotels.

1. When it's my turn at a hotel desk, what do I say? How do I ask for a room?

   Je voudrais une chambre
   pour deux personnes.
   _____

2. What details do I have to give to get the room I want?

   _____
   _____
   _____

3. How do I ask about food?

   _____
   _____

4. What if I can't afford the room they suggest, what do I say?

   _____

5. What kind of information will they ask me?

   _____
   _____

II. Student Tape

Listen to Chapter 8 of the Student Tape. Once you have listened to the descriptions of the three rooms, decide which room you're going to take according to your requirements: You want a room with a telephone and a television. You're going to have breakfast in the hotel, but you plan to go out for dinner. The price of the room is not important.

Room Number _____

PARTIE ÉCRITE

Première Étape (pp. 192 – 197)

I. Cherchons un hôtel!

A. À Paris ils sont descendus à l'hôtel... Several of your friends and relatives have traveled in France recently. Following the format in the model, indicate where they went, the hotel where they stayed, the kind of room they had, and how much they paid.

Modèle: Paul et son cousin — Paris / St-Sulpice / 2 pers. sans / 200F

Paul et son cousin sont allés à Paris. Ils sont descendus à l'hôtel St-Sulpice. Ils ont eu une chambre pour deux personnes, sans salle de bains. Ils ont payé 200F par nuit.

1. mes parents — Nice / Méridien / 2 pers. avec / 400F

   Mis parents sont allés a Nice. Ils sont descendus à l'hôtel Méridien. Ils ont eu une chambre pour deux personnes avec salle de bains. Ils ont fait quatre cent par nuit.

2. mon ami Philippe — Grenoble / Trianon / 1 pers. sans / 150F

   Mon ami Philippe est allés à Grenoble. Il est descendus à l'hôtel Trianon. Il a eu une chambre pour un personnes, sans salle de bains. Il a payé cent cinquante par nuit.

3. mon oncle et ma tante — Lyon / Bristol / 2 pers. avec / 200F

   Mon oncle et ma tante sont allés a Lyon. Ils sont descendus à l'hôtel Bristol. Ils ont eu une chambre pour 2 personnes avec salle de bains. Ils ont payé deux cents francs par nuit.

4. ma soeur et ses deux amies — Avignon / St-George / 3 pers. sans / 215F

   Ma soeur et ses deux amies sont allés a Avignon. Elles sont descendus à l'hôtel St-George. Elles ont eu un chambre pour trois personnes sans salle de bains. Elles ont payé deux cents quinze francs par nuit.

II. Quelle heure est-il?

B. Quelle heure est-il? Answer this question for each of the times shown below.

Modèle: *Il est six heures cinq.*

1.

2.

3.

4.

5. 6. 7. 8.

9. 10.

1. *Il est quatre heure*
2. *Il est onze heure et quart*
3. *Il est un heure et demie*
4. *Il est midi.*
5. *Il est huit heures moins et quart*

6. *Il est deux heures dix*
7. *Il est minuit moins vingt*
8. *Il est dix h. heures moins cinq*
9. *Il est minuit neuf*
10. *Il est cinq heures vingt*

III. Les nombres ordinaux

C. **Des francophones à New York.** You are working as an information guide in New York. When French-speaking tourists ask you where certain places are located, you explain to them in French on what corner (**coin**) they are found.

Modèle: Où est l'Empire State Building? (5th / 33rd)
Il est au coin de la cinquième avenue et de la trente-troisième rue.

1. Où est la Bibliothèque Municipale de New York? (5th / 42nd)
   Il est au coin de la cinquième avenue et de la quarante-deuxième rue.

2. Où est le restaurant P. J. Clarke's? (3rd / 55th)
   Il est au coin de la trois avenue et de la cinquante-cinquième rue.

3. Où est l'aérogare? (1st / 36th)
   Il est au coin de la première avenue et de la trente-sixième rue.

4. Où est cette pharmacie? (10th / 84th)
   Il est au coin de la dixième avenue et de quarante-vingt-quatrième rue.

5. Où est ce théâtre? (8th / 51st)
   Il est au coin de la huitième avenue et de la cinquante-et-premier rue.

   51 → cinquante-unième

IV. Débrouillons-nous!

D. Notre arrivée à Paris. Imagine that you and a friend went to Paris last summer. Describe your arrival and how you got a hotel room. Follow the sequence of events given below, use the verbs suggested, and add appropriate information about the hotel room. Use a separate sheet of paper.

3h arriver à Paris / 3h15 aller au service d'accueil / demander une chambre / trouver une chambre à l'hôtel Élysée / 3h30 prendre un taxi pour aller / 3h50 entrer dans l'hôtel

Deuxième Étape   (pp. 198 — 204)

I. Vous avez réservé?

A. À l'hôtel. Correctly label the drawing of a French hotel with the following: l'ascenseur, le bidet, la chambre 23, la douche, le lavabo, le lit, la porte, les W.-C. — *water closet*

Handwritten labels: la douche (shower); (le bidet (sink for washing genitals); le lavabo (sink); les W.C. (toilet); la porte (door); l'ascenseur (elevator); le lit (bed); la chambre 23 (room 23)*

B. Rendez-vous à 9 heures. The following travelers are meeting people in Paris. The people they are to meet are staying in the same hotel and arrive first. The travelers arrive late at night and leave a message at the desk for their friends. Write the travelers' message.

Modèle: Patrice — Bertrand 11h30 / ch. 35 / 6h-9h / 8h30, salle à manger

Bertrand,

Je suis arrivée à 11h30 du soir. Je suis dans la chambre 35, au troisième étage. Le petit déjeuner est servi entre 6h et 10h. Rendez-vous à 8h30 dans la salle à manger.

Patrice

1. Marie-Louise — Christiane 11h30 / ch. 14 / 6h30 — 9h30 / 9h, salle à manger

Christiane,
Je suis arrivée à onze heure et demi du soir. Je suis dans la chambre quatorze, au deuxième étage. Le petit déjeuner est servi entre six heure et demie et neuf heure et demie. Rendez-vous à neuf heure dans la salle à manger.

Marie-Louise

2. Paul et Monique – François et Yvette 12h / ch. 26 / 6h-9h / 9h30, réception

François et Yvette,
Nous sommes arrivée à ~~midi~~ minuit. Nous sommes dans la
chambre vingt-six, au troisième étage. Le petit
déjeuner est servi entre le six heure et
neuf heure. Rendez-vous à neuf heure ~~et~~ et
demi dans la réception.

II. Les verbes irréguliers servir et dormir

C. Bien manger et bien dormir.
Complete the following paragraphs with the appropriate forms of the verbs **servir** and **dormir**. Distinguish between present and past actions.

Un bon hôtel, c'est un hôtel où on mange bien et où on _**sert**_ bien. C'est pour cela que ma femme et moi, nous aimons aller dans les petites auberges de campagne (*country inns*) en France. D'habitude on _**sert**_ un excellent dîner. Nous aimons surtout les fromages. L'été dernier, dans une auberge en Normandie, on nous _**ont servi**_ ~~servons~~ un camembert délicieux. Aux États-Unis on ne _**sert**_ pas le fromage avec les repas. Mais les Français _**servent**_ le fromage avant ou avec le dessert. Est-ce que tu _**sers**_ du fromage de temps en temps à tes amis?

Dans les auberges, les lits sont très confortables. D'habitude, je _**dors**_ huit ou neuf heures par nuit. Mais ma femme ne _**dort**_ pas très bien. Pourtant, l'été dernier, dans cette auberge en Normandie, elle _**dort**_ jusqu'à 11 heures du matin! Toi et tes amis, est-ce que vous _**dorment**_ quelquefois jusqu'à 11 heures du matin? Nos enfants _**dornus.**_ souvent jusqu'à midi!

III. Quelques expressions temporelles

D. La journée de Sylvie.
On the basis of the drawings, answer the following questions about Sylvie's day.

1. Sylvie a-t-elle bien dormi la nuit dernière? *à une heure*

   Elle à dormi jusqu'à deux heure moins vingt.

2. Jusqu'à quelle heure est-elle restée au lit?

   Elle est six heure du matin.

3. À quelle heure a-t-elle quitté la maison?

   Elle est sept heure du matin. la maison

4. Où est-ce qu'elle a pris son petit déjeuner?

5. Comment est-elle allée à son travail?

6. À quelle heure est-elle arrivée à son travail?

   Elle est arrivée à huit heure et demi

7. Est-ce qu'elle a été à l'heure pour son travail?

8. Combien de temps a-t-elle travaillé aujourd'hui?

9. Il est maintenant 6h30. Il y a combien de temps qu'elle a quitté son travail?

10. D'habitude elle rentre à la maison à 7h. Dans combien de temps va-t-elle rentrer?

IV. Débrouillons-nous!

E. **Ma chambre.** Describe your own room (at home, in your apartment, in a dormitory,) mentioning some of the following information: where you live and on what floor, whether there is an elevator or a stairway (**un escalier**) in the building, the size of the room, what's in the room (e.g., Is there a sink?), where the toilet and shower are located.

   Ma chambre est tres petet. le lit est tres confortable.

Troisième Étape (pp. 205 – 211)

I. Réglons la note

A. **Une note d'hôtel.** Answer the questions about the hotel bill shown on p. 99.

HOTEL RENNES-MONTPARNASSE

*** NN

151 bis RUE DE RENNES 75006 PARIS

TÉLÉPHONE 548 97.38 - TÉLEX RENMONT 250048 F

UNIC-HOTEL - S A AU CAPITAL DE 140 000 F - R C PARIS B 542 011 762

Mademoiselle Macbeth _____ APPT N° 53

MOIS de MAI 1988	26		27	28	29		
ARRANGEMENT							
CHAMBRE	240		240	240	240		
PETIT DÉJEUNER ET SUPPLÉMENTS	21		21	21	21		
BAR	8		8	8	8		
TÉLÉPHONES	1 1		3		5		

1. Combien de nuits ont-ils passé à cet hôtel?

   Ils ont passé à cet hôtel pour quatre nuits.

2. Dans quelle chambre?

   ~~Dan~~ chambre cinquante trois.

3. C'est combien par nuit?

   Dan chambre ø est 200F pour nuits.

4. Est-ce que le petit déjeuner est compris?

   No, ~~xxxx~~ ~~xxxxxxxxx~~ le petit de

5. Ont-ils payé un supplément? Combien?

   Oui, ils ont payé un supplément vingt et un francs.

6. Quoi d'autre est-ce qu'ils ont payé et combien par jour?

   _____

II. Les verbes irréguliers <u>sortir</u> et <u>partir</u>

B. Qu'est-ce que vous allez faire? Complete the following dialogues, using the appropriate tenses and forms of the verbs **sortir** and **partir**.

Dialogue 1: You question your roommate about his/her plans for this evening.

sortir

— Avec qui est-ce que tu _~~sors pars~~ sors_ ce soir?

— Je _~~pars~~ sors_ avec Paul et Martine.

— Ah, vous _sortez_ tous ensemble?

— Oui, nous _sortons_ en voiture.

— Mais quand est-ce que tu vas faire tes devoirs? Tu _~~sors~~ est sorti_ hier soir aussi!

Dialogue 2: School is over for the year. Your teacher asks you about your plans for the summer.

partir

— Vous _partez_ aujourd'hui?

— Oui, je _pars_ pour la France.

— C'est formidable! Vous _~~partez~~_ (partez) seul(e) ou avec des amis?

— Mon ami et moi, nous _partons_ ensemble et mes parents vont nous retrouver à Paris.

— Et vos parents, quand est-ce qu'ils _partent_?

— Ma mère _part_ le 15 juin et mon père _part_ le 20 juin.

— Allez, au revoir. Et bonnes vacances!

III. L'heure officielle

C. À quelle heure? Americans are not used to reading times on the twenty-four hour clock. You have to help your parents read the TV listings by translating the official time into conversational time. Be sure to indicate A.M. or P.M.

6.45 BONJOUR LA FRANCE.
9.30 SURTOUT LE MATIN. Magazine pratique.
11. PARCOURS D'ENFER. Jeu.
11.30 ON NE VIT QU'UNE FOIS. Feuilleton.
12. TOURNEZ... MANEGE. Jeux.
13. JOURNAL.
13.35 HAINE ET PASSIONS.
14.20 C'EST DEJA DEMAIN. Feuilleton.

14.45 LA CHANCE AUX CHANSONS. Les jeunes et l'accordéon.
15.10 LAMES DE FOND. Téléfilm d'aventures.
16.45 CLUB DOROTHEE.
17. PANIQUE SUR LE 16. Magazine.
18. MANNIX.
19. SANTA BARBARA.
19.30 LA ROUE DE LA FORTUNE.
20. JOURNAL.

7.10 DESSINS ANIMES.
8.50 WONDER WOMAN. (Reprise de lundi).
9.40 MATLOCK. (Reprise de lundi).
10.30 SPECIAL PARIS-ALGER-DAKAR.
11.30 BOULEVARD BOUVARD. (Reprise).
12. LA PORTE MAGIQUE. (Reprise).
12.30 JOURNAL.
13.30 VIVE LA TELE. Jusqu'à 16 h 55.

13.35 MAIGRET. « L'amie de Mme Maigret. »
15.20 LA GRANDE VALLEE. Série.
16.30 LA 5• DIMENSION. Série.
16.55 YOUPI, L'ECOLE EST FINIE.
18.10 WONDER WOMAN. Série.
19. LA PORTE MAGIQUE.
19.30 BOULEVARD BOUVARD.

20. JOURNAL.
20.30 COLLARICOCOSHOW. Divertissement de Stéphane Collaro.
22.10 SPECIAL PARIS-ALGER-DAKAR.
22.30 SPENSER. Série.
23.20 VIVE LA TELE. (Reprise de l'après-midi).
3. SPECIAL PARIS-ALGER-DAKAR. (Reprise de la soirée).

When can we see the following programs?

Santa Barbara ~~7pm~~ 7pm.   La Grande Vallée 3pm.

Journal ~~8pm~~ 8pm.   Bonjour la France 6x15 An.

La Roue de la Fortune ~~8pm~~ 7:30pm C'est déjà demain 2 pm.

Matlock 9:40am   Vive la Télé 1:30 pm

Wonder Woman 8:50 An   La Porte magique 12 noon.

Spenser 10:10 pm   Dessins animés 7:10 PM

IV. Débrouillons-nous!

D. Pour trouver mon appartement... Write directions for locating the following places. Use a separate sheet of paper.

Modèle: Pour trouver ma chambre d'hôtel, tu...
Pour trouver ma chambre, tu entres dans l'hôtel, tu prends l'ascenseur, tu montes jusqu'au troisième étage, tu sors de l'ascenseur, tu tournes à droite et voilà ma chambre.

1. Pour trouver mon appartement, tu...

2. Pour trouver la salle de la classe de français, vous...

E. Questions personnelles. Answer the following questions about yourself, your family, and your friends. Use the verbs **sortir** and **partir** in your answers.

1. Qu'est-ce que vous faites d'habitude le samedi soir? (sortir)

Moi, je ___Sors_____

Mes amis _____

Mon frère (ma soeur, mon ami) _____

2. Qu'est-ce que vous avez fait le week-end dernier? (sortir)

Moi, je _____

Mes amis _____

Mon frère (ma soeur, mon ami) _____

3. Où est-ce que vous allez d'habitude pendant les vacances d'été? (partir)

Moi, je _____

Mes amis _____

Mon frère (ma soeur, mon ami) _____

Quatrième Étape (pp. 212 – 216)

I. Lecture: Les auberges de jeunesse

Quand vous voyagez en France ou dans d'autres pays, vous désirez peut-être prendre une chambre dans un hôtel à une, deux ou trois étoiles, ou même dans un hôtel à quatre étoiles si vous avez beaucoup d'argent. Ces hôtels sont confortables, les chambres ont souvent une salle de bains ou au moins un lavabo, et le service y est presque toujours impeccable. Pourtant, l'hôtel ne peut pas toujours offrir l'occasion de sympathiser avec d'autres voyageurs et on se trouve souvent isolé dans sa chambre.

Pour les jeunes entre dix-huit et trente ans, une autre possibilité de logement se présente: les auberges de jeunesse. Il y a environ 200 auberges de jeunesse qui accueillent les jeunes en France. Elles ont l'avantage de ne pas être très chères (de 20 à 50 F la nuit), elles ont souvent une cuisine où l'on peut préparer ses repas, et surtout elles donnent aux touristes la possibilité de rencontrer des jeunes de tous les pays du monde. L'ambiance y est communale: on échange les impressions de voyage, on peut manger ensemble ou préparer les repas ensemble, on parle toutes les langues et on apprend beaucoup de choses.

Certaines auberges de jeunesse ont des chambres individuelles, d'autres ont le style dortoir. La salle de bains se trouve au bout du couloir. Si l'auberge offre la pension complète, le prix des repas est très raisonnable (6F50 pour le petit déjeuner, 21 F pour le déjeuner ou le dîner).

Si vous voulez être logé dans une auberge de jeunesse, il faut avoir une carte d'adhésion qui coûte 20 F en France. Pour l'obtenir, écrivez à la Fédération Unie des Auberges de Jeunesse, 6, rue Mesnil, 75116 Paris.

Les auberges de jeunesse sont une très bonne solution pour les jeunes qui désirent voyager mais qui n'ont pas beaucoup d'argent. Ce ne sont pas des logements de luxe, mais ils sont confortables et propres. Et surtout, des jeunes de toutes les nationalités établissent des liens qui facilitent la communication entre des cultures diverses.

A. **Devinez!** Guess the meaning of the boldface words based on their context in the reading and the other examples provided below.

1. «Il y a environ 200 auberges de jeunesse qui **accueillent** les jeunes en France.» «Dans les aéroports il y a des affiches qui **accueillent** les visiteurs: Bienvenue aux Canadiens! Bienvenue aux Américains!» «Le président des États-Unis **a accueilli** le premier ministre français devant la Maison Blanche.»

   accueillir = _____

2. «Certaines auberges de jeunesse ont des chambres individuelles, d'autres ont le style **dortoir**.» «Dans les écoles secondaires en France il y a souvent des **dortoirs** avec plusieurs lits pour les élèves qui n'habitent pas à la maison.»

   un dortoir = _____

3. «Si vous voulez être logé dans une auberge de jeunesse, il faut avoir une **carte d'adhésion**.»

   une carte d'adhésion = _____

4. «Des jeunes de toutes les nationalités établissent des **liens** qui facilitent la communication entre des cultures diverses.» «Vous et votre frère avez des **liens** de parenté, vous et vos amis avez des **liens** d'amitié.»

   des liens = _____

B. **Les précisions.** Answer the following questions about the passage. It is not necessary to write complete sentences.

1. Les auberges de jeunesse sont pour des touristes de quel âge? _____

2. Quel est le prix normal d'une chambre dans une auberge de jeunesse? _____

3. Combien coûte le repas du matin? _____

4. Et le repas du soir? _____

5. Si vous passez trois nuits dans une auberge de jeunesse et si vous ne prenez que le petit déjeuner, combien allez-vous payer? (N'oubliez pas qu'il faut être membre de la Fédération Unie des Auberges de Jeunesse.) _____

II. Révision du chapitre

C. **Pour réserver un chambre.** Using the model below, write two letters, reserving hotel rooms according to the situations indicated. Use a separate sheet of paper.

L'hôtel des Roches Blanches
25, Route Port-Miou
13260 Cassis, France

St. Paul, Minnesota
le 9 juillet 1988

Messieurs,

Je voudrais réserver une chambre pour une personne, avec salle de bains. Je vais arriver à Cassis le 10 septembre et je voudrais rester jusqu'au 18.

En attendant la confirmation de ma réservation, je vous prie de croire, Messieurs, à mes sentiments les plus distingués.

Alexander Rice
530 Jefferson Street
St. Paul, Minnesota 55103
USA

1. You and a friend want to spend a week in Biarritz next summer. Write to: **Hôtel Monguillot / 3, r Gaston-Larre / Biarritz 64200.**

2. Your parents want to spend three days in Paris during the Christmas holidays next year. Write to: **Madison Hôtel / 143, bd St-Germain / Paris 75006.**

TRAVAIL DE LA FIN DU CHAPITRE

I. Student Tape

Listen to the Student Tape for Chapter 8 again, then do the following exercise.

You're at the **Bureau d'Accueil** in the city of Grenoble. The person describes three types of rooms in three different hotels to you. Write down the information about each room as you hear it, then decide the room you'll take. You will not necessarily understand everything that is being said. Listen for key words and try to get some of the details about each room.

Chambre numéro 1

Étage ____3____

Prix / nuit _____

Pour combien de personnes ____deux____

Avec ou sans salle de bains ____san____

Avec ou sans téléphone ____sans____

Petit déjeuner compris (oui ou non) ____oui____

Ascenseur (oui ou non) _____

Restaurant (oui ou non) ____non____

Chambre numéro 2

Étage _____

Prix / nuit _____

Pour combien de personnes ____à une____

Avec ou sans salle de bains _____

Avec ou sans téléphone _____Oui_____

Petit déjeuner compris (oui ou non) _____oui_____

Ascenseur (oui ou non) _____

Restaurant (oui ou non) _____non._____

Chambre numéro 3

Étage _____

Prix / nuit _____

Pour combien de personnes _____

Avec ou sans salle de bains _____

Avec ou sans téléphone _____

Petit déjeuner compris (oui ou non) _____

Ascenseur (oui ou non) _____

Restaurant (oui ou non) _____

Je vais prendre la chambre numéro _____ parce que _____

_____

II. Le savez-vous?

Circle what you think is the correct answer for each of the following statements.

1. The **bidet,** usually found in French bathrooms, is where you

   a. wash your private parts.

   b. wash out your socks and underwear.

   c. cool bottles of wine.

   d. wash your feet.

2. In France, the **Hôtel de Ville** is

   a. a chain of French hotels.

   b. a youth hostel.

   c. the town hall.

   d. none of the above.

3. French hotels that have names such as Balzac, Stendhal, Molière, Rabelais, etc. are all named after famous

   a. French scientists.

   b. French writers.

   c. French politicians.

   d. French movie stars.

III. Mais comment dit-on... ?

List any additional words and expressions whose French equivalents you do not know and that you would find useful when asking for a hotel room, when asking the price of a room, or when trying to find out what time it is.

_____

_____

_____

_____

CHAPITRE NEUF:
Amusons-nous!

TRAVAIL PRÉPARATOIRE

I. Planning Strategy

How do I... ? Your French friend is trying to improve his/her English.

1. I want to develop my vocabulary. Tell me everything you do from the moment you wake up until you're ready to have breakfast (or go to class).

   _____

   _____

   _____

   _____

2. I would like to ask a friend to go to the movies with me.

   a. How do I bring up the subject? _____

   _____

   b. How do I make arrangements to meet my friend somewhere? _____

   _____

3. I'm looking for someone to take a trip with me during vacation.

   a. How do I ask someone to go with me? _____

   _____

   b. What do I say in order to get this person to help organize the trip?

   _____

   _____

II. Student Tape

Listen to the Student Tape for Chapter 9, then do the following exercise.

1. Combien de personnes participent à cette conversation?

   a. 2   b. 3   c. 4

2. Qu'est-ce qu'on organise?

   a. un voyage d'affaires   b. une soirée   c. un week-end   d. une excursion touristique

3. Où est-ce qu'on va?

   a. en Angleterre   b. au cinéma   c. dans les Alpes   d. chez des amis

PARTIE ÉCRITE

Première Étape (pp. 218 – 225)

I. Le présent des verbes pronominaux

A. Le matin. Write sentences that indicate what each of the following people does on a typical morning.

Modèle: Janine / se lever / 6h30   *Janine se lève à 6h30.*

1. on / se réveiller / 6h

    On se réveille à 6h.

2. ma soeur Rochelle / se lever / 6h30

    Ma soeur Rochelle se leve à 6h30.

3. je / s'habiller avant le petit déjeuner

    Je m'habille avant le petit déjeuner.

4. ma soeur Denise / se laver la tête

    Ma soeur Denise se lave la tête.

5. mes soeurs / se maquiller / tous les matins

    Mes soeurs se maquillent tous les matins.

6. je / se brosser les dents / après le petit déjeuner

    Je me brosse les dents après le petit déjeuner.

7. nous / s'embrasser / avant de quitter la maison

    Nous nous embrassez avant de quitter la maison.

B. Les vacances. Indicate what the following people don't do when they're on vacation.

Modèle: je / se lever / avant 9h   *Je ne me lève pas avant 9h.*

1. nous / se retrouver au bureau

    Nous ne nous retrouvons pas au bureau.

2. ma soeur Annie / se réveiller tôt

    Ma soeur Annie ne se réveille pas tôt.

3. mes frères / se raser tous les matins

    Mes frères ne se rasent pas tous les matins.

4. je / se lever avant midi

    Je ne me leve pas avant midi.

5. mes soeurs / s'habiller avant le petit déjeuner

    Mes soeurs ne s'habillent pas avant le petit déjeuner.

6. mes parents et moi, nous / se téléphoner souvent

    Mes parents et moi, ne nous téléphonons pas souvent.

7. on / se brosser les dents après chaque repas

On ne se brosse tes pas les dents après chaque repas.

8. nous / se coucher de bonne heure

Nous ne nous couchons de bonne heure.

C. **Questions personnelles.** Answer these questions about you, your family, and your friends.

1. À quelle heure est-ce que vous vous réveillez d'habitude?

Nous nous réveillons a 7 h.

2. À quelle heure est-ce que vous et vos parents vous levez d'habitude?

Nous nous levons d'habitude à 8h.

3. Quand est-ce que vous vous lavez la tête?

Je se lave à 7h30.

4. Quand est-ce que vous vous levez tard (*late*)?

_____

5. Quand est-ce que vous et vos amis vous téléphonez?

_____

6. À quelle occasion est-ce que vous vous amusez le plus?

_____

II. **Le verbe irrégulier <u>connaître</u>**

D. **Nous connaissons...** Using the verb **connaître**, rewrite the following sentences to reflect the experiences of each person. Be sure to distinguish between the present tense (*to know*) and the **passé composé** (*to meet*).

Modèles: J'ai visité le Québec dix fois.
Tu connais bien le Québec.

Nous avons fait la connaissance de Simone à Besançon.
Vous avez connu Simone à Besançon.

1. Yves a passé deux ans à Lille.

_____

2. Nous avons visité Grenoble plusieurs fois.

_____

3. J'ai fait la connaissance de Josette à Lyon.

_____

4. Geneviève et Étienne ont habité trois ans à San Franciso.

_____

5. Je ne suis jamais allée à Moscou.

_____

6. Nous avons étudié les vins de France pendant trois ans.

_____

III. Débrouillons-nous!

E. Moi, je... Nous, nous... Use the verbs given below to write a short paragraph describing what you and your roommate (family member, friend) do in the morning.

Distinguish between what you both do and what only one of you does.

se réveiller	se brosser les dents	s'habiller
se lever	se laver les mains	se parler
se maquiller	se laver la tête	se quitter
se raser	se brosser les cheveux	rester au lit
prendre le petit déjeuner	faire des devoirs	

Modèles: *Ma camarade de chambre et moi, nous nous réveillons à 7h30. Elle se lève tout de suite, mais moi, je reste au lit jusqu'à 8h.*

Deuxième Étape   (pp. 226 – 233)

I. Vous avez vu le nouveau film au Gaumont?

A. L'officiel des spectacles. Make up a movie listing for French visitors to your town (or to towns in your area). Choose three movie houses and imitate the format below.

CONTRESCARPE , 5, rue Blainville, 43.25.78.37. Pl: 28F.

TR 20f: Lundi et étud. Séances et film: 14h, 16h, 18h, 20h, 22h.

_____

_____

_____

_____

_____

_____

_____

_____

_____

_____

_____

II. Le futur immédiat des verbes pronominaux

B. Nous sommes tous fâchés! (*We're all angry.*) All of your friends are mad at each other; however, they all have different ways of showing their anger. Indicate what each person is going to do.

Modèle: je / se coucher   *Je vais me coucher!*

1. Hélène / se reposer

   Elle va se repose.

2. Bernard et moi / ne pas se parler

   Nous ne allons pas nous parlons.

3. tu / se laver la tête

Tu ~~te~~ vas te love la tête.

4. Jean-Pierre et Martine / s'acheter quelque chose

Ils ont s'achetent quelque chose.

5. vous / se promener

Vous allez vous promener!

6. moi, je / se disputer avec ma soeur

Je vais me disputer avec ma soeur!

C. **À l'avenir...** (*In the future...*). Choose from the list of verbs below and explain what you and the others mentioned expect to do in the future and approximately when (e.g., **demain, l'année prochaine, le mois prochain, vendredi**).

s'acheter	se réveiller	se retrouver	se coucher
se fiancer	se promener	se laver la tête	se lever
se marier	se reposer	se parler	se disputer
se téléphoner			

Modèle: je   *La semaine prochaine je vais m'acheter une chaîne stéréo.*

1. mes amis et moi   *Nous*

   a. _____

   b. _____

2. je

   a. _____

   b. _____

3. mon (ma) petit(e) ami(e) et moi

   a. _____

   b. _____

4. mes parents

   a. _____

   b. _____

5. mon (ma) meilleur(e) ami(e)

   a. _____

   b. _____

III. **Les pronoms d'objet directs le, la, l', les**

D. **Qui... ?** Answer the questions according to the indications: (+), affirmatively; (−), negatively; (?) with another question. *use direct object pronouns.*

   Modèle: Qui apprend le chinois?   je (+) / Georges (−) / Christophe (?)
   Moi, je l'apprends, mais Georges ne l'apprend pas. Et toi, Christophe, est-ce que tu l'apprends?

1. Qui connaît Michèle? je (−) / Isabelle (+) / Éric et Chantal (?)

   Elle l'connais

2. Qui aime la bière? je (+) / mes parents (−) / Vincent (?)

3. Qui a vu le film «Trois hommes et un couffin»? je (+) / ma soeur (−) / Renée et Guy (?)

   Est qu'il on vu?

4. Qui va regarder les matchs de football à la télé? je (−) / mes frères (+) / Jeanne (?)

E. **La vérité** (*The truth*). Answer the questions truthfully, replacing the direct object with the appropriate pronoun.

   Modèle: Est-ce que tu fais la vaisselle tous les jours?
   Non, je ne la fais pas tous les jours.

   1. Est-ce que tu as écouté la radio hier soir?

      Je l'ai écoutée.

   2. Est-ce que tu parles bien le français?

   3. Est-ce que tu aimes la musique classique?

   4. Est-ce que tu vas faire tes devoirs ce week-end?

   5. Est-ce que tu as compris la leçon d'aujourd'hui?

      Je l'as comprise aujourd'hui.

   6. Est-ce que tu veux apprendre le chinois?

   7. Est-ce que tu as fait ta lessive récemment?

      Je l'as fait

   8. Est-ce que tu regardes les actualités (*news*) à la télé?

IV. **Débrouillons-nous!**

   F. **Demain...** Write a short paragraph explaining what you're going to do and not going to do tomorrow. Begin with the time you get up and continue until the time you go to bed. Use as many reflexive and reciprocal verbs as possible. Use a separate sheet of paper.

Troisième Étape   (pp. 234 – 240)

I. Les projets de vacances

A. Du temps libre (*Free time*). Write two sports or sporting activities that each of the following people participates in during his/her free time.

Modèle: moi
> *Quand j'ai du temps libre, je fais de l'alpinisme ou je vais à la pêche.*

1. mes parents

Quand, Ils du temps libre, ils font du ski ou je ils font du jogging.

2. mon (ma) meilleur(e) ami(e)

Quand, ma meilleure amie du temps libre, il fait du ski, ou il fait de la planche à voile.

3. mon frère (ma sœur)

Quand, il du

4. moi

Quand, j'ai du temps libre, je fais du patinage, ou je fais de l'apinisme.

II. Le passé composé des verbes pronominaux

B. Questions personnelles. Answer the following questions about yourself, your family members, and your friends.

1. Quand est-ce que tes parents se sont mariés?

Mes parents se sont mariés en 1967.

2. Où est-ce qu'ils se sont connus?

Ils se sont connus dans à bar.

3. À quelle heure est-ce que ton (ta)... s'est réveillé(e) ce matin?

Je suis réveillée à 7h.

4. Est-ce qu'il(elle) s'est levé(e) tout de suite?

Oui, je suis leve tout de suite.

5. Avec qui est-ce que tu t'es disputé(e) récemment?

No, je suis disputé récemment

6. Avec qui est-ce que tu t'es amusé(e) récemment?

Oui, je suis

7. Toi et tes parents, combien de fois est-ce que vous vous êtes parlé la semaine dernière?

8. Toi et tes parents, combien de fois est-ce que vous vous êtes vus la semaine dernière? (se voir: *to see each other*)

Nous nous sommes vus la semaine dernière

negative *Nous ne nous sommes pas vus la semaine dernière.*

C. La semaine dernière. Using the events suggested as a guide, recount the major events of last week in the lives of Marie-Jeanne, her family and her friends.

Modèle: lundi—moi / se lever à 6h30; se dépêcher pour aller au cours
Lundi je me suis levée à 6h30; je me suis dépêchée pour aller au cours.

1. lundi—mon amie Diane / ne pas se réveiller à temps pour aller en classe
Lundi elle n'est pas se réveille à temps pour aller en classe.

2. mardi—mes amis et moi / se parler au téléphone
Mardi, nous nous sommes / ils se parlest au téléphone.

3. mercredi—moi / se disputer avec mon petit ami
Mercredi, je suis me disputé avec mon petit ami.

4. jeudi—mes amis et moi / se retrouver à la bibliothèque
Jeudi nous nous sommes retrouver à la bibliothèque.

5. vendredi—mes parents / s'acheter une voiture
Vendredi, ils sont s'acheté une voiture.

6. samedi—mon frère / se reposer pendant toute la journée
Samedi, il est se reposé pendant tout la journée.

7. dimanche—moi / se coucher très tard
Dimanche, je me suis couché très tard.

III. L'impératif et les pronoms

D. Des enfants difficiles. While the Massignons are at the movies with their friends the Tremblays, you are babysitting for Marc and Christiane Tremblay. The two children are very difficult; each time you ask one or both to do something they refuse; being an inexperienced sitter, you give in to their demands.

Modèles: Marc / se laver
— *Marc, lave-toi.*
— *Je ne veux pas me laver.*
— *Eh bien, ne te lave pas.*

Christiane et Marc / finir vos devoirs
— *Christiane et Marc, finissez-les.*
— *Nous ne voulons pas les finir.*
— *Eh bien, ne les finissez pas.*

1. Christiane / manger ton sandwich
Christiane, Mange-le!

2. Marc / finir ta salade

Marc- finis-la
Je ne veux pas finir
Eh bien, ne la finis pas.

3. Christiane / se reposer

Christiane- Repose-toi

4. Marc / chercher les clés

5. Christiane et Marc / regarder la télé

6. Christiane et Marc / se coucher

IV. Débrouillons-nous!

E. **Hier soir... ce matin...** Write a short paragraph describing your activities from the time you got home (to your room) last night until you left for school this morning. Include both pronominal and nonpronominal verbs. Use a separate sheet of paper.

Quatrième Étape   (pp. 241 — 244)

I. Lecture: Les vacances aux Antilles

You and a friend are in France, but you decide you would like to go to a warmer climate for a week in the winter. You get a brochure describing package trips to the Caribbean (**les Antilles**) from France (**la Métropole**). Your friend does not know very much French, so you have to read the brochure and then answer his/her questions. Remember: you will not understand everything; get as much information as you can. (see p. 114)

A. **On va à la Guadeloupe ou à la Martinique?** Answer in English your friend's questions.

1. What is included in this package tour? _____

GUADELOUPE OU MARTINIQUE

ACCUEIL RELAIS

═══ HÔTEL A L'ARRIVÉE ═══

Vous ne voulez pas décider aujourd'hui de la façon dont vous passerez vos vacances aux Antilles. Choisissez votre île ou vos îles et Jumbo se charge de l'essentiel: accueil à l'arrivée et transfert à l'hôtel où vos deux premières nuits sont réservées. La suite, vous l'improvisez comme vous l'entendez.
Pendant les vacances scolaires, nous vous conseillons vivement de vous organiser dès votre arrivée, en demandant au relais Jumbo de faire vos réservations.

VOTRE VOYAGE COMPREND

- l'avion aller-retour Métropole/Pointe-à-Pitre ou Fort-de-France,
- l'accueil à votre arrivée,
- l'acheminement jusqu'à l'hôtel,
- les deux premières nuits d'hôtel ou quatre nuits, avec petit déjeuner, suivant le programme choisi,
- l'assistance relais,
- une assurance annulation-rapatriement.

═══ VOS HÔTELS JUMBO-VACANCES ═══

P.L.M. Village Soleil. Situé à 10 mn en voiture de l'aéroport de Pointe-à-Pitre, sur une colline qui surplombe le port de la Marina. L'appartement est en duplex: au rez-de-chaussée, s.d.b., salon (avec canapé-lit) prolongé par une terrasse avec cuisine extérieure entièrement équipée (plaques chauffantes et réfrigérateur), et la chambre en mezzanine... La vaisselle et le linge de maison sont fournis. Bref, tout le confort y compris des chaises sur la terrasse pour siroter son planteur au soleil. Dans la résidence, un restaurant pour le petit déjeuner et (petit) supermarché. Commerces à 10 mn à pied sur le port de la Marina. La Marina Bas-du-Fort, Gosier. Tél.: 83.05.76/05.62.

MARTINIQUE. **Lafayette.** Sur la place de la Savane en plein centre de Fort-de-France. Chambres assez spacieuses avec s.d.b., téléphone et radio. Hôtel très bien tenu, accueil agréable, joli restaurant (style jardin d'hiver) et bonne table. Juste en face se trouve l'embarcadère (navette-vedette) pour rejoindre le relais situé à la Pointe-du-Bout (1/2 heure de traversée). 5, rue de la Liberté, Fort-de-France. Tél.: 73.80.50.

4 700 F
ACCUEIL RELAIS
Guadeloupe ou Martinique

2. What happens after the second day? _____

_____

_____

3. Which hotel sounds best to you? Why? _____

_____

_____

4. What is the approximate cost of the package in dollars? _____

_____

_____

II. Révision du chapitre

B. Des anecdotes. Use the indications given below to write short anecdotes. Be sure to use the appropriate tense (present, immediate future, **passé composé**) and to distinguish between pronominal and nonpronominal verbs. Replace the ... with the names of famous people (political figures, movie stars, athletes, etc.). You may add one or two verbs of your own choice in order to complete each anecdote.

1. l'année dernière / ... et ... / se rencontrer / se fiancer / se marier / se disputer

_____

_____

_____

_____

2. ce week-end / ... et moi / se téléphoner / se retrouver / déjeuner / faire

_____

_____

_____

_____

3. le samedi matin / je / se lever / se laver / s'habiller / écouter

_____

_____

_____

_____

4. récemment / ... / se tromper de numéro de téléphone / s'excuser / inviter ... à / s'amuser

_____

_____

_____

_____

C. Une invitation. On a separate piece of paper, write a note to your friend.

1. Say that you got up late this morning.
2. Explain that you are going downtown and that you are going to buy that French book.
3. Ask if he/she would like to go to the movies with you.
4. Explain that a new French film is playing (choose one from *Pariscope*).
5. Suggest that the two of you meet at the Café de la Gare at 5 o'clock.
6. Indicate that you can take a walk and have a bite to eat before the film.

TRAVAIL DE LA FIN DU CHAPITRE

I. Student Tape

Listen again to the Student Tape for Chapter 9 and answer the following questions.

1. Les trois amis (Laurent, Hélène, Jean-Michel) vont à Val d'Isère pour faire du ski.

   Qui aime le ski de piste? Pourquoi? _____

   _____

   Qui préfère le ski de fond? Pourquoi? _____

   _____

   Qui aime le mieux l'après-ski? Pourquoi? _____

   _____

2. À quelle heure est-ce qu'ils vont partir? _____

3. Pourquoi est-ce que Jean-Michel n'aime pas cette idée? _____

   _____

4. Qu'est-ce qu'Hélène suggère (*suggests*)? _____

   _____

5. Comment les deux autres vont-ils être certains de partir à l'heure prévue (*scheduled time*)?

   _____

II. Le savez-vous?

1. «Métro, boulot, dodo»
   a. are the names of three **métro** stations in Marseille.
   b. refers to the daily routine of work and sleep.
   c. is a children's rhyme.
   d. are the terms used to address one's husband or wife.

2. The **cinéastes** (*filmmakers*) François Truffaut, Jean-Luc Godard, and Alain Resnais gained great popularity in the 1960s and 1970s. They were often linked together by a group name.
   a. **La Nouvelle Vague** (The New Wave).
   b. **Les Surréalistes** (The Surrealists).
   c. **Les Coléreux** (The Angry Young Men).

3. Many French people like to vacation **en Corse** (in Corsica). What is Corsica?
    a.   a region of northern Italy
    b.   a province of southern France
    c.   a resort area in Spain
    d.   an island in the Mediterranean

III. Mais comment dit-on... ?

List any additional expressions whose French equivalents you do not know and that you would like to learn for use in talking about your daily routine, in making plans for going out, or for going on vacation.

_____

_____

_____

_____

CHAPITRE DIX:
Soignons-nous!

TRAVAIL PRÉPARATOIRE

I. Planning Strategy

How do I... ? During the course of the school year, three of the French students studying at your university have had health problems. In each case, they came to you for help in what to say to the doctor or the druggist. Note some of the expressions you suggested to them in each situation.

1. Eric had a cold. What did you suggest he say to the pharmacist? (how to describe his symptoms, how to ask for medicine) _____

   _____

   _____

2. Sylvie was injured playing basketball; she did something to her leg and foot. What suggestions did you make for talking to the nurse at the health service? _____

   _____

   _____

3. Geneviève came down with a bad case of the flu. How did you help her describe her condition to the doctor? _____

   _____

   _____

II. Student Tape

Listen to the Student Tape for Chapter 10, then do the following exercise.

1. Dans la première conversation, où sommes-nous?
   a. dans la rue
   b. dans une pharmacie
   c. chez un médecin
   d. chez la jeune femme

2. Qui parle dans la première conversation?
   a. un pharmacien et sa cliente
   b. une femme et son médecin
   c. un couple marié
   d. une femme et son père

3. Qui parle dans la seconde conversation?
   a. un couple marié
   b. une femme et son père
   c. une femme et un garçon de café
   d. deux amis

PARTIE ÉCRITE

Première Étape (pp. 246 – 252)

I. Les parties du corps

A. Ma famille. In the blanks below, put in the names of friends or family members. Then give physical descriptions of the people you selected, using the cues given.

Modèle: Ma mère   *Jeanne*

a. yeux   *Elle a les yeux bruns.*
b. avoir mal   *Elle a souvent mal au dos.*
c. se casser   *L'année dernière elle s'est cassé le bras.*
d. nez   *Elle a un petit nez.*

Note that when the verb **avoir** is followed by a part of the body and an adjective, you use the definite article if the adjective follows the body part (**les yeux bruns, les cheveux blonds**) and the indefinite article if the adjective precedes the body part (**un petit nez, des grandes mains**).

1. Mon père (ma mère): Richard
    a. cheveux Il a les cheveux brun.
    b. yeux Il a les yeux vert.
    c. nez (petit, long) Il a un petit nez.
    d. avoir mal No, il n'a pas mal pas.

2. Mon meilleur ami (ma meilleure amie): Gina
    a. cheveux Elle a les cheveux blond.
    b. visage (rond, ovale) Elle a visage ovale
    c. mains (grandes, petites) Elle a un petites mains.
    d. se casser L'année dernière elle s'est cassé le poignet.

3. mon oncle (ma tante): Shelley
    a. nez Elle a un petit nez
    b. pieds Elle a un petit pieds.
    c. jambes (longues, courtes) Elle a courtes jambes.
    d. se faire mal à ?

4. mon cousin (ma cousine): Jason
    a. oreilles (grandes, petites) Il a petites oreilles.
    b. yeux Il a les yeux bleu.
    c. cheveux Il a les cheveux brun.
    d. se fouler ?

B. Qu'est-ce qui ne va pas? On the basis of the drawings, indicate what is wrong with each of the people.

Modèles: Jean   *Jean a mal à la gorge.*

          Sylvie   *Sylvie s'est cassé la main.*

1.   2.   3.   4.

5.   6.   7.   8.

1. Francine *Elle se cassé la jambe.*

2. Jean-Jacques *Elle*

3. Raoul *Il se cassé le jambe*

4. Véronique *Elle a se fait mal à la cheville.* *Elle s'est fait mal à la cheville*

5. Christophe *Il a mal le dos.*

6. Alain *Il a mal au dent.*

7. Monique *Elle*

8. Henri

II. L'imparfait

C. Le bon vieux temps (*The good old days*). Much has changed since your grandparents were young. Many people look back and think that things were much better in the good old days. The following is a comparison between what Sylvie (16 years old) does and what her grandfather used to do. Use the cues to give the grandfather's point of view.

Modèle: Je mange tous les jours au snack-bar. (à la maison)
Je mangeais tous les jours à la maison.

1. Mes amis et moi nous allons souvent au cinéma. (aller au café)

   Mes amis et moi nous allias au café.

2. Je regarde la télévision tous les jours. (écouter la radio)

   Je écoutias la radio tous les jours.

3. Nous n'avons pas beaucoup de devoirs. (beaucoup)

   Nous n'aviasons pas beaucoup.

4. Ma mère et mon père travaillent. (aussi)

   _____

5. Je fais du jogging. (faire des promenades)

   _____

6. Je me lève à 10h du matin pendant le week-end. (à 7h)

   _____

7. Mes amis et moi nous avons des autos. (bicyclettes)

   _____

8. Je veux quitter la maison à 18 ans. (rester à la maison)

   _____

9. La famille mange rarement ensemble. (toujours)

   _____

10. Mon frère peut sortir tous les soirs. (seulement le samedi soir)

    _____

D. Ma jeunesse... Recalling your childhood, complete the following sentences.

1. Quand j'étais jeune _____.

2. Tous les jours je _____.

3. Après mes cours je _____.

4. Le samedi matin je _____.

5. Une fois par jour mes parents _____.

6. Fréquemment, mes amis et moi, nous _____.

7. Quelquefois mes amis _____.

8. Mon frère (ma soeur) _____ toujours _____.

9. D'habitude, mon(ma) meilleur(e) ami(e) _____

   _____.

10. Pendant les vacances, ma famille et moi, nous _____

    _____.

III. Le verbe irrégulier <u>pouvoir</u>

E. Ils ne peuvent pas trouver... You and your dormitory mates have been borrowing various objects from each other. Indicate what each of the following people cannot find now.

Modèle: Lionel / cahier
Lionel ne peut pas trouver son cahier.

1. Frédérique / stylo

   _____

2. je / calculatrice

   _____

3. Alain et son camarade de chambre / livres

   _____

4. Maxime / skis

   _____

5. mon(ma) camarade de chambre et moi / vélos

   _____

6. je / clés

   _____

F. Invitations. Use the elements provided to (1) extend an invitation with **vouloir** and (2) to indicate refusal using **pouvoir.** Make up your own reasons for the refusal.

Modèle: tu / sortir
Veux-tu sortir ce soir?
Je ne peux pas sortir parce que je vais étudier.

1. vous / aller / cinéma

   Voulez-vous aller au cinéma?
   Je ne peux pas aller parce que

2. elles / faire / de l'alpinisme

   Fai

   _____

3. tu / passer / journée / plage

   ~~Passer~~ Veux-tu passer journée.

   _____

4. il / manger / chez Henri

   Veux-il manger à chez Henri?
   Je ne peux pas manger parce-que je vais étudier.

5. tu / aller / café

   Veux-tu aller au café.
   Je ne peux pas parce que je vais aller
                                                     au musée.

IV. Débrouillons-nous!

G. **Ma santé** (*My health*). Choose six of the following expressions and write a sentence or two for each one telling about your personal experience (past or present). Use a separate sheet of paper.

Modèles: se casser la jambe
Je me suis cassé la jambe à l'âge de sept ans (il y a deux ans).

avoir mal à la gorge
J'ai mal à la gorge aujourd'hui. Je suis peut-être (perhaps) enrhumée. ou *Je n'ai pas mal à la gorge aujourd'hui. Je suis en bonne forme.*

avoir mal à la tête / avoir mal au coeur / avoir mal aux dents / se casser le bras / se casser la jambe / se faire mal au pied (à la main, à l'épaule) / se fouler la cheville / ?

Deuxième Étape (pp. 253 – 260)

I. À la pharmacie

A. **À la pharmacie.** When you go to a drugstore, you often know exactly what you want. Using the expressions given, ask for the medicine you want and then explain why you want it. Notice that after **avoir besoin** a singular noun is preceded by **un** or **une** but that a plural noun is preceded only by **de**.

Modèle: des anti-histamines / avoir le nez qui coule
J'ai besoin d'anti-histamines, s'il vous plaît. J'ai le nez qui coule.

1. un tube d'aspirine / avoir mal à la tête

   J'ai besoin d'un de tube d'aspirine. J'ai mal à la tête.

2. un calmant / être nerveux

   J'ai besion d'un calmant. Je suis nerveuxe.

3. des gouttes pour le nez / avoir le nez pris

   J'ai besoin des goutes pour le nez. J'ai le nez pris.

4. un sirop contre la toux (*cough syrup*) / être enrhumé(e)

   J'ai besoin d'un sirop contre la toux. Je suis enrhumée

5. des pastilles pour la gorge / avoir mal à la gorge

   J'ai besoin des pastilles pour la gorge.
   J'ai mal à la gorge.

B. **À la pharmacie (suite).** Other times, you don't know exactly what you need. You can then ask the pharmacist to suggest something for (**pour**) a particular *part of the body* or against (**contre**) a particular *illness*. Using the elements given, ask the pharmacist for advice and explain why you need the medicine.

Modèles: le dos / se faire mal
Avez-vous quelque chose pour le dos? Je me suis fait mal au dos hier.

la diarrhée / se sentir très mal
Avez-vous quelque chose contre la diarrhée? Je me sens très mal.

1. l'estomac / avoir mal

   Avez-vous quelque chose pour l'estomac.
   J'ai mal à l'estomac.

2. la migraine / avoir mal à la tête

Avez-vous quelque chose ~~pour~~ contre la migraine? J'ai mal à la tête.

3. le nez / ne pas pouvoir respirer (*to breathe*)

Avez-vous quelque chose pour le nez? Je ne peux pas respirer.

4. le rhume des foins / avoir mal aux yeux

Avez-vous quelque chose ~~pour~~ contre le rhume des foins. J'ai mal aux yeux.

5. la nausée / avoir mal au coeur

Avez-vous quelque chose ~~pour~~ contre la nausée. J'ai mal au coeur.

6. le mal de l'air / faire un voyage en avion

Avez-vous quelque chose ~~pour~~ contre le mal de l'air. Je fais un voyage en avion.

II. L'imparfait (suite)

C. Un hôpital où je suis descendu(e). Use the imperfect tense to describe a hospital you once were in. (If you've never been in the hospital, imagine a stay.) Begin by filling in the blanks in the first sentence, then continue the description by answering the questions.

Il y a _____ ans, j'ai passé _____ nuit(s) à

l'hôpital _____ à _____ .

1. Où se trouvait l'hôpital — dans une ville? à la campagne? au bord de la mer? dans les

   montagnes? _____

2. Comment était l'hôpital — grand? petit? vieux? moderne? _____

   _____

3. Combien d'étages avait-il? _____

4. À quel étage était votre chambre? _____

5. Qu'est-ce qu'il y avait dans la chambre? _____

   _____

6. Est-ce qu'on servait des repas? Qu'est-ce que vous mangiez? _____

   _____

7. Vous étiez à l'hôpital en quelle saison? Quel temps faisait-il dehors (*outside*)?

   _____

8. Qu'est-ce que vous faisiez pendant la journée à l'hôpital? _____

   _____

9. Est-ce que vous aviez des visiteurs le soir? Qui? _____

   _____

D. Quand j'étais petit(e)... Write a short paragraph describing your neighborhood playmates when you were small. Use as many of the suggested verbs as possible. Suggested verbs: habiter (près de, en face de, à côté de) / avoir (frères, soeurs) / aller à l'école / jouer / faire / s'entendre bien (mal) / se disputer / s'amuser / regarder

Quand j'étais petit(e), j'avais _____ ami(e)s: ils(elles) s'appelaient

_____

_____

_____

_____

_____

_____

_____

_____

III. Le verbe irrégulier <u>devoir</u>

E. Traduisons! Give the English equivalent of the following sentences:

1. Nous devons être à la maison à 6h.

   We have to be at the house a 6.

2. Nous devions être à la maison à 6h.

   We were at the house a 6.

3. Elle doit avoir le mal de mer.

   She must be seasick.

4. Elle a dû se tromper de numéro de téléphone.

   She had to be wrong about the phone #.

5. Ils devaient téléphoner hier soir.

   They called last night.

6. Il a dû aller à la banque. (deux possibilités)

   I was going to go to the bank.

   _____

F. Malheureusement... (*Unfortunately*). Using the expressions provided, indicate (1) that someone was supposed to do something (imperfect of **devoir**), but (2) that this person was unable to do it (**passé composé** of **pouvoir**) because (3) he/she had to do something else (**passé composé** of **devoir**).

Modèle: je / aller au théâtre / s'occuper de mon petit frère
   Je devais aller au théâtre mais je n'ai pas pu aller au théâtre parce que j'ai dû m'occuper de mon petit frère.

1. Guy / participer à la discussion / rester à la maison

   Il devait participer à la discussion mais je n'ai pas pu participer à la discussion parce que j'ai dû rester à la maison.

2. je / partir en vacances / faire réparer ma voiture

   Je devais partir en vacances mais je n'ai pas pu partir en vacances parce que j'ai du faire réparer ma voiture.

3. mes parents / acheter une nouvelle maison / donner de l'argent à mes frères

_____

_____

4. ma soeur / jouer au tennis avec nous / travailler cet après-midi

_____

_____

5. mon frère et moi, nous / visiter le Louvre / faire nos devoirs

_____

_____

IV. Débrouillons-nous!

G. Mon accident. Using the following questions as guides, write a paragraph telling about an accident that you had. (If you've never had an accident, put yourself in the position of a friend or relative who has had one.) Use a separate sheet of paper.

Questions: Où étiez-vous? Quelle heure était-il? Quel temps faisait-il? Que faisiez-vous? Vous étiez seul(e)? Qu'est-ce qui s'est passé? — vous êtes tombé(e)? vous avez eu un accident de voiture? vous vous êtes coupé(e)? vous vous êtes cassé..., etc. C'était grave? Vous êtes allé(e) à la pharmacie? chez le médecin? à l'hôpital? Qu'est-ce qu'on vous a recommandé de faire ? Vous avez pris des médicaments?

Troisième Étape   (pp. 261 — 267)

I. Chez le médecin

A. La consultation. Answer the following questions about the last time you went to see a doctor. (If you can't remember, put yourself in the place of a friend or relative who has been sick recently.)

1. Comment s'appelait le docteur? _____

2. Où se trouvait son cabinet? _____

3. Êtes-vous arrivé(e) à l'heure pour la consultation? Est-ce que le docteur était en retard?

_____

_____

4. Quels étaient vos symptômes? _____

_____

_____

5. Est-ce que le docteur a pris votre température? _____

_____

6. Est-ce que le docteur a écouté votre coeur? examiné votre gorge?

_____

7. Selon (*according to*) le docteur, qu'est-ce que vous aviez?

_____

8. Qu'est-ce que le docteur a recommandé de faire? _____

_____

_____

II. Les expressions depuis quand, depuis combien de temps et depuis

B. **Une question de temps.** Use the time cues given to first ask a question and then supply the answer. Change the subject in each group of sentences.

Modèle: malade / lundi dernier
—*Depuis quand sont-ils malades?*
—*Ils sont malades depuis lundi dernier.*

1. en France / 1975

_____

_____

2. fumer / six mois

_____

_____

3. à l'université / le mois de septembre

_____

_____

4. mal à la gorge / trois jours

_____

_____

5. se sentir mal / dimanche dernier

_____

_____

C. **Depuis quand n'avez-vous pas... ?** Choose six things that you and/or your family members have not done for a while and explain how long it has been.

Modèle: mon frère (ma soeur)
Mon frère n'a pas travaillé depuis trois mois.

1. moi _____

2. ma mère (mon père) _____

3. mon grand-père (ma grand-mère) _____

4. ma cousine (mon cousin) _____

5. ma soeur (mon frère) _____

D. **Moi, je...** Use the suggested verbs and **depuis** to talk about you and your family.

Modèle: ma famille / habiter
Ma famille habite à New Richmond depuis 40 ans.

1. ma famille / habiter

_____

2. mon père (ma mère) / travailler

_____

3. je / être étudiant(e) à

_____

4. je / apprendre le français

_____

5. je / connaître mon ami(e)...

_____

6. je / faire ces exercices

_____

III. Le verbe irrégulier <u>savoir</u>

E. Des talents. Using the elements in parentheses and the verb **savoir,** explain what talents the following people have.

1. mes parents (nager) _____
2. Philippe (jouer de la guitare) _____
3. je (faire de la planche à voile) _____
4. Hélène (danser) _____
5. nous (chanter) _____
6. mon frère (faire du ski) _____
7. vous (allemand) _____
8. tu (utiliser un ordinateur) _____

F. Mes talents. Using the verb **savoir,** make a list of at least three things you know how to do well and three you don't know how to do. Then ask one of your classmates what he/she knows how to do well. Using **savoir,** list four of your friend's accomplishments. Use a separate sheet of paper.

IV. Débrouillons-nous!

G. Chez le médecin. Anne-Marie is at the doctor's office because she hasn't been feeling well for a few days. Complete the conversation between the doctor and Anne-Marie by filling in what she might answer.

LE DOCTEUR: Depuis quand est-ce que vous ne vous sentez pas bien?

ANNE-MARIE: _____

LE DOCTEUR: Décrivez vos symptômes.

ANNE-MARIE: _____

_____

LE DOCTEUR: Est-ce que vous avez de la fièvre?

ANNE-MARIE: _____

LE DOCTEUR: Depuis combien de temps est-ce que vous toussez?

ANNE-MARIE: _____

LE DOCTEUR: Est-ce que vous vous sentez très fatiguée?

ANNE-MARIE: _____

LE DOCTEUR: Où avez-vous mal?

ANNE-MARIE: _____

_____

LE DOCTEUR: Bon. Ce n'est pas très grave. Prenez de l'aspirine et consultez-moi dans trois
jours!

ANNE-MARIE: _____

Quatrième Étape (pp. 268 — 272)

I. Lecture: L'Homéopathie

This reading passage describes the basic difference between traditional and homeopathic
medicine. You will not understand all the words. However, use your reading techniques
(recognizing cognates, associating words of the same family, guessing from context) to grasp
the main ideas of the passage.

«Je ne me sens pas bien... » «J'ai une migraine.» «Je dors très mal... » «Ça ne va pas du tout.» Ces
plaintes, que nous entendons tous les jours, semblent indiquer que nous sommes tous malades.
Nous faisons de la tension, nous avons des courbatures, et même si nous ne sommes pas à l'hôpital,
nous ne sommes pas en forme.

Que faisons-nous alors pour nous protéger contre les maladies? Depuis des années, les Américains
ont la manie des vitamines et du jogging; ils font de la publicité contre le tabac, l'alcool, le sel, le
sucre; mais ils prennent aussi beaucoup d'antibiotiques qui ont pour but de détruire les microbes
qui attaquent le corps. Certains médecins européens, que l'on appelle homéopathes, ne sont pas
d'accord avec ce type de traitement. Ces médecins maintiennent qu'il faut fortifier le corps par
des moyens naturels, comme des extraits de plantes, et qu'il ne faut pas empoisonner le corps avec
des substances chimiques. Selon eux, si la résistance naturelle est développée, les maladies se
guérissent plus rapidement et les rechutes sont plus rares. Ce qui est important, c'est de donner au
corps la force de combattre lui-même les microbes, sans l'intervention de substances artificielles.

En France, on peut toujours choisir de se faire soigner par un homéopathe, et il y a beaucoup de
Français qui ont énormément de confiance en eux. Même les pharmacies offrent un choix entre les
médicaments à base chimique et les remèdes homéopathiques.

Est-ce que l'homéopathie est la solution à nos problèmes médicaux? Peut-être bien, car nous
commençons à reconnaître que souvent les produits chimiques éliminent seulement les symptômes
et ne nous aident pas à nous guérir.

A. Décidez si (**oui** ou **non**) chaque expression caractérise l'homéopathie.

Modèle: remèdes naturels   *oui*

1. les antibiotiques
2. fortifier le corps
3. les extraits de plantes
4. les substances chimiques

5. les substances artificielles
6. la résistance naturelle
7. les rechutes sont plus rares
8. les médicaments à base chimique

B. Choisissez la phrase qui exprime le mieux l'idée du texte.

1. Depuis des années, les Américains ont la manie des vitamines et du jogging.
   a. Les Américains n'aiment pas les vitamines et le jogging.
   b. Les vitamines et le jogging sont importants depuis peu de temps.
   c. Les Américains pensent que les vitamines et le jogging sont bons pour la santé.

2. Il ne faut pas empoisonner le corps avec des substances chimiques.
   a. Les substances chimiques sont mauvaises pour la santé.
   b. Les poissons contiennent beaucoup de substances chimiques.
   c. Le corps a besoin de substances chimiques.

3. Les maladies se guérissent plus rapidement et les rechutes sont plus rares.
   a. Il faut longtemps pour aller mieux mais on ne retombe pas malade.
   b. On va mieux tout de suite, mais on retombe malade dans quelques mois.
   c. On va mieux en peu de temps et on ne retombe pas malade.

4. L'important c'est de donner au corps la force de combattre lui-même les microbes.
   a. Le corps ne peut pas combattre les microbes.
   b. Le corps peut lui-même combattre les microbes.
   c. À l'intérieur du corps, les microbes se combattent.

5. Souvent les produits chimiques éliminent seulement les symptômes.
   a. Les produits chimiques n'éliminent pas les symptômes.
   b. Les produits chimiques éliminent les symptômes mais pas toujours la maladie.
   c. Les produits chimiques éliminent toujours les symptômes.

II. Révision du chapitre

C. Questions de santé. Create short, logical exchanges (question/answer) using the elements given. Be sure to distinguish between **depuis quand** and **depuis combien de temps**.

Modèle: malade? / quinze jours / médecin? / médicaments
Depuis combien de temps es-tu malade?
Depuis quinze jours.
Es-tu allée chez le médecin?
Oui, il a prescrit des médicaments.

1. rhume? / lundi dernier / pharmacie? / sirop contre la toux

_____

_____

_____

_____

2. mal au dos? / trois jours / rester au lit? / aspirine

_____

_____

_____

_____

3. fièvre? / 24 heures / médecin? / aspirine et pastilles

_____

_____

_____

_____

D. Rédactions

1. Write a paragraph telling about what happened usually when you were sick as a child. Suggestions: Were you often sick? What did you usually have — cold? flu? What were your symptoms? Did you usually see the doctor? Who went to the drugstore? What did that person usually buy? Did you like taking your medicine? Remember to use the imperfect tense to talk about what *usually* happened.

2. Write a note to your French instructor.
   a. Explain that you have not been in class for 3 days because you have a cold.
   b. Explain that you have a fever, that you're coughing and that your throat is sore.
   c. Explain that you're taking medication and that you can't get out of bed.
   d. Tell him/her that you will get your homework assignments from a friend.
   e. Say that you will be back in class on Monday.

_____

_____

_____

_____

_____

_____

_____

_____

_____

_____

_____

_____

_____

_____

_____

_____

_____

_____

_____

TRAVAIL DE LA FIN DU CHAPITRE

I. Student Tape

Listen again to the Student Tape for Chapter 10, then do the following exercise.

1. Quels sont les symptômes de la jeune femme? _____

   _____

2. Quelles sont deux explications proposées dans la conversation? _____

   _____

3. Mentionnez au moins trois recommandations faites par le pharmacien. _____

   _____

   _____

II. Le savez-vous?

1. Children have their own language to describe things that are important to them. Which of the following expressions do French children use when talking about minor hurts and injuries?

   a. faire dodo

   b. avoir un bobo

   c. faire pipi

   d. none of the above

2. In Paris there are several spots called *Le Drug Store*. Which of the following items will you find there?

   a. toys

   b. records

   c. medicine

   d. all of the above

III. Mais comment dit-on... ?

List any additional expressions or strategies whose French equivalents you do not know and that you would like to learn dealing with health, talking to doctors and pharmacists, getting medical aid in general.

_____

_____

_____

_____

CHAPITRE ONZE:
Habillons-nous!

TRAVAIL PRÉPARATOIRE

I. Planning Strategy

How do I... ? Your French friend asks you questions about buying clothes and shoes.

1. What things do I need to ask a salesperson if I want to buy an article of clothing?

   _____

   _____

   _____

   _____

2. What things do I need to ask a salesperson if I want to buy a pair of shoes?

   _____

   _____

   _____

   _____

3. What questions might the salesperson ask me in each of the above situations and how would I answer?

   _____

   _____

   _____

   _____

II. Student Tape

Listen to the Student Tape for Chapter 11, then do the following exercise.

Exercise 1. As you listen to the three conversations, indicate what the weather is like when each one takes place. Then write down some words or expressions to support your answer.

Conversation 1:

   Le temps _____

   Mots et expressions _____

Conversation 2:

   Le temps _____

   Mots et expressions _____

Conversation 3:

   Le temps _____

   Mots et expressions _____

PARTIE ÉCRITE

Première Étape (pp. 274 – 280)

I. Au rayon des vêtements

   A. Des achats. You've just gone clothes shopping for yourself and your brother (sister). Based on the drawings, make a list of the clothes you bought.

1. un pullover   4. des choussetts   7. un chemise

2. une jupe   5. un blue-jean   8. une cravate

3. un anorak   6. un chemisier   9. un short

   B. J'ai besoin de... The new school year has just started and you need money for new clothes. Write a short letter to your parents, indicating what you need and what it is likely to cost. Mention at least five articles of clothing that you cannot do without.

Mes chers parents,

Je me suis bien installé(e) dans mon appartement et les cours commencent demain. Mais j'ai un petit problème. J'ai besoin de vêtements et j'ai très peu d'argent. J'espère que vous pouvez m'aider. Voici la liste des vêtements et les prix.

Voilà, c'est tout. Je sais que c'est un peu cher, mais je suis sûr(e) que vous me comprendrez.

Je vous aime,

II. <u>Il faut</u> + infinitif

C. **Des conseils.** Your younger brother or sister is about to enter college. Since you have a great deal of experience as a college student, you take it upon yourself to give your sibling some advice about courses and college life. Use the cues provided and **il faut** or **il est nécessaire de** to make a list of your recommendations.

Modèle: beaucoup étudier
Il faut beaucoup étudier.

1. s'amuser aussi

   Il faut s'amuser aussi.

2. étudier les langues étrangères

   Il est nécessaire de étudier les langues étrangères.

3. faire les devoirs régulièrement

   Il faut faire les devoirs régulièrement.

4. assez dormir

   Il faut assez dormir.

5. faire des amis

   Il faut faire des amis.

6. avoir de bonnes notes

   Il faut avoir de bonnes notes.

7. réussir aux examens

   Il est nécessaire de réussir aux examens.

8. réfléchir à l'avenir

   Il faut réfléchir à l'avenir.

III. <u>Il faut que</u> + subjonctif

D. **Pour réussir...** Explain that it is necessary to do the following things to succeed in school. Use the expressions **il faut que** or **il est nécessaire que** and the subjunctive to transform the following statements.

Modèle: On réussit aux examens.
Il est nécessaire qu'on réussisse aux examens.

1. Nous étudions le week-end.

   Il est nécessaire que nous étudions le weekend.

2. On va souvent à la bibliothèque.

   Il faut qu'on ~~va~~ veuille souvent à la bibliothèque.

3. Vous avez beaucoup d'amis.

   Il ~~faut~~ fait que vous ~~avez~~ ayez beaucoup d'amis.

4. Je suis toujours en classe.

   Il ~~est~~ est nécessaire que je ~~suis~~ sois toujours en classe

5. Nous parlons aux professeurs.

Il faut que nous parlons aux professeurs.

6. Vous êtes en bonne santé.

Il faut que vous ~~êtes~~ soyez en bonne santé.

7. Tu sais choisir tes professeurs.

Il faut que tu saches choisir tes professeurs.

8. On prend des cours de sciences.

Il est nécessaire qu'on prenne des cours de sciences.

9. Nous faisons nos devoirs.

Il faut que nous faisions nos devoirs.

10. Vous sortez de temps en temps.

Il faut que vous sortiez de temps en temps.

E. Quoi faire? Your friends come to you with a series of problems. Use **il faut que** and the elements in parentheses to give them advice.

   Modèle: Je m'énerve facilement avec mes enfants. (avoir de la patience)
   Il faut que tu aies de la patience.

1. Elle a toujours mal à la tête. (consulter le médecin)

Il faut qu'elle consulte le médecin.

2. Nous travaillons trop. (s'amuser plus)

Il faut que nous s'amusions plus.

3. Mes amis ne s'amusent pas beaucoup. (sortir plus souvent)

Il faut que

4. Je fume trop. (s'arrêter de fumer)

_____

5. Ses vêtements ne me vont pas bien. (maigrir de six kilos)

_____

6. Il a mal aux dents. (aller chez le dentiste)

_____

7. Nous nous irritons facilement. (être plus calmes)

_____

8. J'ai des difficultés en chimie. (avoir de la confiance en toi)

_____

IV. Débrouillons-nous!

F. Contextes. Use each of the following elements with **il faut que** or **il est nécessaire que** in a logical context. Change the subject in each sentence and pay close attention to the conjugation of the subjunctive. Use a separate sheet of paper.

étudier / faire les devoirs / aller à la bibliothèque / être sympathique / avoir le sens de l'humour / parler bien le français / dormir assez / manger des légumes / avoir assez d'argent / s'amuser / réfléchir / faire un régime

Modèle: étudier
Pour réussir dans les cours, il faut que j'étudie beaucoup.

Deuxième Étape (pp. 281 – 288)

I. Essayons... !

A. Est-ce que je peux essayer... ? Jean is trying on some clothes and is discussing his needs and choices with the salesperson. Complete their conversation by filling in Jean's part.

VENDEUR: Bonjour, Monsieur. Est-ce que je peux vous montrer quelque chose?

JEAN: _____

VENDEUR: Très bien, Monsieur. Manches courtes ou longues?

JEAN: _____

VENDEUR: Et quelle est votre taille? *(size)*

JEAN: _____

VENDEUR: Quelle couleur préférez-vous?

JEAN: _____

VENDEUR: Voilà une très belle chemise.

JEAN: _____

VENDEUR: Elle est en solde. Elle coûte 128F.

JEAN: _____

VENDEUR: Merci bien, Monsieur, et au revoir.

II. Le verbe irrégulier mettre

B. Answer the following questions truthfully.

1. Quand est-ce que vous vous mettez en colère?

   Je me mets en colère quand je ne dors pas.

2. Est-ce que vous vous êtes jamais (*ever*) mis(e) au régime? Quand?

   Non, je ne suis jamais mis au régime.

3. Est-ce que vos parents se mettent facilement en colère?

   Mes parents se mettent facilement en colère quand

4. Qu'est-ce que les professeurs ne permettent pas aux étudiants de faire en classe? *je ne fais pas le vaisselle*

   _____

5. À quel âge est-ce que vous vous êtes mis(e) à étudier le français?

   _____

6. Qu'est-ce que vous mettez d'habitude pour aller en classe? *What do you wear to class?*

   _____

7. À quelle heure est-ce que vous vous mettez à étudier le soir?

_____

8. Qu'est-ce que vous avez promis à vos parents quand vous êtes parti(e) pour l'université?

_____

C. **Les anniversaires.** Every year on their birthdays, the following people reminisce about the year that just ended and make resolutions for the year to come. Using the subject and verb provided, complete the following sentences.

Modèle: je / se mettre à
L'année dernière je me suis mis(e) à apprendre l'espagnol.

l'année dernière

1. tu / promettre

L'année dernière tu ~~es~~ promis à étudier beaucoup.

2. Jeanne et Marguerite / se mettre à   sont mis

L'année dernière elles se ~~mettait~~ à aller à la aérobics.

3. Félix / ne... pas se mettre / régime   n'est pas se mis

L'année dernière, il ~~se met pas~~ régime.

4. mes parents / me permettre   sont permis

L'année dernière mes parents ^ se ~~permettre~~ à acheter ~~le~~ une voiture.

cette année

5. mon frère / ne pas mettre

Cette année il ne met pas aller à école.

6. nous / ne... pas mettre / colère

Nous ne mettons pas colère à mes chien.

7. je / promettre

Je promets à travailler.

8. Georges et Thomas / se mettre à

_____

III. Les pronoms d'objets indirects lui et leur

D. **Une candidate.** Election time draws near and one candidate in particular is going all out to make her campaign a successful one. As you watch her televised speech, your grandfather, who has difficulty hearing, asks you many questions. Answer his questions, replacing the indirect object with the appropriate object pronoun, **lui** or **leur.**

1. Qu'est-ce que la candidate a promis aux citoyens (*citizens*)? (la prospérité)

Elle lui a promis la prospérité.

2. Qu'est-ce qu'elle a proposé au président? (de grands changements sociaux)

Elle lui a proposé de grands changements sociaux

3. Qu'est-ce qu'on a demandé à la candidate? (si elle va augmenter les impôts [*taxes*])

_____

4. Qu'est-ce qu'elle a expliqué aux étudiants? (sa politique économique)

_____

5. Est-ce qu'elle va parler aux sénateurs? (Oui, bien sûr)

_____

6. Qu'est-ce qu'elle a l'intention de donner aux immigrés? (du travail)

_____

E. Mon séjour en Floride. After spending term break in Florida with friends, you return to school. Your roommates have many questions about your vacation. Answer them, replacing any indirect object nouns with the appropriate object pronouns **lui** or **leur**.

1. As-tu téléphoné à tes parents avant de partir?

_____

2. Est-ce que tu as prêté ta voiture à ton frère?

_____

3. As-tu demandé à tes amis de prendre ta photo à la plage?

_____

4. As-tu appris à Carole à faire du ski nautique?

_____

5. Est-ce que tu as parlé à Mickey Mouse?

_____

6. Est-ce que tu as raconté ton voyage à tes parents?

_____

7. Est-ce que tu vas montrer tes photos à Nicole?

_____

IV. Débrouillons-nous!

F. Quels vêtements est-ce qu'ils ont mis ce matin?
Look at the drawings and describe what clothes
Mathilde and Hervé put on to go to a party.
Use the verb **mettre** in each of the descriptions.

Mathilde

_____

_____

_____

Hervé

_____

_____

_____

G. **Quelle solution?** Read the following situations, then use **mettre** or an expression with **mettre** to explain what, in your opinion, the solutions were to the problems.

   Modèle: Pendant les vacances de Noël, je suis allée chez mes parents. J'ai passé quinze jours à manger et j'ai grossi de cinq kilos.
   Après les vacances, je me suis mise au régime.

   1. Les Rozier ont invité Sylvie à dîner chez eux. Avant de sortir, elle a regardé tous ses vêtements. Quelle décision faut-il prendre?

   _____

   2. J'ai quinze ans et je veux rentrer après minuit le samedi soir. Mes parents ne sont pas d'accord. Ils m'ont demandé de rentrer à dix heures.

   _____

   3. Ils ont envie de visiter l'Espagne l'année prochaine mais ils ne parlent pas espagnol.

   _____

   4. Charles est sortie avec la petite amie de son frère, Hervé. Quelle est la réaction d'Hervé et qu'est-ce que Charles doit faire?

   _____

   5. Les invités vont arriver dans cinq minutes pour le dîner, mais la table est en désordre. Qu'est-ce qu'il faut faire?

   _____

Troisième Étape   (pp. 289 – 294)

   I. **Au rayon des chaussures**

   A. **Quelles chaussures?** Write down what shoes you wear (**porter**) in the following situations.

   Modèle: pour aller en classe
   Pour aller en classe, je mets des tennis.

   1. pour sortir avec mon ami(e)
   Pour sortir avec mon amie, je mets tres confortables.

   2. quand il neige
   Quand il neige, je mets les bottes.

3. pour aller à la plage

   Pour aller à la plage, je mets une sandale.

4. pour aller à une soirée

   Pour aller à une soirée, je mets

5. pour faire des courses

   Pour faire des courses, je mets tres confortables

6. pour faire du jogging

   Pour faire du jogging, je mets des tennis.

II. Les verbes réguliers en -re

B. Answer the following questions truthfully.

1. À la fin du semestre, vendez-vous vos livres?

   Je vais mettre sur une étagère.

2. Vos parents répondent-ils à toutes vos lettres?

   _____

3. Qu'est-ce que vous attendez avec impatience?

   _____

4. Avez-vous jamais perdu votre portefeuille? Qu'est-ce que vous avez fait?

   _____

5. Quand est-ce que vos amis perdent patience avec vous?

   _____

6. Entendez-vous des bruits quand vous étudiez le soir? Quels bruits?

   _____

7. Est-ce que vous rendez souvent visite à vos grands-parents?

   _____

8. Est-ce que vous répondez aux questions de votre professeur?

   _____

C. Un voleur (*A robber*). A small clothing store has been robbed and a police officer is questioning the salesperson and a couple who were in the store a few moments before the robbery. Use the elements provided to supply their answers.

L'agent de police parle d'abord avec la vendeuse.

L'AGENT: Qu'est-ce que vous vendez ici?

LA VENDEUSE: (nous / vendre) _____

L'AGENT: Eh bien. Qu'est-ce qui est arrivé?

LA VENDEUSE: (je / entendre / bruit) (je / descendre / sous-sol) _____

_____

L'AGENT: Vous avez observé quelque chose d'extraordinaire?

LA VENDEUSE: Non.

L'AGENT: Qu'est-ce que le voleur a pris?

LA VENDEUSE: (nous / perdre / 2 000 francs / trois anoraks) _____

_____

Ensuite, l'agent de police parle avec M. et Mme Oreillon.

L'AGENT: Pourquoi êtes-vous ici aujourd'hui?

LES OREILLON: (nous / rendre / cadeau) _____

_____

L'AGENT: Et ensuite?

M. OREILLON: (je / perdre patience) (nous / partir) _____

_____

L'AGENT: Vous avez reconnu le voleur?

LES OREILLON: (nous / entendre dire / que le voleur est jeune et grand) _____

_____

III. **Les pronoms d'objets directs le, la, les et indirects lui, leur**

D. **Questions personnelles.** Answer the following questions, replacing the direct and indirect object nouns by their corresponding object pronouns.

1. As-tu fait tes devoirs aujourd'hui?

   _____

2. Combien de fois par mois est-ce que tu téléphones à tes parents?

   _____

3. Quand est-ce que tu as rendu visite à ta grand-mère la dernière fois?

   _____

4. Quand achètes-tu les livres pour tes cours?

   _____

5. Est-ce que tu connais le président des États-Unis?

   _____

6. Quand vas-tu terminer tes études?

   _____

7. Pourquoi étudies-tu le français?

   _____

8. Est-ce que tu regardes souvent la télé?

   _____

IV. Débrouillons-nous!

E. Préparatifs pour un voyage. You and your family are taking a trip to Europe. You are the organizer of the trip and have assigned duties to different family members. Several weeks before your departure, you sit down with a checklist and ask the others what arrangements they have made and find out what still needs to be done. Use a direct or indirect object pronoun in the answers. Use a separate sheet of paper.

Checklist

Papa:

acheter les billets
téléphoner aux grands-parents
chercher les passeports

Anne:

faire les réservations
parler à l'agent de voyage
faire les valises

Maman:

acheter l'appareil-photo
regarder la carte de France
établir l'itinéraire

Marc:

acheter le cadeau pour Marie-Claire
envoyer un télégramme aux Dubois

Modèle: *Papa, as-tu acheté les billets?*
Oui, je les ai achetés.

Quatrième Étape (pp. 295 – 298)

I. Lecture: «L'habit ne fait pas le moine.» (*Clothes don't make the person.*)

Êtes-vous très conscient de votre apparence et de l'impression que vous faites sur les autres? Est-ce que vous jugez les gens selon leurs vêtements? Pensez-vous que la façon de s'habiller est une indication du caractère? Dépensez-vous des sommes folles pour avoir le jean à la dernière mode, des chaussures, une robe, un pantalon, un pull pour chaque occasion?

Si vous répondez oui à toutes ces questions, il est probable que vous donnez beaucoup d'importance à votre apparence. Les couturiers et les boutiques vous recherchent et essayent de satisfaire à tous vos goûts et vos désirs. La mode évolue très rapidement et vous êtes donc obligé de passer pas mal de temps à réfléchir à votre apparence.

En général, cette attitude ne fait pas de mal en elle-même. Elle peut même être considérée comme une qualité admirable et admirée. Pourtant, il y a certains individus pour qui les vêtements sont une obsession. Ces individus oublient parfois que l'apparence extérieure n'a pas beaucoup de signification si la personnalité et la façon de s'entendre avec les autres perdent de leur importance. Quand les Français disent que «l'habit ne fait pas le moine», ils veulent dire qu'il ne faut pas se laisser tromper par les apparences. Même dans un pays connu pour la haute couture et l'élégance, on n'oublie pas que l'essentiel d'une personne est souvent invisible.

A. Les mots apparentés. Write down what you think each of the following cognates means in the context of the reading.

1. conscient   _____

2. apparence   _____

3. juger   _____

4. caractère   _____

5. personnalité   _____

6. satisfaire   _____

7. désir   _____

8. évoluer   _____

9. individu   _____

10. signification   _____

B. **Deux personnalités.** Put an **A** before statements characteristic of the person who bases judgments essentially on appearance and put a **B** before statements characteristic of the person who looks beyond the superficial.

1. _____ Je dépense très peu pour mes vêtements.

2. _____ Je ne peux pas rentrer à l'université sans acheter de nouveaux vêtements.

3. _____ Ses vêtements ne sont pas à la mode, mais elle est très gentille et elle a un bon sens de l'humour.

4. _____ Pour aller en classe, j'ai besoin seulement d'un jean ordinaire et d'un pull.

5. _____ Je ne veux pas sortir avec ce garçon parce qu'il s'habille mal.

6. _____ Elle a trente paires de chaussures: une paire pour chaque occasion.

7. _____ D'un jour à l'autre, il ne porte pas les mêmes vêtements.

8. _____ L'important c'est de porter des vêtements propres (*clean*); le reste n'a pas d'importance.

9. _____ Il faut toujours essayer d'être à la mode.

10. _____ Je préfère mettre mon argent à la banque plutôt que de le dépenser pour des vêtements.

II. Révision du chapitre

C. **À mon avis...** Since you're so good at giving advice, your friends and family tend to write to you a lot with their problems. For each of the problems, write back telling the person what he/she has to do. In some cases they may be writing about a problem someone else has. Use **il faut que** or **il est nécessaire que** with the subjunctive.

Modèle: Je vais aller au Japon l'année prochaine, mais je ne parle pas japonais.
Il faut que tu prennes des cours de japonais à l'université.

1. Les Zazi ont invite ma soeur à une soirée très élégante, mais elle n'a pas de vêtements.

   _____

   _____

2. Je suis très déprimé (*depressed*). J'étudie beaucoup, mais j'ai toujours de mauvaises notes à mes examens.

   _____

   _____

3. Je voudrais m'amuser, mais je n'ai pas d'amis ici.

   _____

   _____

4. Jacqueline et Annie veulent organiser une soirée, mais elles ne savent pas ce qu'il faut faire.

   _____

   _____

D. Quoi mettre? Decide what everyone wears/wore on the following occasions. Use the verb **mettre** and the names for the articles of clothing (including shoes). Choose either the present tense or the **passé composé** according to the context.

1. Nous avons dîné chez le président de l'université.

   _____

2. Je vais en classe tous les jours.

   _____

3. Elle a joué au tennis avec Jean.

   _____

4. Ils mangent au restaurant universitaire.

   _____

5. Nous avons passé la journée à la plage.

   _____

6. Elles passent tous les hivers dans les montagnes à faire du ski.

   _____

E. Qu'est-ce que vous avez fait? Answer the following questions using the element in parentheses and a direct or indirect object pronoun.

Modèle: Qu'est-ce que vous avez fait avec les livres? (rendre)
            Nous les avons rendus à Hélène.

1. Qu'est-ce que tu vas faire avec cet anorak? (vendre)

   _____

2. Qu'est-ce qu'ils ont fait avec leurs photos? (montrer)

   _____

3. Qu'est-ce qu'elle fait avec la robe? (raccourcir)

   _____

4. Qu'est-ce que vous avez demandé à la vendeuse? (en solde)

   _____

5. Qu'est-ce qu'elles ont expliqué à Jacques? (dépenser moins)

   _____

6. Qu'est-ce que tu as fait avec le foulard? (perdre)

   _____

7. Quand va-t-elle mettre ce manteau? (hiver)

   _____

8. Qu'est-ce qu'ils font avec ces vêtements? (donner)

   _____

F. While you were in Paris, you spent a great deal of time shopping for fashionable clothes. Write a letter to a friend of yours enumerating and describing the clothes you bought, where you bought them, how much they cost, for what occasions you've worn them, etc. Use a separate sheet of paper.

TRAVAIL DE LA FIN DU CHAPITRE

I. Student Tape

Listen again to the three conversations for Chapter 11 on the Student Tape. Now make a list of the articles of clothing mentioned in each conversation.

Conversation 1:

Vêtements _____

_____

Conversation 2:

Vêtements _____

_____

Conversation 3:

Vêtements _____

_____

II. Le savez-vous?

Circle what you think is the correct answer for each of the following statements.

1. The **Marché des Puces de Paris** is
   a. a market that sells mostly fruits and vegetables.
   b. a flea market where you can buy antiques.
   c. a market for used clothing.
   d. a market that sells meat products.

2. The word *denim* (material for jeans) comes from
   a. material from the city of Nîmes (de Nîmes).
   b. material from the mountains of Nimba in West Africa (de Nimba).
   c. an abbreviation of the expression **de n'importe quoi** meaning *made of anything*.
   d. none of the above.

3. When clothing designers talk about the **griffe** on their clothes, they're referring to
   a. the buttons and other accessories.
   b. a particular style that is in fashion.
   c. their personalized label.
   d. none of the above.

III. Mais comment dit-on... ?

List any additional words or expressions whose French equivalents you do not know and that you would find useful when buying clothing or expressing necessity. Use a separate sheet of paper.

CHAPITRE DOUZE:
Visitons la France!

TRAVAIL PRÉPARATOIRE

I. Planning Strategy

How do I... ? Your French friend is still learning English and needs your help in making herself understood. Help her by providing the words and expressions she is looking for.

1. What kinds of expressions can I use as fillers in a sentence when I want to hesitate and gather my thoughts?

   _____

   _____

2. Suppose my friends want me to go out with them and I'm not sure what I want to do. What expressions can I use to let them know that I don't want to make a decision right now?

   _____

   _____

II. Student Tape

In this chapter, you are going to learn some things about France and its provinces. France is a country of varied climates, sites, and landscapes, which attract thousands of tourists each year. Listen to the Student Tape for Chapter 12, then do the following exercise.

Exercise 1. In this conversation, three friends are discussing their itinerary for their trip around France. When you have heard the tape several times, answer the questions.

1. Is their itinerary around France clockwise or counter-clockwise? _____

2. What are three places you were able to identify? Name them.

   _____

3. Did it sound to you like one person wanted to visit a particular place and was outvoted each time? What was the place? _____

PARTIE ÉCRITE

Première Étape (pp. 300 – 308)

I. Aperçu de la France

A. La géographie de la France. Put the numbers of the following names in the appropriate spots on the map on p. 150.

1. les Pyrénées
2. l'Italie
3. la Manche
4. la Loire
5. le Rhône
6. Bordeaux
7. le Luxembourg
8. l'Espagne
9. le Jura
10. la Garonne
11. la Suisse
12. Strasbourg
13. l'Allemagne
14. la Seine
15. les Alpes
16. la Belgique
17. l'Angleterre
18. la Gironde

B. Description. Match the following places with their characteristics by writing the letter of the characteristics next to the names of the places.

1. ___ la Loire
2. ___ la France
3. ___ la Manche
4. ___ la Seine
5. ___ Paris
6. ___ le Jura
7. ___ la Belgique
8. ___ le Rhône
9. ___ les Pyrénées
10. ___ le Bordelais

a. Angleterre
b. hydro-électricité
c. France et Espagne
d. France et Suisse
e. vignobles
f. quais de Paris
g. hexagone
h. 75
i. châteaux
j. francophone

II. L'imparfait et le passé composé

C. Une excursion à Versailles. Complete the paragraphs, using the **passé composé** or the imperfect of the verbs in parentheses.

La première fois que je _____ (aller) en France, je _____

(avoir) quinze ans. Je _____ (passer) un mois chez mon oncle Christian et

ma tante Josette. Mes parents _____ (vouloir) que j'apprenne le français.

Christian et Josette m'_____ (apprendre) beaucoup de choses. Nous

_____ (visiter) des monuments, nous _____ (faire) des

excursions en voiture et je _____ (manger) beaucoup de bonnes choses. Un

jour, Christian _____ (décider) que nous _____ (aller) passer la

journée à Versailles. Nous _____ (faire) le voyage par le train et nous

_____ (s'amuser bien).

Le château de Versailles _____ (être) très impressionnant. Je

_____ (ne... pas bien comprendre) l'histoire que _____

(raconter) le guide, mais je _____ (savoir) qu'il _____ (être)

surtout question du roi Louis XIV. On l' _____ (appeler) aussi le Roi

Soleil et son règne _____ (durer) 72 ans, de 1643 à 1715. À mon avis, ce roi

_____ (avoir) des habitudes bizarres. Il _____ (se lever)

tous les matins en compagnie de beaucoup de personnes. Il _____ (faire) sa

toilette devant tout le monde, et la personne qui _____ (pouvoir) l'habiller

_____ (être) très estimée pas les autres. Chaque jour, certains aristocrates

_____ (participer) donc à la cérémonie du lever et du coucher du roi.

Maintenant que je _____ (terminer) mes études de français, je sais que mes

idées sur Louis XIV _____ (être) très simplistes. Les idées et les actions de Louis

XIV _____ (beaucoup influencer) le développement politique de la

France.

D. Ma première journée à l'université. On a separate sheet of paper, describe your first day at your college or university. If any of the following suggestions don't correspond to your real situation, you may either invent the details or replace the information sought by a question of your own. Explain:

1. on what date and at what time you arrived
2. what the weather was like
3. whether or not there was a lot of traffic
4. that everyone was very nice to you
5. that you found your dorm (**résidence**) and went in
6. who helped you carry up your suitcases
7. when you met your roommate(s)
8. what your roommate(s) was (were) like (at least three descriptive phrases)
9. where you had dinner

10. two things about the dining hall (restaurant, etc.)

11. what you did in the evening

12. when you went to bed

III. Débrouillons-nous!

E. **Une interview.** Interview one of your classmates or a friend who speaks French about his/her childhood. Then record your questions and answers on a separate sheet of paper.

Deuxième Étape (pp. 309 – 316)

I. La Provence — une province ensoleillée

A. **Te rappelles-tu... ?** You and some of your friends spent last year studying at the University of Nice. Now that you're back, you share many memories. However, your friends' memories have become somewhat vague. As they describe places and things in Provence, supply the names.

Modèle: J'étais dans une très vieille église à Marseille. En haut de l'église il y a une statue de la Vierge Marie.
Tu étais dans l'église Notre-Dame-de-la-Garde.

1. Je sais que la ville de Marseille a été fondée en 600 avant J.-C., mais je ne me rappelle pas qui a fondé la ville.

_____

2. C'est une région de Provence où le climat est idéal et où il y a beaucoup de touristes de tous les pays du monde.

_____

3. Ils ont introduit dans la Camargue des chevaux petits, très forts et très rapides.

_____

4. Comment s'appelle la soupe qui contient une grande variété de poissons?

_____

5. C'est le centre du commerce marseillais, où arrivent les bateaux du monde entier.

_____

6. C'est la rue la plus célèbre de Marseille. Comment s'appelle-t-elle?

_____

7. Les Marseillais emploient cette expression quand ils invoquent la protection de la Vierge Marie.

_____

8. Autrefois, c'était une plaine marécageuse, mais aujourd'hui on y cultive le blé, la vigne et les arbres fruitiers.

_____

9. Je ne me rappelle pas les noms des peintres célèbres qui ont trouvé leur inspiration en Provence.

_____

10. J'ai appris à aimer une boisson à base d'anis mais je ne me rappelle pas son nom.

_____

II. L'imparfait et le passé composé (suite)

B. Qu'est-ce qu'ils ont fait hier? Explain what each of the following people did yesterday and what the situation was like. Decide which verbs need the **passé composé** and which ones need the imperfect.

Modèle: (Marie) aller / jardin public / faire soleil
Hier, Marie est allée au jardin public. Il faisait du soleil.

1. (nous) pleuvoir / rester / maison

   Hier, Il pleu   Nous sommes reste a la maison.

2. (Micheline) faire / courses / avoir / beaucoup de circulation

   Micheline fait se courses il y a va beaucoup de circulation.

3. (Jean et Pierre) avoir envie / sortir / aller / Versailles

   Jean et Pierre   Il sont aller ~~xx~~

4. (je) vouloir rendre visite / oncle / prendre / train

   _____

5. (nous) prendre / métro / être pressés

   pris la métro.

C. Cause et effet. Use the elements provided to explain how the following people managed to do what they did. Use the **passé composé** or the imperfect in your answers.

Modèle: Qu'est-ce que tu as fait pour si bien parler français?
(parler français / tous les jours / amis)
Je parlais français tous les jours avec mes amis.

1. Pourquoi est-ce que tu connais si bien Jacques?

   (passer / été dernier / France / lui)

   Je passe l'été dernier france.

2. Pourquoi connaît-elle si bien l'histoire française?

   (quand / être jeune / adorer / histoire)

   _____

3. Qu'est-ce qu'ils ont fait pour réussir à l'examen?

   (la semaine dernière / étudier / tous les jours)

   _____

4. Qu'est-ce que vous avez fait pour avoir assez d'argent pour cette voiture?

   (travailler dur / pendant trois ans)

   _____

5. Comment as-tu appris à si bien faire la cuisine?

   (autrefois / faire la cuisine / tous les jours)

   _____

6. Où ont-elles appris à faire du ski?

   (habiter / Suisse / où / avoir / beaucoup de neige)

   _____

III. Débrouillons-nous!

D. Un voyage. Write a letter to a friend describing a trip you took. Explain where you went, how you got there, how long you stayed, what the weather was like, what you did, how you felt, and anything else you think is important. Write at least ten sentences and use both the imperfect and the **passé composé.** Use a separate sheet of paper.

Troisième Étape (pp. 317 – 321)

I. La Bretagne — une province mystérieuse

A. Pourquoi? For each of the questions given, circle the letter which is the most correct answer according to the reading in the **Troisième Étape.**

1. Pourquoi la Bretagne est-elle considérée une province mystérieuse?
   a. Parce que les Bretons n'arrivent pas à vivre de l'agriculture.
   b. À cause de son climat, de ses légendes et de son folklore.
   c. Parce qu'un certain nombre de Bretons continuent à gagner leur vie de la pêche.

2. Pourquoi la Bretagne est-elle importante à l'économie française?
   a. À cause du tourisme.
   b. Parce que Rennes est sa capitale.
   c. À cause de ses cultures maraîchères et ses produits de la pêche.

3. Pourquoi les jeunes Bretons se dirigent-ils de plus en plus vers les industries?
   a. Parce que la vie des pêcheurs est très dure et il est difficile de gagner sa vie dans ce métier.
   b. Parce que les jeunes ne s'intéressent pas au passé et aux traditions.
   c. Parce que les jeunes veulent garder leur individualité.

4. Pourquoi la Bretagne refuse-t-elle d'être assimilée à la culture française?
   a. Parce qu'elle refuse d'accepter les changements de la vie moderne.
   b. Parce qu'elle n'est pas contente des touristes qui arrivent dans ses villes.
   c. Parce qu'elle veut sauvegarder ses traditions, sa langue, ses chansons et ses mythes.

5. Pourquoi est-ce que les archéologues sont fascinés par Carnac?
   a. Parce qu'ils y ont trouvé un grand nombre de squelettes.
   b. Parce que les menhirs et les dolmens ont été élevés et ils veulent découvrir à quoi ils servaient.
   c. Parce que les peuples préhistoriques étaient très primitifs.

II. Le verbe irrégulier <u>voir</u>

B. Questionnaire. You're supposed to take a survey of your friends and family for a psychology class. Before interviewing them, you have to write the questions you need to ask. Use the elements provided and the verb voir (pay attention to the tense) to formulate your questions.

Modèle: ils / souvent / amis
Est-ce qu'ils voient souvent leurs amis?

1. tu / de temps en temps / famille
   Est-ce que tu voi de temps en temps famille.

2. vous / un bon film / récemment
   Est-ce que vous ʌ un bon film recemment

3. ils / des choses intéressantes / Paris

Est-ce que ils voient de choses intéressantes à Paris.

4. elle / souvent / grand-mère

Est-ce que elle voit souvent une grand-mère.

5. tu / Jacques / hier

Est-ce que tu voi Jacques hier

6. il / les châteaux de la Loire / l'année dernière

Est-ce que il

III. **Débrouillons-nous!**

C. **Maintenant je suis en Bretagne.** While you're visiting Bretagne, you write a short letter to your family. Explain where you are now, where you've been, what you did and what you saw. Use a separate sheet of paper.

Quatrième Étape (pp. 322 – 324)

I. **Lecture: Le Pays du Calvados — La Normandie**

SPÉCIALITÉS DE VIEUX CALVADOS

CIDRE BOUCHÉ FERMIER · POIRÉ

"La Charmette"

Fernand GEFFROY

PROPRIÉTAIRE · RÉCOLTANT

BESLON (à 4 kms de Villedieu vers Caen) · 50800 **VILLEDIEU-LES-POÊLES**

Tél. 51.13.54 · 61.11.66

chez Geffroy à Beslon,
le Calvados est toujours bon...

C'est le mois de mai en Normandie. Des milliers de pommiers sont déjà en fleurs et leur parfum s'ajoute à la fraîcheur de l'air. De temps en temps des pluies fines viennent arroser les prés et les vergers verdoyants. En automne, les pommes récoltées seront utilisées dans la production du Calvados.

Le Calvados est une eau-de-vie très forte bien connue en France mais encore peu appréciée à l'étranger. Le meilleur Calvados se produit dans un petit coin de la Normandie, au pays d'Auge, au sud et à l'ouest de Honfleur. Les douze millions de pommiers produisent de 60 à 70 variétés de pommes dont chacune contribue à la saveur très distincte du Calvados.

Le mot *Calvados* est un mot espagnol qui est connu en Normandie depuis le seizième siècle. En 1588, un bateau de l'Armada espagnole a sombré près de la côte normande. Le nom du bateau: El Calvador. Depuis ce temps, cette côte a le nom de Calvados; la région et ensuite le département ont adopté le même nom, et enfin, l'eau-de-vie de pommes est devenue le Calvados.

La qualité du Calvados est définie selon trois catégories. Le meilleur, le Calvados du Pays d'Auge, ne peut être produit que des pommes du pays d'Auge et doit être distillé deux fois; seulement le coeur ou le liquide le plus pur est retenu. La deuxième catégorie est le Calvados «Appellation réglementée», qui ne subit qu'une seule distillation et qui est fait de pommes cueillies dans toutes les régions de la Normandie. Enfin, le troisième niveau de qualité, "Appellation réglementée eau-de-vie de cidre", peut venir de la Normandie, de la Bretagne ou du Maine. C'est le Calvados le plus jeune mais néanmoins très acceptable. Il y a même ceux qui préfèrent ce dernier pour le parfum très distinct de pommes qui est moins évident dans un Calvados plus âgé. Un très bon Calvados peut coûter 125 francs ou plus selon son âge.

Avec le Cognac et l'Armagnac, le Calvados est bu surtout comme digestif. Mais les Normands l'aiment aussi comme apéritif mélangé avec du cidre et servi avec des glaçons. Et, bien sûr, le Calvados s'emploie dans de nombreuses spécialités culinaires parmi lesquelles on trouve le poulet vallée d'Auge et les tripes à la mode de Caen.

Si la plupart des Français boivent le Calvados comme digestif après le repas, cette eau-de-vie fait aussi partie d'une tradition chez les Normands: le trou normand. Pour bien comprendre la tradition, imaginons-nous dans une maison normande attablés devant un grand repas. Un plat après l'autre se présente, des plats avec des sauces à base de crème et de beurre. Au milieu du repas, au moment où nous sommes convaincus que nous ne pouvons plus avaler une autre bouchée, nous nous arrêtons pour prendre un petit verre de Calvados. Ce Calvados a comme effet de créer un «trou» dans l'estomac qui nous permet de continuer notre repas somptueux.

A. Decide which of the following ideas are *major* or essential to a basic understanding of the reading and circle their numbers.

1. Calvados is made from apples.
2. Honfleur is a French seaport.
3. The word *Calvados* was first used in the sixteenth century.
4. There are three grades of Calvados, the finest of which comes from the **pays d'Auge**.
5. There are 12 million apple trees in the **pays d'Auge**.
6. Like Cognac and Armagnac, Calvados is primarily an after-dinner drink.
7. The province best known for the production of Calvados is Normandy.
8. Apple trees are in bloom during the month of May.
9. The younger the Calvados, the more it retains the flavor of apples.

B. Reread the passage, then decide which of the following statements are true and which are false.

1. _____ Le trou normand est créé dans l'estomac par un petit verre de Calvados.
2. _____ Le Calvados du Pays d'Auge est le plus jeune de tous les Calvados.
3. _____ Le Calvados ne se boit pas comme apéritif.
4. _____ Le Calvados est une eau-de-vie très forte.
5. _____ Le pays d'Auge se trouve à l'est de la France.
6. _____ Le mot *Calvados* est d'origine espagnole.
7. _____ Le Calvados est encore peu connu à l'étranger.
8. _____ El Calvador était le nom du capitaine d'un bateau espagnol.

II. Révision du chapitre

C. **Visitons la France.** Now that you've learned something about France and some of its provinces, tell your friends what the best places are to visit according to their interests. Besides naming the place or monument, provide another piece of information.

Modèle: Je m'intéresse à l'architecture. Je voudrais visiter des églises.
Il faut que tu visites Notre-Dame-de-la-Garde. C'est une très vieille église qui se trouve à Marseille.

1. Elle aime bien les chevaux.

   _____

   _____

2. Je voudrais visiter la région où les peintres impressionnistes ont trouvé leur inspiration.

   _____

   _____

3. Ils s'intéressent beaucoup à la préhistoire.

   _____

   _____

4. Nous adorons la bouillabaisse et le pastis.

   _____

   _____

5. J'aimerais visiter l'usine Citroën.

   _____

   _____

6. Je voudrais visiter une région qui a gardé ses traditions et son individualité.

   _____

   _____

7. Nous aimons le vin rouge. Nous désirons visiter des vignobles.

   _____

   _____

8. Je veux passer un mois au soleil, sur les plages.

   _____

   _____

D. **Une histoire d'amour.** Use the following elements to recount the story of Roland and Albertine. Use the **passé composé** and the imperfect.

Roland et Albertine / se rencontrer / chez Paul. Tout le monde / danser et manger. Ils / ne... pas avoir envie de danser. Ils / sortir de la maison. Ils / se promener. Le lendemain / ils / se retrouver / sur les quais de la Seine. Il / faire beau. Le soleil / briller. La Seine / être belle. Des amoureux / se promener sur les quais. Roland et Albertine / s'embrasser tendrement. Quelques semaines plus tard / ils / se fiancer. Au mois de juin / ils / se marier. Leurs parents / être très contents. Au mariage / tout le monde / s'amuser. Roland et Albertine / être très heureux.

Begin your story with:

Roland et Albertine se sont rencontrés chez Paul. _____

_____

_____

_____

_____

_____

_____

_____

_____

_____

_____

_____

_____

_____

TRAVAIL DE LA FIN DU CHAPITRE

I. Student Tape

Listen to Chapter 12 of the Student Tape again. Now be precise about the itinerary the three friends have planned.

1. The trip begins in _____ where they will visit _____ .

2. The next stop is _____ . They're particularly attracted to this area

   because of _____ .

3. Next, they will visit _____ .

4. The next stop is _____ because they like _____ .

5. From there, they plan to go to _____ where they will visit the

   following cities _____ .

6. While in this region, they also plan to stop in _____ to eat some

   _____ .

7. From there, they will go to _____ .

8. And finally, they will return to _____ .

9. The region they do *not* plan to visit during this trip is _____ .

II. Mais comment dit-on?

List any additional words or expressions whose French equivalent you do not know and that you would find useful when you are giving a description of a place, when you wish to hesitate in the middle of an idea, or when you want to avoid making a decision. Use a separate sheet of paper.

CHAPITRE TREIZE:
Prenons le train!

TRAVAIL PRÉPARATOIRE

I. Planning strategy

How do I... ? Your French friend would like to take a train trip through the Canadian Rockies from Chicago to Seattle. He/she comes to you for help before going to get his/her ticket.

1. Mention three pieces of information he/she might want to get about the trip and tell him/her how to ask for that information.

   _____

   _____

   _____

2. Indicate three questions the ticket seller or travel agent might well ask your friend; suggest expressions to use in answering these questions.

   _____

   _____

   _____

II. Student Tape

A. À la gare. Two friends find themselves standing in the same line at a Paris train station. They talk and then each one takes care of his/her business. Listen to the conversation on the Student Tape, then answer the following questions.

Voyageur 1: Véronique

1. Où va-t-elle? a. à Orléans b. à Limoges c. à Bordeaux d. en Espagne

2. Combien de personnes vont l'accompagner?
   a. une autre personne
   b. deux autres personnes
   c. trois autres personnes
   d. tout un groupe

3. Combien de temps va-t-elle y passer?
   a. un week- end
   b. huit jours
   c. plusieurs semaines
   d. on ne sait pas

Voyageur 2: Jean-Pierre

4. Où va-t-il? a. à Orléans b. à Limoges c. à Bordeaux d. en Espagne

5. Combien de personnes vont l'accompagner?

    a.   une autre personne

    b.   deux autres personnes

    c.   trois autres personnes

    d.   tout un groupe

6. Combien de temps va-t-il y passer?

    a.   un week-end

    b.   huit jours

    c.   on ne sait pas

    d.   un mois

PARTIE ÉCRITE

Première Étape   (pp. 326 – 333)

I. Les gares de Paris

    A. De quelle gare est-ce qu'il faut partir? In order to reach the destination given, decide from which Paris railroad station you must leave. Remember to pay attention to the preposition you use with each place name. Use the map below.

Modèle: Nantes
Pour aller à Nantes, il faut partir de la gare Montparnasse.

1. Limoges _____

2. Marseille _____

3. Bruxelles _____

4. Genève _____

5. Brest _____

6. Rouen _____

7. Orléans _____

8. Strasbourg _____

9. Toulouse _____

10. Rennes _____

II. Les noms géographiques et les prépositions

B. Pour voir... You are teaching a group of first-graders where some of the major monuments and tourist sites of the world are located. Use the elements given for your geography lesson.

Modèle: la tour Eiffel / France
Pour voir la tour Eiffel, il faut aller en France.

1. la tour qui penche de Pise / Italie

_____

2. le mur des Lamentations / Israël

_____

3. le mont Fuji-Yama / Japon

_____

4. le Sphinx de Guizèh / Égypte

_____

5. Casablanca / Maroc

_____

6. Dakar / Sénégal

_____

7. les chutes du Niagara / États-Unis ou Canada

_____

8. les Alpes / Suisse ou France

_____

9. le château Frontenac / Canada

_____

10. la Grande Muraille / Chine

_____

11. l'Acropole / Grèce

_____

12. le palais de Westminster / Angleterre

_____

13. le Colisée / Rome

_____

14. la Statue de la Liberté / New York

_____

15. l'Amazone / Pérou ou Brésil

_____

C. **Les unités monétaires.** One of your friends is about to leave on a trip around the world. Explain which currency he/she will need in some of the countries to be visited.

Modèle: France / francs
En France, tu as besoin de francs.

1. Japon / yens

_____

2. Grande Bretagne / livres sterling

_____

3. Portugal / escudos

_____

4. Canada / dollars canadiens

_____

5. Suisse / francs suisses

_____

6. U.R.S.S. / nouveaux roubles

_____

7. Haïti / gourdes

_____

8. Pologne / zlotys

_____

9. Mexique / pesos

_____

10. Viêt-Nam / dongs

_____

III. Le subjonctif et l'infinitif pour encourager et décourager les actions

D. Pour réussir... Decide which of the following things are important to do in order to succeed in school. If they are important, use the expressions **il est important, il est essentiel, il faut.** If they are not important, use the expressions **il n'est pas important, il n'est pas essentiel, il vaut mieux,** etc. Distinguish between general (**on**) and personalized statements.

Modèles: On réussit aux examens.
Il est important (essentiel) de réussir aux examens.

Je perds mon temps.
Il ne faut pas que je perde mon temps.

1. Nous étudions pendant le week-end.

    _____

2. On va souvent à la bibliothèque.

    _____

3. Vous avez beaucoup d'amis.

    _____

4. Je suis toujours en classe.

    _____

5. Nous avons des vêtements chics.

    _____

6. On fait ses devoirs.

    _____

7. Vous êtes en bonne santé.

    _____

8. Tu choisis des cours faciles.

    _____

9. On a de bons professeurs.

    _____

10. J'apprends une langue étrangère.

    _____

E. Que faire? Your friends come to you with a series of problems. Encourage or discourage them by using an expression with **que** and the elements in parentheses.

Modèle: Je m'énerve facilement avec mes enfants. (avoir de la patience)
Il faut (il est essentiel) que tu aies de la patience.

1. Elle a toujours mal à la tête. (consulter le pharmacien)

    _____

2. Nous travaillons trop. (s'amuser un peu)

    _____

3. Mes amis ne s'amusent pas beaucoup. (sortir plus souvent)

_____

4. Je veux jouer au tennis, mais j'ai mal au dos. (jouer au bridge)

_____

5. Ses vêtements ne lui vont pas bien. (maigrir de 6 kilos)

_____

6. Il a mal aux dents. (aller chez le dentiste)

_____

7. Nous nous irritons facilement. (être plus calme)

_____

8. J'ai invité des gens pour le dîner, mais je n'ai pas d'assiettes propres (*clean*). (faire la vaisselle)

_____

9. Nous voulons aller en Allemagne, mais la voiture ne marche pas. (prendre le train)

_____

10. J'ai des difficultés en histoire. (avoir confiance en toi)

_____

IV. Débrouillons-nous!

F. **Les vacances d'été.** You have been put in charge of planning your family's summer vacation. Make a list of all the things that need to be done. Indicate some of the items in general terms (**Il faut décider quand on va partir**) and assign other items to particular people (**Il faut que papa fasse des réservations**). Use a separate sheet of paper and write at least ten sentences.

Deuxième Étape (pp. 334 – 341)

I. Faisons nos réservations!

A. **Un mot.** You have a very helpful roommate, and you have gotten in the habit of asking him/her to do favors for you. Write notes to your roommate to accomplish the following tasks.

1. You are going on a trip together to Brittany. (a) Tell him/her that you would like to leave Saturday morning, (b) Ask him/her to go to the appropriate train station and buy two round-trip tickets, (c) Tell him that you must be back before noon on Monday.

_____

_____

_____

_____

_____

_____

2. Your parents have asked you to meet them in Berlin. (a) Tell your roommate that you have to go to Berlin, (b) Ask him/her to go to the appropriate train station and buy you a one-way ticket, (c) Ask him/her to reserve you a bunk on the night train Thursday evening.

_____

_____

_____

_____

_____

_____

II. Le subjonctif et l'infinitif pour exprimer les émotions

B. Une classe de français. Comment on the following sequence of events that occurred in your French class using the elements given.

Modèles: Nous arrivons en classe à l'heure. (le professeur est content)
Le professeur est content que nous arrivions en classe à l'heure.

Nous partons. (nous sommes désolés)
Nous sommes désolés de partir.

1. Nous étudions la grammaire. (le professeur est heureux)

_____

2. Le professeur veut finir la leçon. (je suis étonné)

_____

3. Il nous fait passer un examen. (Marc est fâché) (**passer un examen** = *to take a test*)

_____

4. L'examen est facile. (la classe est étonnée)

_____

5. Une seule étudiante réussit à l'examen. (le professeur est supris) (**une seule** = *only one*)

_____

6. Demain il n'y a pas de cours. (nous sommes ravis)

_____

7. Nous allons passer toute la journée à la plage. (nous sommes heureux)

_____

8. Le professeur ne peut pas nous donner de travail pour samedi. (il regrette)

_____

C. Qu'est-ce que vous pensez? Give the parents' reactions when they hear about what their children are doing at school. Use an expression of emotion in each sentence.

Modèle: Je n'étudie pas assez.
Nous regrettons que tu n'étudies pas assez. ou
Nous sommes furieux que tu n'étudies pas assez.

1. Je rends souvent visite à mes grands-parents.

   _____

2. Marc a de bonnes notes.

   _____

3. Marie et Jean vont en Californie.

   _____

4. Je ne suis pas heureuse à l'université.

   _____

5. Hélène ne veut pas rester à l'université.

   _____

6. Nous avons une nouvelle voiture.

   _____

7. Je pars en vacances.

   _____

8. Sylvie maigrit trop.

   _____

9. Jean-Paul ne fait pas ses devoirs.

   _____

10. Chantal apprend le chinois.

    _____

III. L'indicatif et le subjonctif pour exprimer la certitude et le doute

D. Au contraire. One of your friends is much too sure of himself/herself. Use the expressions in parentheses to disagree with your friend or to qualify his/her statements. Be sure to distinguish between expressions followed by the subjunctive and those that require the indicative.

Modèle: Jean va rester en ville pendant les vacances. (Je ne suis pas sûr)
Je ne suis pas sûr(e) qu'il reste en ville.

1. Monique va aux Antilles cet hiver. (Il est possible)

   _____

2. Ses parents vont l'accompagner. (Je doute)

   _____

3. Elle veut faire de la plongée sous-marine. (Êtes-vous sûr)

   _____

4. Elle adore nager. (Mais non / je pense / avoir peur de l'eau)

   _____

5. Jean-Claude ne va pas partir en vacances. (Mais si / je suis certain)

   _____

6. Il va passer huit jours en Suisse. (Mais non / il est probable / Espagne)

_____

7. Sa soeur va prendre sa voiture. (Il est impossible)

_____

8. Ils ont beaucoup d'argent. (Mais non / il n'est pas vrai)

_____

E. Vos réactions. Answer the following questions about yourself, qualifying your answers with an expression such as **il est possible, il est probable, je doute, il est évident, il n'est pas vrai,** etc.

Modèle: Vous êtes étudiant(e) universitaire, n'est-ce pas?
Il est évident que je suis étudiant(e) universitaire.

1. Vous avez plus de vingt-cinq ans, n'est-ce pas?

_____

2. Est-ce que vous allez vous marier un jour?

_____

3. Est-ce que vous allez vous marier avant l'âge de trente ans?

_____

4. Vous allez avoir beaucoup d'enfants, non?

_____

5. Votre génération prend plus de drogues que la génération de vos parents, n'est-ce pas?

_____

6. Le français est très facile pour vous, non?

_____

7. Vous pouvez être quelqu'un de très célèbre un jour, n'est-ce pas?

_____

8. Vous réfléchissez toujours avant de parler.

_____

IV. Débrouillons-nous!

F. On va visiter les États-Unis. You receive the following letter from a French friend who is planning a trip to the United States. Before answering the letter, jot down your reactions to it. For example, you indicate that you are happy or surprised or sorry about certain things; say that certain things are possible or impossible or doubtful or not true; etc. Use a separate piece of paper and write at least ten sentences.

Cher (Chère)...

Ma famille et moi, nous allons visiter les États-Unis! Ma soeur Jacqueline ne peut pas faire le voyage, elle prépare ses examens. Mais mon frère Henri, mes parents, moi (bien sûr) et ma grand-mère (elle a 75 ans), nous allons prendre l'avion à Paris et nous espérons être à New York le 15 mars. Nous voulons visiter la ville de New York et ensuite nous avons l'intention de traverser les États-Unis en voiture. On nous a dit qu'on peut louer une voiture très bon marché et que les autoroutes américaines sont excellentes.

Quel temps va-t-il faire chez toi en mars? Est-ce qu'il est nécessaire d'apporter des anoraks et des bottes? A-t-on besoin de beaucoup d'argent pour voyager aux États-Unis? Est-il nécessaire de toujours réserver des chambres d'hôtel à l'avance? Peut-on trouver de bons restaurants? Sert-on du vin avec le dîner?

Comme tu le vois, j'ai beaucoup de questions. J'attends avec impatience ta lettre. À bientôt. Ton ami(e)...

Troisième Étape (pp. 342 – 347)

I. Une réservation TGV

TOULON → MARSEILLE → VALENCE → LYON → PARIS

Nº du TGV		606	604/854	808/858	816/866	814/864	820	818/820
Restauration		⊡			⊡ ②	①②	⊡ ①②	⊡ ①②
Toulon	D		a	a	a	a	11.26	11.26
Marseille	D		6.42	8.06	8.42	8.50	12.13	12.13
Avignon	D		7.37	9.00	9.40	9.45	13.06	13.06
Montélimar	D		b	b	10.16	10.20		
Valence	D	6.07	8.31	9.52	10.38	10.43	14.01	14.01
Lyon Part-Dieu	D	7.06	9.29					
Le Creusot TGV	D				12.25	12.17		
Paris Gare de Lyon	A	9.10	11.33	12.49	13.54	13.47	16.59	16.59

Nº du TGV		822	824	826	826/828	834/884	836/842	836/842	840/890
Restauration		⊡				⊡ ②	⊡ ②	⊡ ②	⊡ ②
Toulon	D		a	14.17	14.17	a	16.44	16.44	a
Marseille	D	12.16	14.00	15.04	15.04	16.50	17.31	17.31	18.20
Avignon	D	13.16	14.53	15.57	15.57	17.45	18.24	18.24	19.19
Montélimar	D	13.55		b	b	18.20			b
Valence	D	14.18		16.53	16.53	18.44	19.18	19.18	20.12
Lyon Part-Dieu	D								21.10
Le Creusot TGV	D								21.50
Paris Gare de Lyon	A	17.16	18.40	19.51	19.51	21.43	22.17	22.17	23.20

PARIS → LYON → VALENCE → MARSEILLE → TOULON

Nº du TGV		803	807/857	813	801/811	811	815	819
Restauration		⊡	⊡	⊡ ①②	⊡ ①②	⊡ ①②	⊡ ②	①②
Paris Gare de Lyon	D	7.00	7.40	10.18	10.23	10.23	11.42	12.55
Le Creusot TGV	A		9.05					
Lyon Part-Dieu	A	9.00						
Valence	A	9.57	10.40	13.13			14.34	15.49
Montélimar	A		11.02	c			c	
Avignon	A	10.51	11.40	14.11	14.08	14.08	15.28	16.43
Marseille	A	11.46	12.35	15.06	15.03	15.03	16.22	17.39
Toulon	A	a	a		15.52	15.52	b	a

Nº du TGV		805/821	823/873	825	827/877	831	835/865	841/891	645
Restauration						⊡ ②	⊡ ②	⊡	⊡
Paris Gare de Lyon	D	13.24	13.55	15.06	15.40	16.49	17.47	18.33	20.00
Le Creusot TGV	A					18.16			
Lyon Part-Dieu	A					18.57			22.03
Valence	A	16.17		18.03	18.35	19.55	20.42	21.32	23.03
Montélimar	A			c			21.04		
Avignon	A	17.11	17.40	18.57	19.29	20.49	21.41	22.26	
Marseille	A	18.04	18.36	19.53	20.25	21.44	22.35	23.22	
Toulon	A	18.53	a		a	a	23.21	a	

a   Correspondance à Marseille.
b   Correspondance à Marseille sauf samedis, dimanches et fêtes.
c   Correspondance à Valence.
**Pour le Creusot TGV, voir également les tableaux pages 12 et 13;
pour Valence, Montélimar et Avignon, le tableau page 22.**

A   Arrivée   D   Départ
⊡   Service restauration à la place en 1ʳᵉ classe en réservation.
①   Plateaux-repas froids en 1ʳᵉ classe sans réservation.
②   Plateaux-repas froids en 2ᵉ classe également.

A. Nous avons besoin d'aide. Some of your parents' friends are planning to be in France next summer and would like to have the experience of riding the TGV. They ask your help in figuring out the train schedule. Tell them which train(s) to take and answer their questions about service on the train.

1. Mr. Anthony: "I'm going to be in Paris mainly, but I do have a little business in Marseille. Is it possible to go round-trip Paris-Marseille in one day and have time for a two-hour business meeting in Marseille? Will I be able to get all my meals that day on the train?"

   _____

   _____

2. Mr. and Mrs. Corelli: "We are going to be in Paris on vacation and would like to take a side trip to visit the Palace of the Popes at Avignon. On vacation we always sleep quite late. What would be the best trains for us to take so that we could spend the night, have plenty of time for sightseeing, and yet not have to get up at the crack of dawn? Do all the trains stop at Avignon?"

   _____

   _____

3. Mrs. Levander: "My daughter and her family will be vacationing on the Riviera. My son-in-law will pick me up in Toulon, but he can't get there before 5 P.M. Which train should we take so that he can pick us up?"

   _____

   _____

II. Le subjonctif et l'infinitif pour exprimer le désir et la volonté

B. On n'est pas d'accord. You and your brother or sister fight like cats and dogs. Each time one of you indicates he(she) wants to do something, the other opposes it. This is true whether you are talking to each other (**je / tu**) or to your parents (**je / il ou elle**). Write what each of you says about the following activities.

Modèles: manger la glace maintenant (je/tu)
    —_Je veux manger la glace maintenant._
    —_Je ne veux pas que tu la manges maintenant._

    partir en vacances (je/il ou elle)
    —_Je veux partir en vacances._
    —_Je ne veux pas qu'il(elle) parte en vacances._

1. sortir avec nos parents samedi soir (je/tu)

   _____

   _____

2. savoir le numéro de téléphone de Michel (je/tu)

   _____

   _____

3. faire un voyage en Afrique (je/il ou elle)

   _____

   _____

4. choisir la nouvelle voiture (je/il ou elle)

_____

_____

5. y aller (je/tu)

_____

_____

6. se coucher (je/il ou elle)

_____

_____

C. **Des décisions.** You're babysitting a group of children for the weekend. After their parents leave, they tell you what *they* want to do. Decide whether or not you'll allow them to do these things. Use a verb of desire or wishing and the subjunctive to express what you want.

Modèle: Je veux aller au cinéma ce soir.
Je préfère que tu n'ailles pas au cinéma ce soir. ou *Je préfère que tu restes à la maison avec les autres.*

1. Paul veut se raser la tête.

_____

2. Je veux finir ce livre.

_____

3. Karine et Claire veulent vendre leur frère Paul.

_____

4. Nous ne voulons pas étudier samedi soir.

_____

5. Nous voulons manger de la glace avant le dîner.

_____

6. Claire (8 ans) veut se coucher à minuit.

_____

7. Je veux organiser une surprise-partie pour mes amis.

_____

8. Nous voulons téléphoner à nos parents.

_____

III. **Le subjonctif, l'indicatif et l'infinitif (résumé)**

D. **Deux générations!** Parents sometimes have ambitions for their children that do not correspond to their childrens' wishes. Use the elements provided to: (1) express the parents' ambitions, (2) express the children's refusal, and (3) indicate the children's own ambition.

Modèle: tu / être médecin / enseigner le français
—*Nous voulons que tu sois médecin.*
—*Mais je ne veux pas être médecin. Je préfère enseigner le français.*

1. tu / être professeur / travailler pour le gouvernement

_____

_____

2. Éric / faire son droit / être pâtissier

_____

_____

3. Yvonne / travailler chez son père / aller à l'université

_____

_____

4. vous / étudier les sciences / apprendre le chinois

_____

_____

E. **Chez le médecin.** Your doctor has determined that you have a combination of a cold and the flu. Use appropriate verbs and expressions to indicate the doctor's wishes and recommendations as he/she tries to influence your actions.

Modèles: manger de la soupe
Il faut que vous mangiez de la soupe.

jouer au tennis
Je ne veux pas que vous jouiez au tennis.

1. aller à la pharmacie

_____

2. rentrer tout de suite chez vous

_____

3. prendre des aspirines

_____

4. sortir ce soir

_____

5. se reposer

_____

6. aller au travail

_____

7. fumer

_____

8. dormir beaucoup

_____

9. manger des repas légers (*light*)

_____

10. faire du jogging

_____

IV. **Débrouillons-nous!**

F. **Mon opinion.** Complete the following sentences using your own ideas and experiences.

1. Mes parents acceptent que je _____

2. Pour maintenir la paix (peace) dans le monde, il est important que nous _____

_____

3. Pour être content dans la vie, il faut qu'on _____

_____

4. Je suis heureux(se) que mes amis _____

5. Il est essentiel que toutes les jeunes personnes _____

_____

6. À mon avis, il est évident que les grandes personnes _____

_____

7. Je suis navré(e) que tout le monde _____

8. Mes amis sont étonnés que je _____

9. Je doute que les Américains _____

10. Je suis sûr(e) que le professeur _____

Quatrième Étape   (pp. 348 – 352)

I. **Lecture: Les plaisirs de voyager en train**

Plus que les Américains, les Européens ont l'habitude de voyager en train. Que ce soient des voyages courts ou des voyages de plusieurs heures, ils connaissent le plaisir de traverser les villes et la campagne sans les énervements qui tourmentent les automobilistes.

La France est particulièrement fière *(proud)* de son système ferroviaire, qui transporte des milliers de passagers et des milliers de tonnes de marchandise. Mais ce ne sont pas les statistiques qui impressionnent les Français moyens. Pour eux, comme pour un grand nombre de touristes étrangers, prendre le train rappelle les grands départs dans les gares, la rencontre de nouveaux amis, le plaisir de parler avec des passagers et, surtout, le plaisir de regarder par la fenêtre et d'apprécier les paysages variés qui passent comme dans un rêve. En train on peut traverser des rivières et des montagnes et parcourir de grandes distances sans effort.

Si vous désirez connaître la France, vous pouvez voyager en voiture ou, mieux encore, prendre le train et faire la connaissance d'autres voyageurs qui ont souvent des aventures très intéressantes à raconter. Vous pouvez descendre où vous voulez, et dans les grandes gares vous trouvez beaucoup de personnes qui sont là pour vous aider. Vous pouvez changer de l'argent, prendre un repas, trouver un hôtel, mettre vos valises à la consigne automatique, obtenir des horaires de trains, consulter des agents de voyage, et même prendre une douche ou un bain pour quelques francs!

Les trains français sont rapides, ponctuels, propres et confortables. Et, grâce aux progrès technologiques, les Français possèdent aujourd'hui le TGV, un des trains les plus rapides du monde.

A. **Vrai / Faux.** Read the following statements and decide if they are true or false according to the ideas presented in the text.

1. _____ Les Américains prennent le train plus souvent que les Français.

2. _____ Si on prend le train, on a les mêmes énervements que les automobilistes.

3. _____ Le système ferroviaire français est un des meilleurs du monde.

4. _____ Les Français moyens ne voyagent pas souvent en train.

5. _____ Il n'y a pas beaucoup d'activité dans les gares françaises.

6. _____ Les gares principales offrent beaucoup de services aux voyageurs.

7. _____ Il y a des restaurants dans les gares.

8. _____ Si on veut connaître la France, il vaut mieux prendre l'avion.

II. Révision du chapitre

B. **Des étudiants étrangers.** Some foreign students are explaining (1) where they are from, (2) how they feel about being in the United States, and (3) their thoughts about Americans. Use the elements given to reproduce their statements.

Modèle: je, Danemark / contente, être ici / vouloir, visiter le Danemark
Je suis du Danemark. Je suis très contente d'être ici. Je voudrais que plus d'Américains visitent le Danemark.

1. nous, France / vouloir, connaître les États-Unis / être surpris, être si naïfs

   _____

   _____

   _____

2. elle, Italie / heureuse, voir les États-Unis / il est évident, avoir beaucoup d'objets matériels

   _____

   _____

   _____

3. ils, Pérou / désirer, apprendre notre langue / être ravis, être si ouverts

   _____

   _____

   _____

4. je, Maroc / vouloir, visiter des fermes / il est important, comprendre les pays du tiers monde (*Third World*)

   _____

   _____

   _____

5. il, Belgique / désirer, goûter la vraie cuisine américaine / regretter, ne pas vouloir connaître son pays

_____

_____

_____

6. je, Mexico / être content, passer huit jours ici / il est dommage, ne pas savoir s'amuser

_____

_____

_____

C. **Ma vie à moi.** Complete the following sentences with ideas appropriate to your current situation, thoughts, and feelings. Be sure to distinguish between general statements made with the infinitive and more personalized statements that require either the subjunctive or the indicative.

1. Je suis heureux(se) _____

_____

2. Il est important _____

_____

3. Il est clair _____

_____

4. Je suis surpris(e) _____

_____

5. Il faut _____

_____

6. Il se peut _____

_____

7. Je regrette _____

_____

8. Il n'est pas vrai _____

_____

9. Je veux _____

_____

10. Il vaut mieux _____

_____

D. Une lettre à écrire. You are planning to go to France next summer and would like to take the TGV from Paris to Marseille, where you will rent a car and drive along the Mediterranean coast, visiting various sites for ten days. Consult the *Guide des Voyageurs* (p. 168) and select some dates and choose trains for the round-trip. Then write your letter on a separate sheet of paper including the following:

1. Make reservations (what class? smoking or non-smoking? seat preference?) for Paris-Marseille, Marseille-Paris.

2. Find out if it is possible to rent a car at the Marseille train station.

3. Find out if you need to pay in advance or when you arrive at the station in Paris.

Begin the letter: **Messieurs**

Close the letter: **En attendant votre réponse, je vous prie de croire, Messieurs, à mes sentiments les plus distingués.**

TRAVAIL DE LA FIN DU CHAPITRE

I. Student Tape

Listen again to the conversation on the Student Tape for Chapter 13, and then answer the following questions.

1. Qui va accompagner Véronique? _____

2. Est-ce qu'elles vont descendre dans un hôtel? Si non, où? _____
   _____

3. Quand est-ce qu'elles vont partir? Quand est-ce qu'elles vont rentrer à Paris? _____
   _____

4. Quelle sorte de billets est-ce que Véronique prend? _____

5. Pourquoi est-ce qu'elle réserve cette fois? _____
   _____

6. Qui va accompagner Jean-Pierre? _____

7. Est-ce qu'ils vont descendre dans un hôtel? Si non, où? _____

8. Quand est-ce qu'ils vont partir? Dans quel train? _____
   _____

9. Est-ce qu'ils vont voyager en couchettes ou en wagon-lits? Pourquoi? _____
   _____

10. Qui a droit à une réduction de tarif? Pourquoi? _____
    _____

II. Le savez-vous?

1. The price of train tickets in France varies according to the time of the week and of the year when you are traveling. The most expensive time is
   a. en période bleue.
   b. en période blanche.
   c. en période rouge.

2. In a French train station,
   a. a whistle blows just before a train leaves.
   b. you must have your ticket validated before getting on the train.
   c. you often have to buy a special ticket to wait on the platform.
   d. all of the above.

3. When buying a train ticket, you can also make all of the following arrangements *except*
   a. rent a car.
   b. rent a bike.
   c. make airline reservations.
   d. make hotel reservations.

III. Mais comment dit-on... ?

List any additional expressions or strategies whose French equivalents you do not know and that you would like to learn in order to talk about and deal with train travel. Use a separate sheet of paper.

_____

_____

_____

_____

CHAPITRE QUATORZE:
Allons à la poste!

TRAVAIL PRÉPARATOIRE

I. Planning Strategy

How do I...? Your French friend is planning to go to the post office. He/she would like to know what to say and do and what questions he/she may be asked when trying to do the following:

1. send an important document to his/her parents in France _____

_____

_____

2. mail home a box of Christmas presents for his/her relatives _____

_____

_____

3. call his/her parents at home in Paris collect (In France, people often go to the post office to make phone calls.) _____

_____

_____

II. Student Tape

A. Au bureau de poste. Two friends run into each other in front of the post office. Listen to their conversation and the business they transact, then circle the letter of the correct response to each question. (There may be more than one correct answer for each question.)

1. What does Jean-Michel do at the post office?
    a. He mails a letter.
    b. He buys stamps.
    c. He sends a registered letter.
    d. He mails a package.

2. What does Françoise do at the post office?
    a. She mails a letter.
    b. She sends a telegram.
    c. She mails a package.
    d. She makes a phone call.

Première Étape (pp. 354 – 360)

I. Envoyons des lettres!

A. Une lettre recommandée. Your parents have sent an important paper to you in France that you need to mail back to them. You decide to return it by registered mail, and you ask for a receipt. Fill out the appropriate parts of the forms on p. 178. *Attention!* Do not fill out those parts to be completed by the postal employee (**l'agent** or **le préposé**).

N° 517

POSTES DE FRANCE

RÉCÉPISSÉ D'UN ENVOI RECOMMANDÉ

Étiquette n° 510 ou 510 *bis*

A remplir par l'expéditeur (voir au dos)

R 1 ☐   R 2 ☐   R 3 ☐   R 4 ☐   R Ét ☐

DESTINATAIRE : ....

....

Signature de l'agent : ....

CODE POSTAL   LOCALITÉ

Date	H	PRIX	Nature de l'objet n°	Services spéciaux	Taux Rec.	Contre remboursement

---

A remplir par le bureau d'origine

Envoi recommandé
☐ Lettre   ☐ Paquet   ☐ Imprimé   ☐   ☐ Colis postal ordinaire

Envoi avec valeur déclarée   Valeur déclarée _____
☐ Lettre   ☐ Boîte   ☐ Paquet   ☐ Colis postal

☐ Mandat de poste   ☐ Mandat de versement   ☐ Chèque d'assignation   Montant _____

IN 6 202078 M 19 D

A REMPLIR PAR L'EXPÉDITEUR
(Qui indique l'adresse du destinataire)

M _____
(Nom ou raison sociale du destinataire ou intitulé du C.C.P.)

_____

_____
(Rue et numéro)

à _____
(Lieu de destination)   (Pays de destination)

A compléter à destination

Cet avis doit être signé par le destinataire ou par une personne y autorisée en vertu des règlements du pays de destination, ou, si ces règlements le comportent, par l'agent du bureau de destination, et renvoyé par le premier courrier directement à l'expéditeur.

Timbre du bureau de destination

EN FRANCE ▶ L'avis est signé par le destinataire ou son mandataire et par l'agent du bureau.
LE PRÉPOSÉ INSCRIT LA DATE DE PREMIÈRE PRÉSENTATION

L'envoi mentionné ci-dessus a été dûment ☐ remis ☐ payé ☐ inscrit en C.C.P.

Date et signature du destinataire   Signature de l'agent

II. Les verbes irréguliers <u>écrire</u>, <u>envoyer</u> et <u>recevoir</u>

B. Le courrier. Use the elements given to explain what the following people send or receive. Use the appropriate tense or mood.

1. Michel recevoir / lettres tous les quinze jours

   _____

2. Il faut que nous / envoyer / cadeau / avant jeudi

   _____

3. ils / écrire / souvent / leurs parents

   _____

4. hier / je / recevoir / une boîte de bonbons

   _____

5. ils / envoyer / déjà / les résultats de l'examen / ?

   _____

6. décembre dernier / mon(ma) camarade de chambre / écrire / beaucoup de cartes de Noël

   _____

7. Michel / recevoir / lettres tous les quinze jours

   _____

8. quand / on / envoyer / un télégramme / ?

   _____

9. est-il possible / je / recevoir / cadeaux aujourd'hui / ?

   _____

10. faut-il / tu / écrire / tes grands-parents / ?

   _____

C. Vous et la poste. Answer the following questions about you and the postal service.

1. Est-ce que vous allez souvent au bureau de poste? _____

   _____

2. Pourquoi est-ce que vous y allez? _____

   _____

3. Combien de lettres est-ce que vous écrivez par mois? _____

   _____

4. À qui est-ce que vous écrivez? _____

   _____

5. Combien de lettres est-ce que vous recevez par semaine? _____

   _____

6. Est-ce que votre camarade de chambre (frère, soeur, etc.) reçoit beaucoup de lettres? ___

   _____

7. Avez-vous jamais (*ever*) envoyé un télégramme? À qui? _____

   _____

8. À qui est-ce que vous envoyez des cartes postales quand vous voyagez? _____

   _____

III. Les pronoms interrogatifs (personnes)

D. Qui? Posez des questions au sujet des personnes mentionnées dans les paragraphes suivants. Dans le premier paragraphe, on vous donne les expressions interrogatives; dans le second, c'est à vous de les choisir.

Hier après-midi je suis allée au bureau de poste près de chez nous. J'ai amené (*took*) ma soeur Catherine avec moi. Elle a téléphoné à son petit ami, qui est en Angleterre, et moi, j'ai acheté des timbres pour ma mère.

1. Qui est allé au bureau de poste _____

2. Qui est-ce que _____

3. À qui _____

4. Pour qui _____

Mes amies Cécile et Francine ont organisé une surprise-partie pour l'anniversaire de Renée. Elles ont décidé d'inviter les gens chez Cécile. Elles ont invité Hélène, Yvonne, Martine, Josette et Renée, bien entendu. Elles ont demandé à la mère de Francine de faire un gâteau.

5. _____

6. _____

7. _____

8. _____

E. **Une semaine de vacances.** Your best friend is planning on taking a week's vacation. You have lots of questions about where she is going, what she is going to do, and especially with whom she is going to do all this. Use the interrogative expressions **où, qu'est-ce que, quand** and the appropriate forms of **qui** to ask questions that include the expressions given below.

Modèle: aller *Où est-ce que tu vas aller?*

1. partir _____

2. aller avec _____

3. faire _____

4. descendre chez _____

5. voir _____

6. envoyer des cartes postales à _____

7. s'occuper des repas _____

8. rentrer _____

IV. Débrouillons-nous!

F. **Non,...** Your brother has promised to do some errands for you at the post office; however, his idea of how to do them does not correspond with yours. Use the appropriate form of the subjunctive to indicate what you think should be done.

Modèle: Je vais envoyer vos lettres demain. (il faut / aujourd'hui)
Non, il faut que tu les envoies aujourd'hui.

1. Je vais envoyer vos lettres par voie de surface. (il faut / par avion)

_____

2. Je vais faire recommander cette lettre-ci. (il n'est pas nécessaire)

_____

3. Je vais acheter un carnet de timbres. (il vaut mieux / des aérogrammes)

_____

4. Je ne vais pas envoyer ce colis en recommandé. (il est important)

_____

5. Je ne vais pas demander de récépissé. (je veux)

_____

6. Je ne vais pas remplir l'étiquette de douane. (il est essentiel)

_____

7. Je vais envoyer un télégramme à Tante Élisabeth. (il vaut mieux / écrire)

_____

8. Je vais envoyer un télégramme à nos grands-parents. (je préfère / téléphoner)

_____

Deuxième Étape   (pp. 361 – 367)

I. Envoyons un colis!

A. Un cadeau pour... After purchasing a present for a member of your family, you go to the post office and ask for one of the mailing boxes (**emballages**) they sell. Fill out the names and adresses on the box as well as the customs declaration, where you state what's in the package.

_____

Expéditeur

_____

_____

Destinataire

_____

_____

_____

```
(Convention UPU, art. 116 § 1)          C 1
LA POSTE ➤   DOUANE
N° 284          Peut être ouvert d'office

(Partie à détacher si l'envoi est accompagné
de déclarations en douane. Sinon, à remplir)

Voir instructions au verso
Désignation détaillée du contenu :
_ _ _ _ _ _ _ _ _ _ _ _ _ _ _
_ _ _ _ _ _ _ _ _ _ _ _ _ _ _
_ _ _ _ _ _ _ _ _ _ _ _ _ _ _
_ _ _ _ _ _ _ _ _ _ _ _ _ _ _

Faire une croix s'il s'agit d'un cadeau       ☐
d'un échantillon de marchandises . . . . .    ☐

Valeur :                     Poids net :
(préciser la monnaie)
```

II. Les pronoms interrogatifs (choses)

B. Quoi? Posez des questions au sujet des choses mentionnées dans les paragraphes suivants. Dans le premier paragraphe, on vous donne les expressions interrogatives; dans le second, c'est à vous de les choisir.

Il s'est passé quelque chose de curieux hier. Mon frère faisait une promenade. Il a vu deux chiens qui se battaient (*were fighting*). Mon frère a séparé les deux chiens avec une branche d'arbre. Ensuite les deux chiens ont attaqué mon frère.

1. Qu'est-ce qui _____

2. Que _____

3. Qu'est-ce que _____

4. Avec quoi _____

5. Qu'est-ce que _____

Mardi soir j'ai perdu mon nouveau chapeau. Je me promenais dans le parc avec mon ami Jean-Paul. Nous parlions de nos études. Soudain un coup de vent (*a gust of wind*) a enlevé (*blew off*) mon chapeau. J'ai dit à Jean-Paul:—Est-ce que tu as vu mon chapeau? Mais il pensait à autre chose.

6. _____

7. _____

8. _____

9. _____

10. _____

III. Les pronoms d'objets directs et indirects me, te, nous, vous

C. **En famille.** Parents frequently ask their children questions. Answer the following questions using the suggestions given. Pay attention to who is speaking to whom.

votre père et votre mère → vous et votre frère et votre soeur

1. Alors, les enfants, vous nous cherchez? (oui) _____

_____

2. Vous voulez nous demander quelque chose? (oui) _____

_____

3. Nous allons vous voir pour le dîner? (non) _____

_____

vous → votre mère

4. Maman, je peux te parler un moment? (oui) _____

_____

5. Tu peux me donner 200 francs? (non) _____

_____

6. Toi et Papa, vous m'aimez, n'est-ce pas? (oui) _____

votre père → vous

7. Tu me comprends bien? (oui, papa) _____

_____

8. Tu vas nous écrire toutes les semaines? (oui, papa) _____

_____

9. Je peux te téléphoner de temps en temps? (oui, papa) _____

_____

D. Demandez à... Ask each of the following people the indicated questions.

Demandez à une femme que vous voyez chez des amis:

1. si vous la connaissez. *Est-ce que je vous connais?* _____

2. si vous l'avez vue chez les Janvier. _____

_____

3. si elle vous reconnaît (*recognizes*). _____

_____

4. si elle vous a vu quelque part (*somewhere*). _____

_____

5. si vous pouvez lui chercher quelque chose à boire. _____

_____

Demandez à un ami:

6. s'il vous cherchait. *Tu me cherchais* _____

7. s'il vous a téléphoné. _____

8. s'il veut que vous lui téléphoniez. _____

_____

9. si vous lui avez montré vos nouveaux livres. _____

_____

10. s'il va vous montrer son nouvel ordinateur. _____

_____

IV. Débrouillons-nous!

E. Son voyage. Your best friend has just come back from a trip. You are full of questions to ask him/her about it. On a separate piece of paper, write ten questions using some of the following verbs and other verbs of your choice. Verbs: **faire, aller, se passer, voir, avoir besoin de, écrire, envoyer, (s')intéresser.**

Troisième Étape (pp. 368 – 375)

I. Des coups de fil

A. Les Pages jaunes. You are traveling in France with some American students. Since you are the only member of the group who can read French, the others come to you for help in making phone calls. You consult the yellow pages of the phone book and then tell your friends exactly what to do. Include in your answer the exact numbers to dial, when appropriate (see p. 184).

automatique

comment obtenir votre correspondant
À L'ÉTRANGER

 décrochez → tonalité → **19** → tonalité → indicatif du pays (voir p. 20) | indicatif de zone (voir p. 22) | numéro demandé

par l'intermédiaire d'un agent des Télécommunications

- communications à destination des pays autres que ceux obtenus par l'automatique
- communications à destination des réseaux non encore automatisés des pays atteints par voie automatique
- communications spéciales (cartes télécommunications, etc.)

 décrochez → tonalité → **19** → tonalité → **33** → indicatif du pays (voir p. 20) → vous obtenez un agent des Télécommunications à qui vous formulez votre demande

Cas particuliers, communications spéciales pour Andorre et Monaco, composez le **10**

Ce que vous devez savoir pour téléphoner :
À L'INTÉRIEUR DE LA FRANCE

POUR TELEPHONER DE PROVINCE EN PROVINCE.

Vous faites le numéro à 8 chiffres sans faire le 16.

Par exemple :
38 41 21 00

POUR TELEPHONER DE PROVINCE VERS PARIS/REGION PARISIENNE.

Vous faites le 16, puis le code (1) pour rentrer dans la région parisienne suivi du numéro à 8 chiffres.

Par exemple :
16 ~ (1) 45 64 22 22
16 ~ (1) 39 51 95 36
16 ~ (1) 60 63 39 72

POUR TELEPHONER DE PARIS/REGION PARISIENNE VERS LA PROVINCE.

Vous faites le 16, puis le numéro à 8 chiffres.

Par exemple :
16 ~ 38 41 21 00

POUR TELEPHONER A L'INTERIEUR DE PARIS/REGION PARISIENNE.

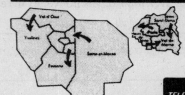

Vous faites le numéro à 8 chiffres.

Par exemple :
45 64 22 22
39 51 95 36
60 63 39 72

 TELECOMMUNICATIONS

Quelques indicatifs des pays (les pays en *italiques* sont accessibles uniquement par la voie manuelle).

	Manuel: indicatif du pays à composer après 19 33	Automatique: indicatif du pays à composer après le 19		Manuel: indicatif du pays à composer après 19 33	Automatique: indicatif du pays à composer après le 19
Alaska	11	1 907	Hawaii	11	1 808
Belgique	32	32	Luxembourg	352	352
Canada	11	1	Royaume-Uni	44	44
Chine (Rép. Pop.)	86		Sénégal	221	221
Côte-d'Ivoire	225	225	Suisse	41	41
Espagne	34	34	Turquie	90	90
États-Unis	11	1	URSS	71	7
(sauf Alaska et Hawaii)					

1. You are in Paris. One of the group members would like to call a friend from home.

   _____

   _____

2. You are still in Paris. One of the group members wants to call some friends of his parents who live in Nice. Their number is 93 45 67 12.

   _____

   _____

3. You are now in Lyon. One of the group members wants to call a French family that lives in Strasbourg. Their number is 88 72 03 46.

   _____

   _____

4. You are back in Paris. One of the group members wants to take her parents out for a meal at a restaurant called the Boule d'Or, located in Versailles (a suburb of Paris), telephone: 39 50 22 97. She wants to call for reservations.

   _____

   _____

II. Le pronom en

B. Un accident. You have been involved in a minor car accident—you weren't hurt but you lost your backpack. A sympathetic friend asks you questions about the accident and your situation. Answer using the pronoun **en**.

Modèle: Vous avez eu un accident? (oui)
Oui, j'en ai eu un.

1. Il y avait combien de voitures? (trois) _____

   _____

2. Vous avez vu des motocyclistes aussi? (non) _____

   _____

3. Est-ce qu'il y avait des témoins *(witnesses)?* (plusieurs) _____

   _____

4. Vous avez un autre sac à dos? (deux) _____

5. Vous voulez du thé? (non, merci) _____

   _____

6. Vous voulez parler de l'accident? (oui, je veux bien) _____

   _____

7. Vous allez avoir peur des voitures? (non) _____

   _____

C. Interrogatoire. You're a witness to a mail robbery and the police are questioning you. Answer their questions as indicated, replacing nouns by direct or indirect object pronouns, including **en.**

1. Vous travaillez au bureau de poste, oui? Bon, est-ce que vous avez vu les deux hommes au guichet douze? (oui) _____

   _____

2. Est-ce que les deux hommes vous ont parlé? (non) _____

   _____

3. Est-ce que vous avez parlé aux deux hommes? (non plus) _____

   _____

4. Est-ce qu'il y avait beaucoup de gens dans le bureau de poste? (quatre ou cinq) _____

   _____

5. Est-ce qu'ils étaient conscients de ce qui se passait? (non) _____

   _____

6. Est-ce que vous avez vu un pistolet? (un) _____

   _____

7. Est-ce que vous pouvez donner une bonne description de ces hommes? (oui) _____

   _____

8. Est-ce que vous pouvez identifier ces hommes? (il est possible que) _____

   _____

III. Les expressions négatives

D. Esprit de contradiction. You're not in a very good mood, so you give the opposite of each statement by using a negative expression, such as **ne... rien, ne... personne, ne... plus,** etc.

Modèle: Je suis toujours à l'heure.
   Ce n'est pas vrai. Tu n'es jamais à l'heure.

1. Nous allons souvent au restaurant.

   _____

2. Elle est encore en France.

   _____

3. Il comprend tout (everything).

   _____

4. Quelqu'un t'attend.

   _____

5. Ses parents ont déjà fait de l'alpinisme.

   _____

6. Marcel fume encore.

   _____

7. J'ai besoin de beaucoup de choses.

_____

8. J'ai rencontré beaucoup de gens en ville hier.

_____

9. Elle pense à tout.

_____

10. J'ai tout fait.

_____

E. **Chez des Français.** You are spending a week with a French family. You arrived late last night, you have just awakened, and your French "mother" is asking you the following questions. Use a negative expression in your answers.

Modèle: Vous avez mangé quelque chose avant de vous coucher?
Non, je n'ai rien mangé (avant de me coucher).

1. Vous êtes encore fatigué(e)? _____

_____

2. Vous avez déjà mangé ce matin? _____

_____

3. Vous avez entendu quelqu'un ce matin? _____

_____

4. Vous avez besoin de quelque chose pour votre chambre? _____

_____

5. Vous vous couchez toujours avant 10 heures? _____

_____

6. Vous avez laissé quelque chose dans l'avion? _____

_____

7. Vous voulez téléphoner à quelqu'un ce matin? _____

_____

8. Vous vous êtes déjà habitué(e) à parler français? _____

_____

IV. **Débrouillons-nous!**

F. **Mon expérience.** Answer the following questions about yourself, your family, and your friends. Use pronouns when possible.

1. Est-ce que vous écrivez souvent à vos parents? _____

_____

2. Est-ce que vos parents vous écrivent souvent? _____

_____

3. Est-ce que vous recevez toujours des jouets (*toys*) pour Noël? _____

_____

4. Est-ce que vous donnez des jouets à quelqu'un pour Noël? _____

_____

5. Qu'est-ce que vous avez mangé avant de vous coucher hier soir? _____

_____

6. À qui est-ce que vous avez envoyé un télégramme hier soir? _____

_____

7. Qui vous a réveillé(e) ce matin? _____

_____

8. Est-ce que votre professeur vous a déjà donné un examen final? _____

_____

Quatrième Étape (pp. 376 – 380)

I. Lecture: Les PTT

A. **Le PTT Contact.** The French postal system puts out a brochure to help foreigners use the post office and its services. Before reading the brochure, try to imagine what kinds of information one might likely find in such a brochure. Then read the brochure (see p. 189) and answer the questions.

1. Why might you be better off making phone calls from the post office than from your hotel room or a café?

_____

2. What are the least expensive times to phone the United States from France?

_____

3. Where can you buy stamps other than at a window in the post office?

_____

4. What limits are there on mailing packages?

_____

_____

5. If you run out of French money, how can the post office be of help?

_____

_____

II. Révision du chapitre

B. **La dernière fois.** Indicate what was said or done the last time the following things happened. Use, whenever possible, an object pronoun (me, te, nous, vous, le, la, les, lui, leur, en).

Modèle: La dernière fois que j'ai téléphoné à mes parents...
La dernière fois que j'ai téléphoné à mes parents, ils m'ont demandé d'écrire plus souvent. Mais moi, je préfère leur téléphoner.

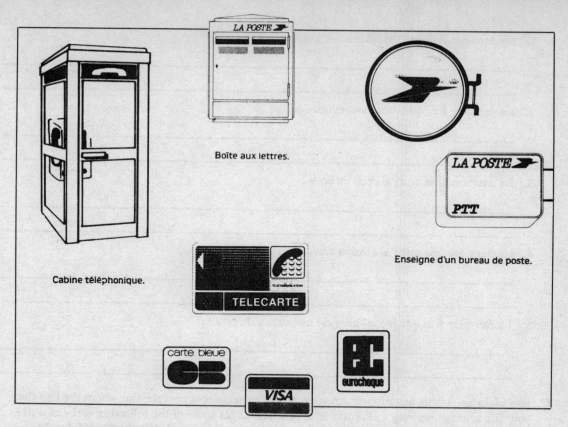

Boîte aux lettres.

Cabine téléphonique.

TELECARTE

carte bleue CB

VISA

EC eurochèque

Enseigne d'un bureau de poste.

LA POSTE

PTT

Vous désirez téléphoner...

Utilisez, en vous munissant préalablement de pièces de monnaie (page 15), une des 172 000 cabines placées dans les lieux publics* ou adressez-vous au guichet téléphone d'un de nos 17 000 bureaux de poste*. Si vous appelez à partir de votre hôtel, d'un café ou d'un restaurant, votre facturation risque d'être supérieure à la taxe officielle (maximum 30 %).

• **La télécarte :** elle vous permettra de téléphoner sans souci et sans monnaie à partir d'une cabine équipée d'un publiphone à cartes. Ces télécartes de 40 ou 120 unités s'achètent dans les bureaux de poste, guichets SNCF et revendeurs agréés reconnaissables à leur affichette "Télécarte".*

• **Tarifs réduits :**
– du lundi au vendredi de 21 h 30 à 8 h et le samedi à partir de 14 h pour les pays de la CEE, la Suisse et l'Espagne ;
– de 22 h à 10 h pour le Canada et les États-Unis ;
– de 20 h à 8 h pour Israël ;
– et, pour ces mêmes pays, les dimanches et jours fériés français toute la journée.

... télégraphier

Vous pouvez déposer votre texte au guichet d'un bureau de poste, ou le téléphoner depuis votre hôtel.

... recevoir votre courrier

• Votre adresse en France comporte un numéro de code à 5 chiffres ; n'oubliez pas de le communiquer à vos correspondants.
• Le courrier adressé en "poste restante", dans une ville ayant plusieurs bureaux, est, sauf précision, disponible au bureau principal. Le retrait d'une correspondance donne lieu à paiement d'une taxe.
• Pour toute opération de retrait de courrier ou d'argent au guichet, on vous demandera votre passeport ou une pièce d'identité, pensez-y !
• Un courrier parvenu après votre départ peut vous être réexpédié. Renseignez-vous aux guichets.

... expédier vos envois

• **Les timbres-poste :** vous pouvez vous les procurer dans les bureaux de poste (où on vend également des aérogrammes), les bureaux de tabac ou les distributeurs automatiques jaunes disposés sur la façade de certains bureaux de poste.
• **Les boîtes de dépôt des lettres :** vous les trouverez à l'extérieur et à l'intérieur des bureaux de poste et dans les lieux de fort passage du public*.
• **Paquets :** les paquets adressés à d'autres pays jusqu'à 1 kg (ou 2 kg au tarif des lettres) acceptés par les bureaux de poste doivent porter exté-

rieurement une étiquette verte de douane. Si vous voulez réaliser un envoi rationnel et pratique, utilisez les emballages préformés mis en vente dans les bureaux de poste.

• **Colis postaux :** ils sont acceptés au bureau de poste principal de chaque localité :
– "Avion" jusqu'à 10 ou 20 kg suivant la destination.
– "Voie de surface" jusqu'à 5 kg et jusqu'à un certain format (au-delà ils peuvent être confiés à la SNCF).
• **Service Posteclair :** national et international à votre disposition dans 400 points réseau PTT, si vous désirez envoyer tout document urgent (plans, graphiques, tableaux, schémas...).

... envoyer ou recevoir de l'argent

• Pour le paiement ou l'émission de mandats ou l'échange de "postchèques", adressez-vous directement au bureau de poste de votre choix.
• Dans les principales villes, vous pouvez changer votre argent dans 150 bureaux de poste signalés par un autocollant "CHANGE".
• Si vous êtes porteur d'une carte visa ou d'une carte de garantie Eurochèque délivrée par votre banque, vous pouvez retirer de l'argent dans un des 780 bureaux de poste signalés par un autocollant CB ou EC.*
VISA

1. La dernière fois que j'ai téléphoné à mes parents...

   _____

   _____

2. La dernière fois que mes amis m'ont écrit...

   _____

   _____

3. La dernière fois que j'ai reçu un colis...

   _____

   _____

4. La dernière fois que j'ai envoyé une carte postale...

   _____

   _____

5. La dernière fois que je suis allé(e) au bureau de poste...

   _____

   _____

C. **Des plaintes.** Using negative expressions, write ten sentences complaining about the fact that your life is not going very well. Include in your sentences some of the following verbs as well as other verbs and expressions of your choice. Verbs: **rendre visite à, téléphoner à, faire du sport, aller au (à la)... , voir, recevoir, s'amuser, sortir,** etc. Use a separate sheet of paper.

   Modèles: *Personne ne me rend visite. Je ne vois plus mes amis. Je ne peux rien faire le week-end.*

D. **Un télégramme.** Your French friend, Nicole Duplessis, is expecting you to arrive in Avignon by bus (**en car**) on a certain date. However, your plans have changed; you will be arriving on a different day and you will take the train. Send Nicole a telegram advising her of your change in plans. Use the form below. You can consult the train information in Ch. 13, p. 168.

TRAVAIL DE LA FIN DU CHAPITRE

I. Student Tape

Listen again to the conversation on the Student Tape.

1. Est-ce que Jean-Michel et Françoise vont au bureau de poste ensemble ou est-ce qu'ils se rencontrent par hasard? _____

2. Où est-ce que Françoise veut envoyer un télégramme? _____

3. Son télégramme coûte 50F. Pourquoi? _____

4. L'employée lui donne de la monnaie. Combien d'argent est-ce que Françoise donne à l'employée? _____

5. Quand est-ce qu'on va recevoir le télégramme? _____

6. À qui est-ce que Jean-Michel envoie un paquet? _____

7. Pourquoi? _____

8. Qu'est-ce qu'il y a dans son paquet? _____

9. Qu'est-ce qu'il doit remplir? _____

   _____

10. Son paquet lui coûte 250F. C'est très cher. Pourquoi? _____

    _____

II. Le savez-vous?

1. In addition to buying stamps and sending packages, at a French post office you can also
   a. pay a utility bill.
   b. make a long distance phone call.
   c. deposit money in a savings account.
   d. all of the above.

2. From France, there are special (lower) postal rates to all of the following countries *except*
   a. U.S.A.
   b. Canada.
   c. Germany.
   d. Senegal.

3. **Minitel** is a computerized telephone system installed in many French homes that allows you to
   a. find out a telephone number.
   b. pay a bill.
   c. place an order for merchandise.
   d. all of the above.

III. Mais comment dit-on... ?

List any additional expressions whose French equivalents you don't know and that you would like to learn dealing with the post office and/or making telephone calls. Use a separate sheet of paper.

CHAPITRE QUINZE:
Installons-nous!

TRAVAIL PRÉPARATOIRE

I. Planning Strategy

How do I... ? Your French-speaking friend is having some difficulty talking about events that occurred in the recent past and future events. In addition, he/she needs some strategies to help him/her rent an apartment. Suggest some appropriate phrases and vocabulary to communicate these ideas accurately.

1. I don't have a lot of money and I need to rent an apartment. What things do I need to ask about to make sure that I'm getting a good deal on an apartment?

   _____

   _____

   _____

2. What kinds of verbs and other expressions are useful to indicate that I'm talking about the future?

   _____

   _____

3. What kinds of expressions are useful if I want to talk about the very recent past?

   _____

   _____

II. Student Tape

Listen to the Student Tape for Chapter 15, then do the following exercise.

Exercice 1. You will hear descriptions of various apartments. Given the requirements specified in this exercise, decide which apartment (1, 2, 3, 4) corresponds to the requirements.

1. Which apartments have parking? _____

2. Which apartment is likely to be the least expensive? _____

3. Which one seems the safest apartment? _____

4. Which apartments are very centrally located? _____

5. Which is the smallest apartment? _____

PARTIE ÉCRITE

Première Étape (pp. 382 – 387)

I. Les petites annonces

A. **Nous cherchons un appartement.** Your friends are looking for an apartment, but they don't understand the abbreviations in the classified ads. In order to help them, you write down the words for all the abbreviations they don't understand.

Modèle: appt.   *appartement*

asc.   _____   balc.   _____

cab toil. _____   cft.   _____

chbre.   _____   RdC.   _____

p.   _____   s. de bns   _____

dche.   _____   séj.   _____

gd(e)   _____   ch. comp.   _____

ch.   _____   cuis.   _____

B. J'ai trouvé un très bel appartement! You've just moved into your new apartment and you write to your friends about it. Use the abreviations provided as the basis for your description. Add adjectives to provided more details.

Appartement: 6e arrdt. / 5 P. / gde cuis. / interphone / séj. av. balc. / rés. mod. / ch. comp. / 3e ét. / tt cft / s. de bns / cab. toil.

_____

_____

_____

_____

_____

_____

_____

_____

II. Le verbe irrégulier <u>lire</u>

C. Qu'est-ce qui s'est passé? The following students have been given the assignment of presenting a report to the class on an interesting book or article they have read. You were absent on the day of the presentations. Ask a classmate what happened. Using the elements provided, construct the questions and the responses.

Modèle: tu / poème / roman policier
Est-ce que tu as lu un poème?
Non, j'ai lu un roman policier.

1. Martine / roman policier / pièce d'Ionesco

_____

_____

2. François / article sur le football / article sur le basket

_____

_____

3. tu / poème surréaliste / article sur la France

_____

_____

4. Bruno / quelque chose / oui, bandes dessinées

_____

_____

D. Nos lectures. Answer the following questions truthfully.

1. Lisez-vous un journal régulièrement? Lequel?

_____

2. Votre meilleur(e) ami(e) lit-il(elle) la rubrique des sports *(sports column)* dans le journal? _____

3. Quand vous étiez jeune, lisiez-vous beaucoup?

_____

4. Vos amis, quels magazines est-ce qu'ils lisent?

_____

5. Vos parents, lisent-ils les bandes dessinées?

_____

6. Est-ce que vous lisez votre horoscope tous les jours?

_____

7. Quel est le titre du dernier roman que vous avez lu?

_____

8. Qu'est-ce que vous lisez pendant les vacances?

_____

9. Quelle sorte de livre préférez-vous lire?

_____

10. Quel est le livre le plus intéressant que vous avez jamais lu?

_____

III. Le futur

E. Dans dix ans. Imagine what life will be like for the following people in ten years (where will they live, what work will they do, etc.). Write at least three sentences for each person. Choose from among the following verbs: **être, avoir, habiter, travailler, aller, pouvoir** and any others that make sense in the context.

1. Mon (ma) meilleur(e) ami(e)

_____

_____

_____

2. Mes parents

_____

_____

_____

3. Moi

_____

_____

_____

4. Mon professeur de français

_____

_____

_____

F. Complete the following sentences with a verb in the future tense.

1. Ce soir, si j'ai assez de temps, je _____

_____

2. Un jour, si vous travaillez beaucoup, vous _____

_____

3. S'il fait beau demain, nous _____

_____

4. Si mes amis organisent une surprise-partie, ils _____

_____

5. Si tu finis tes études, tu _____

_____

6. Si je gagne la loterie, je _____

_____

7. Si nous réussissons à l'examen, le professeur _____

_____

8. Si je rends visite à mes parents, je _____

_____

9. Si mes amis sont là ce week-end, nous _____

_____

10. Si vous ne faites pas attention, vous _____

_____

IV. Débrouillons-nous!

G. Le premier jour d'école. Use the future tense to indicate that the following children will do what their parents ask them to do on their first day of school.

Modèle: Il faut que tu arrives en classe à l'heure.
D'accord. J'arriverai en classe à l'heure.

1. Il faut que tu te présentes à Mlle Chartrand.

   _____

2. Il faut que vous preniez du lait au déjeuner.

   _____

3. Il faut que Michel soit très calme en classe.

   _____

4. Il faut qu'ils fassent attention en classe.

   _____

5. Il faut que vous apportiez un crayon et un cahier.

   _____

6. Il faut que tu obéisses à Mlle Chartrand.

   _____

7. Il faut que tu mettes ton nouveau pantalon.

   _____

8. Il faut qu'elles apprennent à écrire.

   _____

9. Il faut que vous ayez beaucoup de patience.

   _____

10. Il faut que tu joues gentiment avec tes amis.

   _____

H. Mon avenir. You're filling out applications for graduate school and have to write a short essay talking about your plans for the future. Explain in some details what your plans are after you get your graduate degree. Be sure to include the expressions **quand, dès que,** and **aussitôt que** whenever appropriate.

_____

_____

_____

_____

_____

_____

_____

Deuxième Étape (pp. 388 – 395)

I. Installons-nous!

A. Et dans la chambre... You and your family are moving. You're at the new house when the moving van arrives, and it's your job to tell the people what furniture to move into the various rooms. Think of the furniture your family has at home.

Dans la salle à manger: _____

_____

_____

Dans la chambre à coucher: _____

_____

_____

Dans la cuisine: _____

_____

_____

Dans la salle de séjour: _____

_____

_____

Dans ma chambre: _____

_____

_____

Dans le bureau de maman: _____

_____

_____

II. Les verbes irréguliers conjugués comme venir

B. Write sentences using the elements provided. Pay special attention to the verb tenses that you need to use according to the context.

1. si tu / obtenir / ton diplôme cette année / tu / devenir / avocat

_____

2. nous / venir / États-Unis / 1957

_____

3. elles / revenir / France pour visiter Paris

_____

4. je / se souvenir de / mes dernières vacances / Portugal

_____

5. Après ses études, elle / devenir / astronaute

_____

6. Il faut que vous / venir / avec nous

_____

7. Mes amis / obtenir / toujours / bonnes notes

_____

8. Le professeur / tenir à / nous faire parler français

_____

C. **Des conseils.** Use one of the following verbs to give advice about the following problems: **venir, revenir, devenir, se souvenir de, tenir à, obtenir, retenir.** Begin each sentence with **il faut que** plus the subjunctive.

   Modèle: J'ai des difficultés en chimie.
   Il faut que tu retiennes les formules.

1. Je vais aller en France, mais je n'ai pas encore mon passeport.

_____

2. Mon fils a toujours mal au dos.

_____

3. Mme Picard est en vacances. Son mari a eu un accident.

_____

4. Ils ne sont pas très patients avec leurs enfants.

_____

5. Je ne connais pas du tout ta ville.

_____

6. Elle adore les sciences.

_____

7. Nous avons des difficultés en histoire.

_____

8. Je n'ai pas beaucoup d'amis.

_____

D. **Une émission à la télévision.** While your friend is in the kitchen preparing dinner, you are watching your favorite television program in the living room. Explain step by step what has just happened on the program. Use **venir de** in your statements.

1. Deux hommes déguisés entrent dans une banque.

_____

2. Un des hommes demande tout l'argent.

_____

3. Ils prennent deux personnes comme otages (*hostages*).

_____

4. Ils quittent la banque et partent dans une vieille voiture noire.

_____

5. L'employée de la banque téléphone à la police.

_____

6. Les agents de police arrivent.

_____

7. Un client leur donne le numéro d'immatriculation (*license plate number*) de la voiture.

_____

8. On annonce que cette histoire continuera la semaine prochaine.

_____

E. **Un tremblement de terre** (*An earthquake*). The following people were interviewed about their activities and whereabouts just prior to an earthquake. Using the imperfect of **venir de** and the elements provided, say what each person had been doing just before the earthquake struck.

Que venaient-ils de faire quand le tremblement de terre s'est produit?

1. Hervé et Denise / manger leur déjeuner

_____

2. Mme Lecoindre / rentrer chez elle

_____

3. Je / voir un film

_____

4. Nous / faire les courses

_____

5. Monique / rendre visite à ses parents

_____

6. Tu / ranger ta chambre

_____

7. Vous / téléphoner à votre cousine

_____

8. Je / faire le ménage

_____

III. **Le pronom y**

F. **Un voyage en Provence.** You've just returned from the South of France and your friends ask you questions about the trip. Answer them affirmatively or negatively, using the pronoun y.

Modèle: Quand es-tu arrivé en Provence?
J'y suis arrivé au mois de mai.

1. Es-tu allé à Aix?

   _____

2. Est-ce que tu es allé aux musées?

   _____

3. As-tu répondu aux lettres de tes parents?

   _____

4. Est-ce que tu t'es promené sur les plages?

   _____

5. Est-ce que tu t'es bien amusé en Provence?

   _____

6. Vas-tu retourner un jour en Provence?

   _____

IV. Débrouillons-nous!

G. **Des préparatifs.** Your best friends are coming to visit you for the first time in your new house. You and your family have spent a great deal of time cleaning. As a last-minute check, explain that the things asked about have just been done.

   Modèle: Est-ce que Jean a rangé sa chambre?
   Oui, il vient de la ranger.

1. Est-ce que tu as fait la vaisselle?

   _____

2. Est-ce que Marie a fait son lit?

   _____

3. Est-ce que vous avez rangé la salle de séjour?

   _____

4. Est-ce que Robert a nettoyé la salle de bains?

   _____

5. Est-ce que Simone a mis la table?

   _____

6. Est-ce qu'ils ont lavé les fenêtres?

   _____

7. Est-ce que tu as préparé la chambre?

   _____

8. Est-ce que vous avez mis les fleurs sur la table?

   _____

H. Je vais acheter des meubles. You've decided to redecorate your apartment and you go to the furniture store to buy new furniture. Complete the sentences with the furniture you need.

1. Pour la salle de séjour, il me faut _____

    _____

    _____

2. Pour la chambre à coucher, je vais acheter _____

    _____

    _____

3. Pour mon bureau, je veux _____

    _____

    _____

Troisième Étape   (pp. 396 — 401)

I. Allons à la banque!

A. À la banque. You're about to go to a bank in France for the first time. You want to open an account and you also need to change some money. Because you're a little nervous, you decide to write out the sentences you'll think you need ahead of time (just in case words fail you under pressure!). Use the indications given to phrase your questions or statements.

1. you want to open a bank account

    _____

2. you're going to stay in France for two years

    _____

3. you have a job in a **lycée**

    _____

4. is your salary going to be deposited directly into the account?

    _____

5. when will you get your bank statement?

    _____

6. you also want to change 500 dollars into francs

    _____

7. what is the exchange rate?

    _____

II. Les pronoms accentués

B. Préférences. Answer the following questions about your friends and family. Use a stress pronoun in your answer.

Modèle: Est-ce que Camille va aller chez le dentiste avec Véronique?
              Oui, elle va chez le dentiste avec elle.

1. Est-ce que Marie va se fiancer avec Jacques?

   _____

2. Est-ce que vos parents vont voter pour les démocrates cette année?

   _____

3. Marc et Paul, vont-ils se mettre à côté de toi en classe?

   _____

4. Est-ce que Marc va se promener avec sa mère?

   _____

5. Est-ce que les Jalbert vont dîner chez toi ce soir?

   _____

C. **Qui va le faire?** Answer your friends' questions to indicate who is going to do the following things. Follow the model.

   Modèle: Qui va aller à la boulangerie? Suzanne?
   Oui, elle va aller à la boulangerie elle-même.

   1. Qui va s'occuper des enfants? Moi?

      _____

   2. Qui va préparer le repas? Toi et Philippe?

      _____

   3. Qui va téléphoner au président? Toi?

      _____

   4. Qui va faire le ménage? Jean-Luc et Cécile?

      _____

   5. Qui va acheter le sac à dos? Vous?

      _____

   6. Qui va apporter la bière et le vin? Simone et Sylvie?

      _____

III. **Les verbes irréguliers conjugués comme <u>ouvrir</u>**

   D. Complete the following sentences using the correct tense and form of the verbs in parentheses.

   1. Il faisait trop chaud dans la chambre. Je _____ (ouvrir) la fenêtre.

   2. Si tu _____ (ouvrir) un compte en banque, il te faut des pièces d'identité.

   3. Qui _____ (découvrir) l'Amérique?

   4. Je suis désolé que vous _____ (souffrir) d'une grippe.

   5. Ils seront très surpris. Nous leur _____ (offrir) un très beau cadeau.

   6. Si tu parles à ta soeur, tu _____ (découvrir) la vérité.

IV. Débrouillons-nous!

E. **Notre week-end.** Send a short note to your family saying what you and your friends did over the weekend. Use stress pronouns (**moi, lui, elle, eux,** etc.) whenever appropriate.

F. Write a short note to the manager of your bank.

1. Explain that you opened a bank account two months ago.

2. Give her your account number.

3. Explain that you just received your bank statement and that you found an error in it.

4. Explain that, according to (**selon**) your bank statement, you have withdrawn 1 500F from your account on June 30.

5. Tell her that you have not written a check for 1 500F in the last two months.

6. Tell her that you'll be in the bank next week and that you would like to see her.

Quatrième Étape   (pp. 402 – 406)

I. Lecture: Des appartements au bord de la mer

A. **Compréhension.** Answer the questions according to the information provided in the two advertisements.

1. Both ads offer apartments on the Mediterranean. Which one seems to be the better deal for what is being offered? Give reasons for your choice.

_____

_____

2. What do the two condominium complexes have in common?

_____

_____

3. What do these features in common tell you about the kind of clientele the promoters are trying to attract?

_____

_____

4. In what city are the condominiums from the **Côte d'Azur** ad located?

_____

5. What does the France Promotion ad tell us about the city?

_____

6. What aspects are stressed in this ad as opposed to the **Cap Soleil** ad?

_____

II. Révision du chapitre

B. **La villa de mes rêves.** You know that one day you'll build your dreamhouse. Just for fun, imagine where this mansion will be, how many rooms it will have, how the rooms will be furnished, etc. Use the future tense and the vocabulary from the chapter to write your essay. Also, whenever possible, use stress pronouns and the pronoun **y**. Use a separate sheet of paper.

TRAVAIL DE LA FIN DU CHAPITRE

I. **Student Tape.** Listen to Chapter 15 of the Student Tape again and answer the following questions.

Description Number 1

1. What four requirements does the person have for an apartment?

_____

2. What is the description of the apartment?

Location: _____

Number of rooms: _____

Other features: _____

Description Number 2

3. Give reasons why this apartment is ideal for entertaining.

_____

_____

Description Number 3

4. Why is this apartment ideal for a single person who doesn't have much money?

_____

Description Number 4

5. Besides the rent, what is the renter responsible for?

_____

6. What makes this a secure apartment building?

_____

II. Le savez-vous?

Circle what you think is the correct answer for each of the following statements.

1. In traditional French homes, the most important room tends to be
   a. the living room.
   b. the kitchen.
   c. the sitting room.
   d. none of the above.

2. A large proportion of the urban French population owns
   a. an apartment on the beach.
   b. a cabin in the mountains.
   c. a country home.
   d. only one home.

3. French money is
   a. multi-colored.
   b. green.
   c. blue and red.
   d. none of the above.

III. Mais comment dit-on... ?

List any additional words and expressions whose French equivalents you do not know and that you would find useful when talking about future events, when referring to events in the recent past, or when you wish to describe a house or apartment.

_____

_____

_____

_____

CHAPITRE SEIZE:
Parlons de nos études

TRAVAIL PRÉPARATOIRE

I. Planning Strategy

Your French friend has been asked to give a short talk about his/her life as a university student in France. Your friend is not sure what kinds of things he/she should talk about. Suggest some topics to include and some questions to answer.

_____

_____

_____

_____

_____

II. Student Tape

  A. Quatre étudiants universitaires. Four French university students describe briefly their studies. Listen to the Student Tape, then indicate for each student: (1) whether he/she goes to school in Paris or in a regional university and (2) whether (in American terms) he/she specializes in fine arts, humanities, natural sciences, or social sciences.

    1. _____

    2. _____

    3. _____

    4. _____

PARTIE ÉCRITE

Première Étape (pp. 408 – 414)

I. Nos cours

A. Mon emploi du temps. Complete the form by writing your schedule for this semester.

Nom _____ Semestre _____

Spécialisation _____ Année _____

	L	M	M	J	V
_h_					
_h_					
_h_					
_h_					
_h_					
_h_					
_h_					
_h_					

II. Le verbe irrégulier <u>suivre</u>

B. Nos cours. Write sentences dealing with the courses you take. Use the expression **suivre un (des) cours** and the suggested elements. Pay attention to the tense of the verb.

1. cette année / je / mathématiques

_____

2. cette année / mon ami Antoine / anglais / biologie

_____

3. l'année dernière / mes frères / psychologie

_____

4. cette année / ils / littérature française / sociologie

_____

5. cette année / vous / dessin / ?

_____

6. l'année prochaine / tu / physique / ou / chimie / ?

_____

III. Le comparatif

C. Que pensent les étudiants de leurs cours? Students in the science department have been asked to evaluate their courses. Look at the results of their evaluations and make the indicated comparisons.

cours	difficulté	heures de préparation	nombre d'examens	notes excellentes	note moyenne
biologie	difficile	3h	3	A = 6	B-
physique	très diff.	5h	4	A = 3	C+
chimie	assez diff.	4h	4	A = 8	B
géologie	difficile	3h	5	A = 6	B
astronomie	facile	2h	2	A = 15	B+

Modèle: être difficile / biologie / physique

Le cours de biologie est moins difficile que le cours de physique.

1. être difficile / géologie / biologie

   _____

2. être difficile / chimie / astronomie

   _____

3. on / travailler sérieusement dans / physique / chimie

   _____

4. on / travailler sérieusement dans le cours / astronomie / biologie

   _____

5. il y a / examens en / géologie / biologie

   _____

6. il y a / examens en / chimie / physique

   _____

7. il y a / examens en / astronomie / chimie

   _____

8. on / donner de bonnes notes en / astronomie / chimie

   _____

9. on / donner de bonnes notes en / physique / biologie

   _____

10. en général / on / se débrouiller bien en / astronomie / chimie

    _____

11. en général / on / se débrouiller bien en / physique / biologie

    _____

D. **L'université et le lycée.** Compare your high school and college experiences. Give your opinions on the following subjects: **la qualité générale de l'éducation / la difficulté des cours / le nombre de cours (suivre) / l'intérêt des cours / vos notes (recevoir) / les examens (passer, réussir facilement à).** (Use a separate sheet of paper.)

> **Modèle:** la qualité générale de l'éducation
> *L'éducation à l'université est meilleure (aussi bonne, moins bonne) que l'éducation au lycée.*

IV. Débrouillons-nous!

E. **Deux étudiants.** Choose two students that you know whose majors are in very different fields. Describe their programs and schedules. Use a separate sheet of paper.

> **Modèle:** *Paul est étudiant en sciences humaines. Il n'a pas un emploi du temps très chargé. Il suit trois cours—un cours de sociologie, et deux cours de sciences économiques. Il a tous ses cours le lundi, etc.*

Deuxième Étape (pp. 415 – 420)

I. Nos universités

A. **L'université où je fais mes études.** Write a letter to a French friend describing the college or university that you attend. Suggestions: location, size, private or public, number of students, number of schools, diplomas granted, courses, professors, etc. (Use a separate sheet of paper.)

Begin your letter: *Cher (Chère)... / Je viens de commencer mes études à...*

End your letter: *Amitiés, ...*

II. Le superlatif

B. **Que pensent les étudiants de leurs cours (suite)?** Look again at the results of the science department survey on p. 209, then use the elements given to comment on the results.

> **Modèle:** le cours / difficile
> *Le cours le plus difficile, c'est le cours de physique.*
> *Le cours le moins difficile, c'est le cours d'astronomie.*

1. le cours / facile

   _____

2. le cours / où / on / travailler sérieusement

   _____

3. le cours / où / il y a / des examens

   _____

4. le cours / où / on / donner de bonnes notes

   _____

5. le cours / où / en général / on / se débrouiller *(to manage)* bien

   _____

C. À mon avis... For each category, suggest an answer that, in your opinion, is the most representative.

Modèles: le haut bâtiment / Paris
Le plus haut bâtiment de Paris est la tour Eiffel.

le bâtiment moderne / Paris
Le bâtiment le plus moderne de Paris est le centre Beaubourg.

1. la grande ville / États-Unis

_____

2. l'hôtel moderne / notre ville

_____

3. le bon acteur / Hollywood

_____

4. la bonne actrice / Hollywood

_____

5. le film intéressant / l'année

_____

6. le haut bâtiment / notre ville

_____

7. le restaurant cher / notre ville

_____

8. la vieille église / Paris

_____

9. la femme admirée / le monde

_____

III. Les expressions penser à et penser de

D. Que pensez-vous de... ? Ask someone what he or she thinks about the following topics. Then answer the question with your own opinion: **l'université, le président des États-Unis, les cours de mathématiques, la politique, le film...** (Use a separate sheet of paper.)

Modèle: les professeurs
Que pensez-vous des professeurs?
Moi, je les trouve excellents. ou: *Moi, je trouve qu'ils donnent trop de travail.*

E. Traduisons! Give the French equivalent of the following sentences.

1. What are you thinking about?

_____

2. I'm thinking about the test.

_____

3. I'm thinking about it, too.

_____

4. Whom are you thinking about?

_____

5. I'm thinking about my brother.

_____

6. I'm not thinking about him.

_____

IV. Débrouillons-nous!

F. Mon université: ce qu'elle a de meilleur. For each category, give the best example from your college or university: **les cours difficiles / les bons professeurs / les vieux bâtiments / les résidences confortables / les cours intéressants / les bonnes équipes de sport.** (Use a separate sheet of paper.)

Modèle: les spécialisations difficiles
À mon université, la spécialisation la plus difficile, c'est la physique.

Troisième Étape   (pp. 421 – 428)

I. La vie universitaire

A. ... et moi. Choose a student whom you know whose interests and life-style are quite different from yours. Imitating the model in the **Point de départ** on p. 421 of your textbook, compare your life and that of the other student. (Use a separate sheet of paper.)

II. Les prépositions <u>après</u> et <u>avant de</u>

B. La perspective. Many times you can express the same idea in two different ways depending on your point of view. Show the relationship between each pair of actions by writing two sentences, one with **après** and one with **avant de.**

Modèle: Elle a mangé et elle est sortie.
Après avoir mangé, elle est sortie.
Elle a mangé avant de sortir.

1. Nous avons appris le français et nous sommes allés en France.

_____

_____

2. Nous sommes rentrés et nous nous sommes couchés.

_____

_____

3. Je me suis lavé la tête et je suis sortie.

_____

_____

4. J'ai acheté des skis et je suis allée dans les montagnes.

_____

_____

5. Il a consulté son père et il a accepté l'offre d'emploi.

   _____

   _____

6. Elles sont allées au musée et elles ont dîné dans un restaurant vietnamien.

   _____

   _____

C. **Avant et après.** Explain what you do before and after the things listed. Use the appropriate construction for a noun or a verb.

Modèle: la classe de français
Avant la classe de français, je mange le petit déjeuner.
Après la classe de français, je rentre chez moi.

1. la classe de français

   _____

   _____

2. dîner

   _____

   _____

3. se brosser les dents

   _____

   _____

4. passer un examen

   _____

   _____

5. sortir avec mon (ma) petit(e) ami(e)

   _____

   _____

6. les vacances

   _____

   _____

III. Les expressions c'est et il est

D. **D'habitude je descends...** The following people are discussing where they stay when they are in Paris. Complete the sentences, using **c'est, ce sont, il est, elle est, ils sont, elles sont.**

1. *M. Tanyaki:* Quand je suis à Paris, je descends à l'hôtel Ambassadeur. _____ un grand hôtel de luxe. _____ près de l'Opéra. Les chambres? _____ très confortables.

2. *Véra:* À Paris je descends à l'hôtel Floréal. _____ un petit hôtel près de la gare Montparnasse. Les prix? _____ très raisonnables.

3. *Edgar:* Moi, je ne descends pas dans un hôtel; je vais chez Jean-Jacques. _____ un cousin de ma mère. Il travaille à Paris. _____ ingénieur. Sa femme s'appelle Dominique. _____ musicienne.

4. *Mme Bulgar:* Chaque fois que je suis à Paris, je descends dans un hôtel. Quand j'arrive, je vais au service d'accueil. _____ une aventure! Je parle aux employés. _____ très gentils et ils me trouvent toujours une chambre. _____ vraiment très facile.

IV. Débrouillons-nous!

E. Faisons de la publicité! You have been invited to write a blurb about your university for a publicity brochure being sent to prospective students from French-speaking countries. Suggestions: location (and attractions of that part of the country), size and type of university, programs, living accommodations, student life. (Use a separate sheet of paper.)

Quatrième Étape (pp. 429 – 432)

I. Lecture: Les Événements de mai 1968

C'est le printemps de 1968 à Paris. La ville est en fleurs, les Parisiens s'occupent de leurs affaires, vont travailler, font les courses, se détendent au café, se réunissent en famille le dimanche. Tout semble plus ou moins en ordre. La vie n'est ni facile ni difficile, on se débrouille tant bien que mal.

C'est le mois de mai. Tout d'un coup le calme relatif de la ville est interrompu par ce qui deviendra une des plus grandes crises politiques françaises depuis la deuxième guerre mondiale. Dans les universités, les étudiants se mettent en grève; ce premier jour de grève (le 3 mai) est suivi d'une semaine de manifestations organisées autour de la Sorbonne, dont les portes se ferment. Dans la nuit du 10 au 22 mai, le Quartier Latin est occupé par les étudiants. Il y a partout des barricades, des slogans, des étudiants réunis en petits groupes qui discutent et font des discours. La police intervient, la violence augmente, des dizaines de voitures sont incendiées, les rues ressemblent de plus en plus à des champs de bataille. Les médias—journaux, radio, télévision—parlent constamment de cette «révolution» qui bouleverse Paris. À partir du 13 mai, les étudiants ne seront plus seuls dans leur révolte. Les ouvriers déclarent une grève générale. Les manifestations se multiplient dans de nombreuses villes françaises. Le mouvement touche tous les secteurs de la société. La grève paralyse le pays: les transports ne fonctionnent plus, les bureaux de poste sont fermés, l'enseignement s'arrête, les industries cessent leur production. Le 30 mai, le président de Gaulle annonce l'élection d'une nouvelle Assemblée et pendant les préparatifs à l'élection, le calme revient peu à peu dans le pays. Au mois de juin, après les élections, la France semble se trouver politiquement plus stable que jamais. Le nouveau régime est en place, les étudiants reprennent leurs études, les ouvriers retournent au travail.

Qu'est-ce qui a provoqué les troubles de mai 1968? Pourquoi les étudiants et ensuite les ouvriers ont-ils ressenti le besoin de manifester dans les rues, de se révolter contre le système? Les événements de mai 1968 représentaient surtout une révolte contre les normes culturelles qui semblaient étouffer les Français. Les étudiants et les ouvriers demandaient de participer à l'administration des institutions et des industries. Ils voulaient qu'on réaffirme le droit de la liberté d'expression. À une époque où les changements peuvent s'accomplir très rapidement, les Français étaient impatients de faire évoluer leurs institutions. En 1968, le gouvernement se trouvait devant un fait accompli: la majorité des travailleurs comme des étudiants refusaient d'être gouvernés sans leur participation active.

A. Les groupes de mots. On the basis of the context, give a good English equivalent of the italicized groups of words.

1. La vie n'est ni facile ni difficile, *on se débrouille tant bien que mal.*

   _____

2. Dans les universités, *les étudiants se mettent en grève* le 3 mai.

   _____

3. La police intervient, la violence augmente, des dizaines de voitures sont incendiées, *les rues ressemblent à des champs de bataille.*

   _____

4. Le nouveau régime est en place, *les étudiants reprennent leurs études,* les ouvriers retournent au travail.

   _____

5. Pourquoi les étudiants et les ouvriers *ont-ils ressenti le besoin* de manifester dans les rues?

   _____

6. À une époque où *les changements peuvent s'accomplir très rapidement* les Français étaient impatients de faire évoluer leurs institutions.

   _____

7. La majorité des travailleurs comme des étudiants *refusaient d'être gouvernés* sans leur participation active.

   _____

B. Trouvez les mots qui... Find in the passage words or expressions associated with the following ideas. Indicate whether the words are nouns, adjectives, verbs or adverbs.

1. order _____

2. protest _____

3. violence _____

4. cessation or absence of activity _____

5. democratic ideals _____

II. Révision du chapitre

C. Ma journée à l'université. Your French friend has asked you to describe a typical day in your life at college. Using a separate sheet of paper, write him/her a letter telling what you did from morning to night one day last week.

TRAVAIL DE LA FIN DU CHAPITRE

I. Student Tape

Listen again to the four presentations on the Student Tape for Chapter 16, then write down the following information about each student: **université, spécialisation, cours, logement, projets d'avenir.** There may not be enough information to complete every category for each student.

Étudiante 1 _____

_____

Étudiant 2 _____

_____

Étudiante 3 _____

_____

Étudiante 4 _____

_____

II. Le savez-vous?

1. **Les grandes écoles** is a term used to designate
   a. the French university system as a whole.
   b. the five largest French universities.
   c. several prestigious professional schools.
   d. high schools as opposed to elementary schools.

2. The strongly centralized and highly structured character of the French educational system dates from
   a. the Middle Ages.
   b. the reign of Louis XIV.
   c. the time of Napoleon.
   d. the end of World War II.

3. French young people visiting the United States will probably be surprised by all *but one* of the following:
   a. intercollegiate athletics.
   b. residence halls.
   c. fraternities and sororities.
   d. small private colleges located in villages.

III. Mais comment dit-on... ?

List any additional expressions or strategies whose French equivalents you don't know and that you would like to use in talking about life at your college or university.

_____

_____

_____

_____

CHAPITRE DIX-SEPT:
Visitons le monde francophone!

TRAVAIL PRÉPARATOIRE

I. Planning Strategy

How do I... ? Your French-speaking friend is always eager to learn new things in English. Help him/her out by providing words and expressions that will facilitate more accurate communication.

This time, I really have only one problem. I don't seem to know the many ways you use the words *every* and *all*. Can you give me some expressions that contain these words and give me an example of how the expressions are used?

_____

_____

_____

_____

_____

_____

II. Student Tape

In this chapter, you are going to learn a variety of things about the French-speaking world. You will be visiting the province of Québec in Canada, Cameroun in French-speaking Africa, and you will become acquainted with the French tradition in Louisiana. Listen to the Student tape for Chapter 17, then do the following exercise.

Exercice 1. A group of friends are having a discussion about the French-speaking regions of world (**la Francophonie**). Circle the names of the regions/countries *mentioned in the conversation.*

Maroc / Liechtenstein / Belgique / Liban / Égypte / Sénégal / Luxembourg / Monaco / Algérie / Andorre / Côte d'Ivoire / Mali / Martinique / Cameroun / Hongrie / Suisse / Québec / Louisiane / Tunisie / Niger / Guadeloupe / Allemagne / Viêt-Nam / Kampuchea

PARTIE ÉCRITE

Première Etape   (pp. 434 – 440)

I. Le monde francophone

A. Les régions francophones. Decide in what part of the world the following francophone areas are located. You may have to consult an atlas to find some of the answers. Write the name of the region in the blank: **Afrique, Amérique, Asie, Europe, Océanie.**

1. _____   Cameroun

2. _____   Tahiti

3. _____   Martinique

4. _____   Monaco

5. _____   Madagascar

6. _____ Nouvelle-Angleterre

7. _____ Belgique

8. _____ Québec

9. _____ Luxembourg

10. _____ Nouvelle Calédonie

11. _____ Zaïre

12. _____ Cambodge (Kampuchea)

13. _____ Suisse

14. _____ Haïti

B. Mon état. Look at a map of your home state and write down as many place names of French origin as possible.

_____

_____

_____

_____

_____

C. La Louisiane. In English, write out some of the things you learned about Louisiana in the textbook. Besides the facts, what feeling did the reading convey?

_____

_____

_____

_____

_____

_____

_____

_____

_____

_____

II. Les pronoms relatifs <u>qui</u> et <u>que</u>

D. Sondage. Complete the following sentences and then ask one of your friends to give you his/her answers. Write down your friend's answers on a separate sheet of paper.

1. J'ai des amis qui _____

_____

2. Quelquefois je rêve que _____

_____

3. Un jour, nous aurons un président qui _____

_____

4. Je ne savais pas que _____

_____

5. J'admire les gens qui _____

_____

6. Je trouve insupportables (*unbearable*) les gens qui _____

_____

7. J'ai choisi une profession que _____

_____

E. **L'université.** Combine the following sentences using **qui** or **que**.

Modèle: J'ai lu le livre. Le professeur m'a donné ce livre.
J'ai lu le livre que le professeur m'a donné.

1. J'ai fait des photocopies de vos notes. Vous m'avez prêté ces notes hier.

_____

2. Marc a lu l'article. Je l'ai trouvé très difficile à comprendre.

_____

3. C'est le prof d'histoire. Elle donne des examens tous les trois jours.

_____

4. Je viens de trouver votre livre de français. Vous l'avez perdu il y a huit jours.

_____

5. Cet examen était sur les verbes irréguliers. As-tu raté l'examen?

_____

6. Notre prof de sciences politiques nous raconte des histoires. J'aime bien ces histoires.

_____

III. **Débrouillons-nous!**

F. **Des recherches sur un pays francophone.** Choose one of the French-speaking regions/countries of the world, look the country up in your library, and write a short essay about what you found out about the country. Use a separate sheet of paper.

G. **Trouvez quelqu'un qui/que...** Write ten sentences telling someone else what to do. Use **qui** in five commands and **que** in the other five.

Modèles: *Trouvez quelqu'un qui vient de revenir de France.*
Parlez à quelqu'un que vous connaissez depuis trois ans.

1. _____

2. _____

3. _____

4. _____

5. _____

6. _____

7. _____

8. _____

9. _____

10. _____

Deuxième Étape (pp. 441 – 447)

I. Le Québec: Une publicité

Population (juin 1984) 6 540 000
Québec (capitale) et environs   600 000
Montréal métropolitain   3 200 000

Répartition selon la langue maternelle
81,2% français (langue officielle)
12,0% anglais
6,8% autre

Superficie du territoire
1 667 926 km^2 (644 024 milles^2)

Système politique
Démocratie parlementaire (122 deputés)

Majorité et droit de vote: 18 ans

Le Québec est un endroit privilégié pour des vacances en toute saison. Le Festival international de jazz de Montréal, en juillet, ainsi que le Festival d'été et le Carnaval d'hiver de Québec ont, entre autres, une renommée internationale. Des centaines d'autres activités vous attendent. Venez nous voir!

A. Mes impressions. Use the information provided in the textbook and in the advertisement above to create your own ad about Québec. Remember that you want to make your ad as attractive as possible. Use a separate sheet of paper.

II. Le pronom relatif dont

B. Substitutions. Replace the italicized portion of the sentence with the elements in parentheses. Rewrite the sentence each time.

1. L'article dont *tu parles* est traduit du japonais. (il est question / il s'agit / tu te souviens)

_____

_____

_____

2. Le film dont *elle a horreur* est vraiment effrayant. (il s'agit / elle parle / elle a entendu parler)

_____

_____

_____

3. Les clients dont *ils s'occupent* sont riches et célèbres. (ils ont fait la connaissance / ils se souviennent / ils parlent)

_____

_____

_____

4. La voiture dont *je me sers* est très chère. (j'ai besoin / j'ai envie / je parle)

_____

_____

_____

C. Combine each set of two sentences into one sentence using **dont**.

Modèle: Le film est très beau. Tu parles de ce film.
Le film dont tu parles est très beau.

1. Je me méfie de cet étudiant. Son père est notre prof de chimie.

_____

2. Nous avons entendu parler des monuments. Ces monuments se trouvent à Paris.

_____

3. Ils ont envie de nouveaux vêtements. Ces vêtements sont très chers.

_____

4. Jacques a fait la connaissance de l'étudiante française. Sa mère est diplomate.

_____

5. Voilà le dictionnaire bilingue français/anglais. Je me sers souvent de ce dictionnaire.

_____

6. Elle se souvient du petit chien. Il s'appelle Torchon.

_____

III. **Débrouillons-nous!**

D. **Comparaisons.** Give the information asked for. Then find out how one of your classmates answered and write down his/her answers underneath yours. Write complete sentences.

Mon/ma camarade de classe s'appelle _____.

1. Nommez un acteur dont le nom de famille commence avec la lettre **W**.

_____

_____

2. Nommez un pays francophone dont le nom commence avec la lettre **T** et que vous aimeriez visiter.

_____

_____

3. Nommez un pays francophone dont on parle beaucoup à la télévision.

_____

_____

4. Nommez une personne célèbre dont vous aimeriez faire la connaissance.

_____

_____

5. Nommez quelque chose ou quelqu'un dont vous avez peur.

_____

_____

6. Nommez quelque chose de très cher dont vous avez envie.

_____

_____

7. Nommez quelque chose dont vous avez besoin.

_____

_____

8. Nommez une vidéo dont vous avez entendu parler récemment.

_____

_____

E. **Mon voyage au Québec.** You've just visited Québec. Write a short letter to your French friend (write in French) about what you saw and did. Use a separate sheet of paper.

Troisième Étape (pp. 448 – 453)

I. Le Cameroun

A. **Lettre à Angèle.** You're mama Sarah or papa Paul and you've just received Angèle's letter (textbook, pp. 448 – 449). Answer the letter using the information you have about Cameroon, including some of the regional specialities and African expressions given in the **Note culturelle**.

II. L'Expression tout

B. **Pas possible!** Your friend has a tendency to exaggerate. Ask for clarification of the statements by adding a form of **tout** to your questions.

Modèle: J'ai déjà mangé les sandwiches.
As-tu mangé tous les sandwiches?

1. J'ai déjà visité les pays européens.

_____

2. J'ai déjà lu les pièces de Molière.

_____

3. J'ai lu le roman *La Guerre et la Paix* hier soir.

_____

4. Voici le journal. J'ai déjà lu les petites annonces.

_____

5. J'ai déjà écrit à mes amis.

_____

6. J'ai déjà répondu aux offres d'emploi.

_____

7. J'ai déjà étudié les leçons dans ce livre.

_____

8. J'ai bu le vin hier soir.

_____

C. **Une interview.** The following are a series of comments and questions that might come up during a job interview. Add a form of **tout** to each sentence.

1. Vos réponses sont très intéressantes.

_____

2. Vos talents seront appréciés dans notre compagnie.

_____

3. Je vois que vous êtes d'accord avec les nouveaux programmes du président.

_____

4. Pensez-vous qu'il soit possible d'identifier les besoins des consommateurs?

_____

5. À votre avis, est-il préférable d'augmenter les salaires?

_____

6. Vos qualifications répondent à nos besoins.

_____

D. Translate the following sentences using an idiomatic expression with **tout.**

1. I'm not at all sure. _____

2. Everyone came to the party. _____

3. Once and for all, I can't go out with you tonight! _____

_____

4. We called them and they arrived right away. _____

_____

5. He is absolutely right! _____

_____

6. Suddenly they understood my problem. _____

_____

7. They came back a while ago. _____

_____

8. All the same, you don't need to spend so much money. _____

_____

9. They were both very happy. _____

_____

10. We went to Senegal (all) together. _____

_____

III. Débrouillons-nous!

E. First, add a form of **tout** to the sentence fragments provided, then complete the sentence. Don't forget that the sentence needs to be completed with a future tense.

Modèle: Si vous réussissez aux examens...
Si vous réussissez à tous les examens, vous pourrez aller en Europe.

1. Si elle passe la journée à étudier,...

_____

2. Si tu dors la nuit,...

_____

3. Si nos amis vont en Californie,...

_____

4. Si je fais mes devoirs de français,...

_____

5. Si nous mangeons les légumes,...

_____

6. Si tu prends les vitamines,...

_____

Quatrième Étape   (pp. 454 – 458)

I. Lecture: Sénégal: Profil d'un pays

SÉNÉGAL : PROFIL D'UN PAYS

☐**Nom officiel :** *République du Sénégal*

☐**Capitale :** *Dakar. Villes importantes : Thiès, Koalack, Saint-Louis*

☐**Population :** *6,6 millions d'habitants*

☐**Langues :** *le français (langue officielle), le ouolof, le manding, la sérère, le parakollé (langues nationales)*

☐**Religions :** *musulmane (92 %), chrétienne (6 %), animiste (2 %)*

☐**Date d'indépendance :** *1960*

☐**Chef d'Etat :** *M. Abdou Diouf*

☐**Groupes ethniques :** *Ouolofs, Sérères, Toucouleurs, Diolas, Mandingues, Peuls, Lebous*

☐**Topographie :** *Pays sablonneux et plat, un seul point culminant : le Fouta-Djalon au sud-est ; cinq grandes régions naturelles, brousse et savane*

☐**Climat :** *Frais sur la côte (nord), chaud et sec dans la zone saharienne, pluvieux dans les régions soudanienne et subguinéenne (Casamance)*

☐**Economie :** *Principales productions : arachides, riz, smil, sorgho, maïs, coton. Principales ressources : pêche, mines (phosphates), pétrole.*

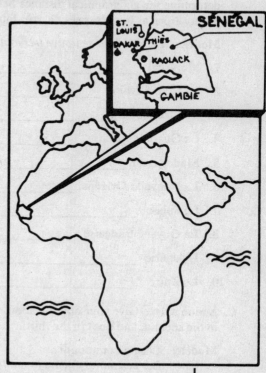

Journal Français d'Amérique

A. Le Sénégal. Read the information provided above and answer the questions.

1. What form of government does Senegal have? What is the title of the head of state likely to be? _____

   _____

2. Who is the present head of state of Senegal? _____

3. What is the capital city? _____

4. Where is the country located? _____

5. Who are its neighbors (see the map in the textbook)? _____

   _____

6. How would you characterize the climate of Senegal? _____

   _____

7. What are the natural resources of the country? _____

   _____

8. According to the information, Senegal became independent in 1960. From whom did the country gain its independence? _____

II. Révision du chapitre

B. La France et la Francophonie. Look at the map on pages 438 and 439 in your textbook and determine the geographical distance between the following countries and France. Use such prepositions as **loin de, près de, très loin de, tout près de, à côté de, ne... pas très loin de**, etc.

Modèle: *Le Viêt-nam se trouve très loin de la France.*

1. Montréal _____

2. La Côte d'Ivoire _____

3. Le Luxembourg _____

4. La Guadeloupe _____

5. Madagascar _____

6. La Nouvelle-Orléans _____

7. La Suisse _____

8. La Guyane française _____

9. L'Algérie _____

10. Le Zaïre _____

C. À mon avis... Give your opinion about the following people. Use **qui** in the first sentence, **que** in the second, and **dont** in the third.

Modèle: Les personnes qui...
Les personnes qui me font attendre m'énervent.
Les personnes que...
Les personnes que j'admire sont intelligentes.
Les personnes dont...
Les personnes dont je me méfie sont malhonnêtes.

1. Les gens qui _____

   Les gens que _____

   Les gens dont _____

2. Les parents qui _____

   Les parents que _____

   Les parents dont _____

3. Les enfants qui _____

   Les enfants que _____

   Les enfants dont _____

4. Les amis qui _____

   Les amis que _____

   Les amis dont _____

5. Le professeur qui _____

   Le professeur que _____

   Le professeur dont _____

TRAVAIL DE LA FIN DU CHAPITRE

I. Student Tape

Listen to the conversation in Chapter 17 of your Student Tape again. Then identify the regions where the countries mentioned are found.

1. _____   2. _____   3. _____

II. Mais comment dit-on... ?

List any additional words or expressions whose French equivalents you do not know and that you would find useful when expressing the idea of *every* or *all*.

_____

_____

_____

_____

CHAPITRE DIX-HUIT:
Dînons!

TRAVAIL PRÉPARATOIRE

I. Planning Strategy

How do I say... ? Your French friend comes to you this time with a double set of questions.

A. He/she is planning to invite some people to have dinner with him/her and is uncertain about what exactly to say when inviting them. Make suggestions as to what he/she should say when inviting the following people to join him/her for dinner in a restaurant.

1. a young person (of the opposite sex) _____

_____

_____

2. an older couple, friends of his/her parents _____

_____

_____

B. He/she also would like to know what to say when at the restaurant. Make suggestions for each of these circumstances.

1. when arriving at the restaurant _____

_____

2. when ordering the various parts of the meal _____

_____

_____

3. when getting ready to leave the restaurant _____

_____

II. Student Tape

C. Listen to the two conversations for Chapter 18. Then circle the letter of the best description of the subject of each conversation.

1. a. One friend inviting another to have dinner at his house
   b. One friend inviting another to a third friend's birthday party
   c. One friend inviting another to join him for dinner at a restaurant
   d. One friend inviting himself for dinner at another person's house

2. a. Two women having a bite to eat at a fast-food restaurant
   b. Two women deciding on a good place to eat
   c. Two women eating dinner at a very expensive restaurant
   d. Two women unable to decide on where to eat

PARTIE ÉCRITE

Première Étape   (pp. 460 − 466)

I. Allons au restaurant!

  A. **Qu'est-ce que c'est?** You are eating in a French restaurant with friends who do not speak French. They are counting on you to explain to them what each of the different dishes consists of.

  Modèle: sole meunière   *fish rolled in flour and cooked in butter*

  1. pâté maison _____

  2. sauté de boeuf bourguignon _____

  3. moules gratinées aux épinards _____

  4. caneton au cidre _____

  5. terrine de légumes _____

  6. homard à la crème _____

  7. coquilles St-Jacques au beurre blanc _____

  8. saumon à la menthe fraîche _____

  9. haricots verts à la provençale _____

  10. truite à la normande _____

II. Le présent du conditionnel

  B. **Quelle trouvaille!** *(What a find!)* You've just read an article about someone who found a suitcase full of money. Imagine what you and your friends would do with that money.

  Avec tout cet argent...

  1. je / acheter des cadeaux pour tout le monde

  _____

  2. Paul / le mettre à la banque

  _____

  3. mes parents / ne... plus travailler

  _____

  4. vous / inviter tous vos amis au restaurant

  _____

  5. tu / voyager partout en Europe

  _____

  6. Philippe / aller au Mexique

  _____

  7. nous / faire le tour du monde

  _____

8. mes amis / s'amuser

_____

C. **Au restaurant.** You and your friends are having dinner at a restaurant. Order for yourself and for them, using the conditional tense of **vouloir.**

1. Noëlle / une omelette et une salade

_____

2. Janine et Annette / du steak haché et des pommes frites

_____

3. je / le saumon fumé

_____

4. Marc / un boeuf bourguignon

_____

5. nous / une carafe de vin blanc

_____

III. Débrouillons-nous!

D. **Au restaurant.** You're going to a restaurant with your American friends, who don't speak French. They ask you to take care of the following matters. Use the conditional tense as a sign of politeness.

1. Ask the waiter if we could have a table near the window.

_____

2. Tell the waiter that your friends would like some German beer before dinner.

_____

3. Ask the waiter for an ashtray (**un cendrier**).

_____

4. Ask him if it would be possible to pay with a traveler's check.

_____

5. Ask him if he could recommend a good hotel nearby.

_____

Deuxième Étape (pp. 467 – 472)

I. Allons au restaurant! (suite)

A. **Une table pour deux, s'il vous plaît.** You have invited a friend to have lunch with you at the Bonne Bouche restaurant. Using the menu on p. 462 of the textbook, write a dialogue that includes the following. Use a separate sheet of paper.

    a. you get a table
    b. you discuss with your friend what you are going to eat
    c. you order
    d. you get the check

II. Le passé du conditionnel

B. Des excuses. All the guests at your party arrived late or with fewer people than previously anticipated. Recreate their excuses, using the past conditional of the verbs in parentheses.

1. (venir) Marguerite _____ aussi, mais elle était malade.

2. (prendre) J' _____ le train de 18 heures, mais je suis arrivé à la gare en retard.

3. (se coucher) Les enfants _____ plus tôt, mais ils n'étaient pas très fatigués.

4. (arriver) Nous _____ plus tôt, mais il y avait beaucoup de circulation.

5. (partir) Nous _____ plus tôt, mais nous avons attendu Simone.

6. (se dépêcher) Nous _____, mais j'avais mal à la jambe.

7. (quitter) Elle _____ le bureau plus tôt, mais on avait besoin d'elle.

8. (téléphoner) On _____, mais on n'avait pas de pièces de monnaie.

C. Je l'aurais fait, mais... Explain what prevented you from doing the following things.

Modèle: avoir de meilleures notes le semestre dernier
J'aurais eu de meilleures notes le semestre dernier, mais je n'ai pas beaucoup étudié.

1. s'amuser le week-end dernier _____

_____

2. aller en Europe _____

_____

3. se coucher plus tôt hier soir _____

_____

4. faire mieux en maths _____

_____

5. écrire à _____

_____

6. se disputer avec _____

_____

7. arriver en classe à l'heure _____

_____

III. Mise au point

D. Moi, j'aurais fait autre chose. When your friend Gilberte went to Quebec last summer, she wrote you about her trip, mentioning where and what she ate the first night. She also sent you the menu of the restaurant where she had dinner. You decide that if you had gone to Canada, you would have done things differently. For example, you would have gone to Montreal instead of Quebec, you would have eaten in a different kind of restaurant (such as the one whose menu is also reproduced on p. 234). Write your version on a separate piece of paper.

Gilberte: Je suis arrivée à Québec vers la fin de l'après-midi. Je n'ai pas visité la ville. Je suis allée directement à mon hôtel, puis j'ai cherché un restaurant. J'ai dîné au Saint-Malo. Pour commencer, j'ai choisi les escargots. Ensuite, j'ai commandé le suprême de saumon au beurre blanc. J'ai mangé une salade, mais je n'ai pas pris de dessert. J'ai fumé deux cigarettes, j'ai bu un café, puis je me suis dépêchée pour rentrer à mon hôtel et je me suis couchée.

Modèle: *Moi, je serais allé (e) à Montréal. Je serais arrivé(e)... , etc.*

Troisième Étape   (pp. 473 – 478)

I. On nous invite à dîner!

A. On vous invite. You receive the following note in the mail. Write two letters: (1) you accept the invitation (2) you are forced to refuse the invitation because you have made travel plans. Write both letters on a separate sheet of paper.

> Cher...,
>
> Je serais heureux de t'accueillir pour fêter mon anniversaire. On va dîner et danser chez moi le 15 mai, à partir de 19 heures. Pourrais-tu me répondre, s'il te plaît, avant le 8 mai?
>
> Merci,
> Jean-Pierre

II. Le verbe irrégulier <u>devoir</u> (suite)

B. Conseils et reproches. One of your friends has a problem and asks you for advice. Counsel her by completing the sentences using the appropriate form of the present conditional of **devoir.**

Tu _____ tout expliquer à ton frère. Vous deux, vous

_____ en parler à vos parents. Eux, ils

_____ tout arranger sans rien te dire.

Unfortunately, it didn't work out as you had advised. Tell your friend what should have happened. Complete the sentences using the appropriate form of the past conditional of **devoir.**

Tu _____ tout expliquer à ton frère. Vous deux, vous

_____ en parler à vos parents. Eux, ils

_____ tout arranger sans rien te dire.

Les entrées

La mousse de foie de canard aux deux confitures	4,00$
Le saumon fumé	5,75$
La terrine de campagne	3,75$
Les escargots Saint-Malo	4,75$

Les potages

Le potage du jour	2,25$
Les jus (tomate, légumes)	1,75$
La bisque de homard sous feuillantine	4,75$
Le gaspacho	2,75$

Les salades

La salade verte	2,25$
La salade à l'ail	2,50$
La salade au roquefort	3,00$
Le trio de salades de saison aux noix et aux pommes	3,00$

Les breuvages

Infusions, café	1,00$	Café espresso	1,25$
Cappuccino	1,50$	Café au lait	1,75$
Chocolat chaud	1,75$		

Les spécialités

Le filet mignon au poivre vert	13,75$
Le chausson de crevettes et de pétoncles, sauce au cresson	14,50$
Le suprême de saumon au beurre blanc	14,75$
Le feuilleté de ris de veau	14,75$

Les desserts

La charlotte au chocolat mi-amer sur crème anglaise	4,50$
Les tartes aux fruits de saison	3,00$
La crème renversée au caramel	3,00$
Les trois parfums de sorbet maison sur coulis de fruits frais	4,00$

Bon appétit!

RESTAURANT

café le Saint-Malo

SOUPES

Soupe du Jour	0,99
Soupe à l'oignon gratinée	2,29
Soupe aux pois	1,29

LES SALADES

Toutes servies avec pain à l'ail.

Salade César	4,59
Salade César avec crevettes	6,59
Salade Grecque	4,79
Salade Grecque avec crevettes	6,59

Casse-croûte et salade servis de 11h30 à 15h du lundi au vendredi.

GOURMETS HAMBURGER

Copieux hamburger de 5 oz. de boeuf pur servi avec frites ou nachos sur nos pains sésame avec un quartier de cornichon.

Hamburger "Traditionnel"	3,69
Hamburger au fromage avec du vrai cheddar canadien	3,89
Hamburger Canadien avec du jambon et du cheddar fondu	3,99
Banquet-Burger avec du cheddar fondu, deux tranches de bacon, laitue et tomate	3,99
Hamburger Forestière, nappé d'appétissants champignons sautés à l'ail et persillé	4,29
Hamburger Parmigiana, nappé d'une sauce "marinara" et gratiné au fromage Mozzarella	3,99
Hamburger Mexicain, nappé de salsa, piments forts et fromage cheddar fondant	4,19
Hamburger César: notre "traditionnel" servi avec notre fameuse salade César	4,49

LES RECOMMANDATIONS DE BRASS "AU GRIL":

Rib Steak 10 oz. Canada A1	8,49
Filet Mignon enrobé de bacon 6 oz.	8,59
Steak haché 6 oz.	5,59
Petite entrecôte 6 oz.	6,29

LEE: "ENTRÉE ET CASSE-CROÛTE"

Soupe Won-Ton	1,59
Egg rolls (2)	2,29
Won-Tons croustillants sauce aigre-douce	2,59

Côtes levées à l'ail	3,99
Riz frit	1,29

LEE "CHINOISERIES"

Riz frit au poulet	4,29
Crevettes au gingembre et riz frit	5,59
Boeuf et légumes	6,29
Boeuf au gingembre et échalottes	6,29
Légumes chinois mélangés	4,29
Poulet en pâte à l'ananas	4,99
Crevettes aigres-douces	7,29

SUCRE-BEC

Gâteau au chocolat hollandais	2,59
La tarte aux pommes maison	1,99
Gâteau au fromage servi: nature	1,99
Avec fraises	2,49
Avec crème glacée	2,49
Gâteau aux carottes	1,99
Crème glacée ou sorbet	1,49
À la mode	0,50

BRASS et LEE

C. Une soirée manquée (*A party that failed*). A friend is asking you questions in order to find out why your party was a flop. Answer the questions using the appropriate tense and form of **devoir** and the expression in parentheses. This exercise, and the following, reviews all of the uses of **devoir**. Consequently, you will have to use the present, the imperfect, and the **passé composé** as well as the conditional and the past conditional. See pp. 157, 258, and 477 of the textbook for a review of these uses.

Modèle: Pourquoi Marianne n'est-elle pas venue? (rester à la maison)
Parce qu'elle a dû rester à la maison.

1. Pourquoi Thierry n'est-il pas venu? (me devoir / 1 000F)

_____

2. Francine ne veut pas rester. Elle veut aller à la bibliothèque. Pourquoi? (faire ses devoirs)

_____

3. Les Merlier ne sont pas ici. Où sont-ils? (aller au cinéma)

_____

4. Tu attends Didier depuis longtemps? (être là il y a une heure)

_____

5. Ce vin rouge n'est pas très bon, n'est-ce pas? (acheter du vin blanc)

_____

6. Penses-tu qu'Anne-Louise soit malade? (lui téléphoner pour savoir)

_____

D. Moi, je... Write sentences, talking about yourself, that illustrate the following uses of **devoir**.

1. obligation

present _____

past _____

2. eventuality

present _____

past _____

3. probability

present _____

past _____

4. advice _____

5. reproach _____

III. Débrouillons-nous!

E. Une lettre de remerciements. Some friends of your parents who live in Paris invited you to go with them to the theatre, where you saw a play by Molière. Before going to the theatre, they took you to dinner at a very nice restaurant. Write a thank-you note to: M. et Mme Raymond Mercier / 46, rue de Fleurus / 75006 Paris. Use a separate sheet of paper.

Quatrième Étape (pp. 479 – 482)

I. Lecture: Bien manger... mais où?

---

les grands restaurants

Consulter d'abord les Guides célèbres: le Michelin, le Gault-Millau. Mais ils ne décernent pas toujours leurs étoiles aux mêmes «grandes tables.» L'art de la gastronomie ne peut se juger sans passion! Et ils doivent tenir compte aussi des prix, de la qualité des vins et du service, du décor...

Ne pas comparer l'étoile d'un restaurant de luxe à prix élevé avec celle d'une petite maison, où le patron sert une cuisine soignée pour un prix modique. Libre à chacun de chercher d'après ses goûts et les exigences de son palais, de son nez, de ses yeux : penser aussi à son, ou ses compagnons de table. Libre à chacun ensuite, pour se rappeler où revenir, d'attribuer ses couverts et ses toques... selon son coeur.

les petits restaurants

En cherchant bien, on peut trouver dans tous les quartiers, à Paris comme en province, «le bon petit restaurant du coin.» Là, le patron demandera si l'on veut commencer par le pâté maison, qu'il a fait lui-même. «Pour suivre», on demandera un plat garni (viande et légumes ou pâtes, en même temps), le tout arrosé par un petit vin, qui n'est pas si ordinaire que ça!

les autres

On peut manger ailleurs que dans un restaurant. Dans une Brasserie par exemple, où l'on commandera plutôt une choucroute (chou, jambon, saucisse, pommes de terre) avec de la bière. Ou encore dans un Bistrot, on pourra choisir un bifteck-frites, ou une excellente spécialité.

Le long des routes on trouvera un très grand nombre de Routiers (les habitués sont des conducteurs de Poids-Lourds), où l'on appréciera un repas rapide et abondant à un prix raisonnable. En ville il est maintenant facile de se restaurer encore plus rapidement et pour moins cher. Se rappeler que pour *fast-food* et *quick-service* à l'américaine, on dit depuis longtemps en français: «manger sur le pouce.»

Les Restaurants de Tourisme, dans toutes les catégories, doivent offrir trois spécialités courantes—dont une sur le menu touristique à prix fixe.

Le menu, avec les prix, doit être visible de l'extérieur. Si le service et les vins ne sont pas compris, compter que l'on aura à payer en tout au moins deux fois le prix du grand plat: le plat de résistance.

A. The article you have just read talks about a number of different *kinds* of restaurants. List six or seven types of restaurants that one can find in France and give at least one identifying characteristic of each type. Use a separate sheet of paper.

II. Révision du chapitre

B. **Un dîner inoubliable** (*An unforgettable dinner*). Imagine that you had dinner in a restaurant in France. Write a letter to your parents describing the meal and recounting the most interesting aspects of the evening. Suggestions: Where did you go? When? With whom? What did you order? Do you have any regrets? Would you have liked to eat something else?, etc. Use a separate sheet of paper.

TRAVAIL DE LA FIN DU CHAPITRE

I. Student Tape

Listen again to the two conversations on the Student Tape for Chapter 18, then answer the following questions.

1. Qu'est-ce que Jean-Michel propose comme restaurant? _____

2. Qu'est-ce que Laurent a envie de manger? _____

3. Et Jean-Michel? _____

4. Pourquoi Jean-Michel offre-t-il de payer le dîner de Laurent? _____

_____

5. En entendant l'offre de Jean-Michel, qu'est-ce que Laurent propose? _____

_____

6. Quelle est la réaction de Jean-Michel? _____

7. Pourquoi les deux femmes ne vont-elles pas dîner au premier restaurant qu'elles voient?

_____

8. Quel restaurant choisissent-elles? Pourquoi? _____

_____

9. Qu'est-ce que la première femme à commander va manger et boire? _____

_____

10. Et son amie? _____

II. Le savez-vous?

1. Which of the following is *not* a place where you can eat a meal?
   a. une brasserie
   b. une quincaillerie
   c. un bistrot
   d. une auberge

2. The **Guide Michelin** gives its highest three-star rating to approximately how many restaurants in France each year?
   a. 2 or 3
   b. 5 to 10
   c. 15 to 20
   d. 30 to 40

3. When you are invited to someone's home for dinner in France, which of the following would *not* be an appropriate hostess gift?
   a. a bouquet of roses
   b. an arrangement of chrysanthemums
   c. a bottle of wine
   d. a box of candy

III. Mais comment dit-on... ?

List any additional expressions or strategies whose French equivalents you don't know and that you would like to use when dealing with restaurants or when making or responding to invitations. Use a separate sheet of paper.

TO THE STUDENT

The Laboratory Tape program accompanying **ALLONS-Y!** Second Edition is designed to supplement the listening and speaking that you do in class. The tapes provide:

- models and exercises for pronunciation,
- practice manipulating vocabulary and expressions,
- work with grammatical structures,
- opportunities for listening comprehension.

There are two tapes per chapter. The first tape includes material presented in the **Première Étape** and the **Deuxième Étape** of each chapter. The second tape includes new material from the **Troisième Étape** as well as general exercises reviewing the entire chapter.

How to use the laboratory tapes

The great majority of the taped exercises are self-correcting; that is, after you give an answer, you will hear a model answer against which you can evaluate your own response. Often, the model answer will correspond exactly to what you should have answered. Since we have tried to create exercise formats that simulate real conversational situations, sometimes the model answer will include additional words or slight variations from your own response. Nevertheless, you can easily tell whether the expressions you chose and the grammatical forms you used are correct.

The following exercise samples (given here in English for the sake of illustration) will familiarize you with the types of exercises on the tapes. They will also show you how to evaluate your own answer against the model. In each example, the italicized words represent the part of the model that should correspond **exactly** to what you said.

1. Some exercises are done entirely orally.

   You hear: Simone lives in Geneva.
   You say: Is that right? She lives in Geneva?
   You hear: Yes, *she lives in Geneva.*

   You hear: I speak Spanish.
   You say: Is that right? You speak Spanish?
   You hear: Yes, and *you speak Spanish* also, don't you?

2. Other exercises provide you with a written cue to help you respond.

   You see: **(Jean) to eat your salad**
   You hear: Mom, Dad. Jean doesn't want to eat her salad.
   You say: Jean, eat your salad!
   You hear: Yes, Jean, *eat your salad.*

3. In some cases, more than one written cue is given.

   You see: **nearby / behind the train station**
   You hear: Excuse me. Is the Joan of Arc Hotel near here?
   You say: Yes, it's nearby.
   You hear: *It's nearby?*
   You say: Yes, it's behind the train station.
   You hear: *It's behind the train station?* Thanks a lot.

4. In a few cases, you speak first. In this type of exercise, when you hear the number of the item, use the cue to start the conversation.

You hear: number 2
You see: **2. Mlle Jeannette Miaux / Montréal, Canada**
You say: Excuse me, Miss, are you Canadian?
You hear: Yes, I'm *Canadian*.

In addition to these exercises where you have a conversation with the voice(s) on the tape, there are also parts of the tape where you just listen (the **Point de Départ** section of each **Étape**). Other times you listen and write (dictations, listening comprehension exercises).

What to do if you're having trouble doing the exercises on the tapes

You may well find that you have some difficulty with some of the taped exercises. In particular, new students of French are often struck by the rapidity of normal French speech. It is true that, in general, French people speak more rapidly than Americans. Perhaps a more significant difficulty is posed by the fact that French speakers do not clearly separate one word from another. On the contrary, French is spoken in **word groups**. As a result, listeners often think that French is very "slurred" when what is really happening is that the speakers are simply treating several words as an unbroken sequence. Consequently, you need to train yourself to listen for expressions and groups of words rather than for individual words. One technique we suggest you try when doing an exercise is first to determine from the directions and the model(s) what the **context** of that exercise is. Then think of words and phrases that you would expect to be used in that context. It is these word groups that you can listen for when you actually do the exercise.

Should you find that a particular exercise still gives you trouble, here are three more strategies you might wish to try.

● **Stop** the tape after each cue in order to give yourself more time to think about the response you will give. **Stop** it again after the model answer to have more time for comparison and to understand your mistake (should you make one).
● **Listen** to the entire exercise once before trying to answer. Concentrate in particular on the model answers provided on the tape.
● Ask your instructor to give you a **photocopy** of the tapescript for the exercise in question. If this is possible, be sure to **repeat** the exercise without the tapescript once you have figured out how to do it.

We trust that by beginning with a little patience and perseverance you will find the Laboratory Tapes a valuable aid to learning French with **ALLONS-Y!**

CHAPITRE PREMIER:
Allons au café!

PARTIE ORALE

Bande 1   (Étapes 1 et 2)

   I. Les Points de départ. Listen to the **Points de départ** of the **Première Étape** (p. 8) and the **Deuxième Étape** (p. 15).

  II. Tu désires? You are in a café with a group of friends. When you hear what each of your companions wishes to drink, repeat the order for the waiter. Then listen to verify your answer.

       Modèle: You hear: Marcelle?
                     You hear: Une bière allemande.
                     You say: *Une bière allemande pour Marcelle.*

       (Items 1 — 6)

 III. S'il vous plaît, Monsieur. Order a drink for yourself in the café according to the drawing. If a waiter repeats your order accurately, agree with him; if he does not, correct him. Begin your order when you hear the number.

       Modèles: You say: *S'il vous plaît, Monsieur. Un café-crème.*
                     You hear: Un café-crème?
                     You say: *Oui, Monsieur. Un café-crème.*

                     You say: *S'il vous plaît, Monsieur. Un coca.*
                     You hear: Un café-crème?
                     You say: *Non, Monsieur. Un coca.*
                     You hear: Ah, oui. Un coca.

   1.   2.   3.   4.

   5.   6.   7.   8.

  IV. Dans la rue *(In the street)*. Listen to each of the following conversations and indicate which of the descriptions applies. In some instances, more than one answer applies.

      a.   friends seeing each other in the street

      b.   acquaintances running into each other in the street

      c.   students meeting for the first time

      d.   older strangers meeting for the first time

      e.   friends having a drink together in a café

      f.   strangers having a drink in a café

g. friends saying good-bye

h. acquaintances saying good-bye

1. _____ 2. _____ 3. _____ 4. _____ 5. _____ 6. _____

V. **Bonjour, Madame.** Respond to the greeting you hear in an appropriate manner, then repeat the model answer. The name of the person speaking will be given first.

Modèle: Mme Théroux
You hear: Mme Théroux. Bonjour, Monsieur. Bonjour, Mademoiselle.
You say: *Bonjour, Madame.*
You hear: Bonjour, Madame.
You repeat: *Bonjour, Madame.*

1. M. Caprat   4. Jean-Pierre   6. M. Chartrier
2. Isabelle   5. Nathalie   7. Hervé
3. Mme Denoeud

Now say good-bye to the people indicated, following the same model.

8. Véronique   9. Mme Lenoir

VI. **La consonne finale prononcée: oui ou non.** Greet the following people, being CaReFuL to pronounce or not pronounce the final consonant. Repeat the model pronunciation.

Modèle: Robert
You say: *Salut, Robert.*
You hear: Salut, Robert.
You repeat: *Salut, Robert.*

1. Georges   5. Éric   8. Jacques
2. Nicolas   6. Charles   9. Marc
3. Chantal   7. Jean-Paul   10. Denis
4. Gérard

Now indicate in which French city the following groups of students live, being CaReFuL to pronounce or not pronounce the final consonant. Repeat the model pronunciation.

Modèle: Tours
You say: *Ils habitent à Tours.*
You hear: Ils habitent à Tours.
You repeat: *Ils habitent à Tours.*

1. Paris   5. Bordeaux   8. Limoges
2. Roquefort   6. Montréal   9. Carnac
3. Québec   7. Dakar   10. Rennes
4. Orléans

VII. **C'est vrai?** (*Is that true?*) You are surprised by the statement that you hear a friend of yours make about his friends (Jean-Pierre / Monique et Francine), about himself (**je**), and about his family (**nous**). You repeat these statements in question form, following the models given below.

Modèles: You hear: Simone habite à Genève.
You say: *C'est vrai? Elle habite à Genève?*
You hear: Oui, elle habite à Genève.

> You hear: Je parle espagnol.
> You say: *C'est vrai? Tu parles espagnol?*
> You hear: Oui. Et toi, tu parles espagnol aussi, n'est-ce pas?

(Items 1 — 8)

VIII. Mais non... You disagree with the statements that a friend of yours is making about your other friends (Anne-Marie / Pierre and Michel), about you (**toi**), and about your family (**vous**). You give the correct information, following the models given below.

Modèles: Françoise / Londres
> You hear: Françoise habite à Paris, n'est-ce pas?
> You say: *Mais non, elle n'habite pas à Paris, elle habite à Londres.*
> You hear: Ah, elle n'habite pas à Paris, elle habite à Londres.

toi / très peu
> You hear: Tu travailles beaucoup, n'est-ce pas?
> You say: *Mais non, je ne travaille pas beaucoup, je travaille très peu.*
> You hear: Ah, tu ne travailles pas beaucoup, tu travailles très peu.

1. — 2.   Anne-Marie / Genève, français

3. — 4.   Pierre et Nicolas / Madrid, très peu

5. — 6.   vous / rarement, anglais

Bande 2   (Chapitre 1: Étapes 3 et 4)

I. Le Point de départ. Listen to the **Point de départ** of the **Troisième Étape** (p. 22).

II. Oui et non. Answer these questions about your new friends according to the cues. Use the responses to verify your answers.

Modèles: oui
> You hear: Est-ce que Jeanne-Marie habite à Paris?
> You say: *Oui, elle habite à Paris.*
> You hear: C'est ça. Elle habite à Paris.

espagnol
> You hear: Est-ce que Carlos parle anglais?
> You say: *Mais non, il ne parle pas anglais, il parle espagnol.*
> You hear: Ah, bon. Il ne parle pas anglais, il parle espagnol.

1. oui	3. l'anglais	5. oui	7. anglais
2. français	4. à Marseille	6. à New York	8. non

III. Que faites-vous? *(What do you do?)* Use the occupations suggested to answer the following questions about people you have met.

Modèles: avocat
> You hear: M. Guérin
> You say: *M. Guérin? Il est avocat.*
> You hear: Ah, bon. Il est avocat.

étudiants
> You hear: Jacques et vous
> You say: *Jacques et moi? Nous sommes étudiants.*
> You hear: Ah, oui. Nous sommes étudiants aussi.

1. professeur	3. médecin	5. assistants	7. médecins
2. étudiants	4. avocats	6. étudiant(e)	8. étudiant

IV. Masculin ou féminin? Listen to each statement and indicate whether the people whose nationalities are given are male or female by circling *m.* or *f.*

Modèle: You hear: Mathilde est française.
You mark: *f*

1. m f   5. m f   8. m f
2. m f   6. m f   9. m f
3. m f   7. m f   10. m f
4. m f

V. Vous êtes suisse? While waiting in an airport in France, you read the luggage tags of other passengers and then try to start a conversation in French.

Modèles: M. George Herbert / London, England
You say: *Pardon, Monsieur. Vous êtes anglais?*
You hear: Oui, je suis anglais.

Mlle Jeannette Miaux / Montréal, Canada
You say: *Pardon, Mademoiselle. Vous êtes canadienne?*
You hear: Oui, je suis canadienne.

1. Mlle Beverly Smith / Houston, Texas
2. M. Uri Gregov / Moscou, URSS
3. Mme Yvonne Verdeuil / Bordeaux, France
4. Mlle Anna Maracelli / Rome, Italie
5. M. Yves Martin / Québec, Canada
6. M. Cheng Li / Shanghai, China
7. Mme Luiza Silveira / Rio de Janeiro, Brésil
8. Mlle Vera Starusch / Munich, R.F.A.
9. M. John Schmidt / Detroit, Mich.
10. Mme Olive Frye / Bristol, England

VI. Écoutez bien! *(Listen well!)* Listen to the following statements and then write the verb form that you hear. Each statement will be read twice.

Modèles: You hear: Chantal travaille beaucoup.
You write: *travaille*
You hear: Yves et Martin étudient beaucoup.
You write: *étudient*

1. _____   3. _____   5. _____
2. _____   4. _____   6. _____

Now listen to the statement and write the adjective of nationality that you hear. Again each statement will be read twice.

Modèles: You hear: Elle est italienne.
You write: *italienne*

You hear: Ils sont belges.
You write: *belges*

7. _____   9. _____   11. _____
8. _____   10. _____   12. _____

VII. Au café. Listen to the following conversation that takes place in a café. Then answer the questions below, circling the letter of the correct response.

1. This conversation takes place:
   a. at breakfast
   b. at lunch
   c. late afternoon

2. The people involved are:
   a. three mutual friends
   b. two friends and an acquaintance of the third
   c. two friends and a stranger

3. What nationalities are represented?
   a. one Italian, one French person, and one American
   b. two Italians and one American
   c. two French people and an American

4. What occupations are represented?
   a. two students and a teacher
   b. two lawyers and a student
   c. a lawyer, a business person, and a student

CHAPITRE DEUX:
Faisons connaissance!

PARTIE ORALE

Bande 3 (Étapes 1 et 2)

> **I. Les Points de départ.** Listen to the **Points de départ** of the **Première Étape** (p. 34) and the **Deuxième Étape** (p. 41).

> **II. Qu'est-ce que c'est?** Identify the objects pictured below by using **c'est** or **ce sont**. If the voice repeats your identification, agree with it; if not, correct it.

Modèles:	You hear:	Qu'est-ce que c'est?
	You say:	*Ce sont des livres.*
	You hear:	Ah, ce sont des livres?
	You say:	*Oui, ce sont des livres.*

1. 2. 3. 4.

You hear:	Qu'est-ce que c'est?
You say:	*C'est une calculatrice.*
You hear:	Ah, c'est un ordinateur?
You say:	*Non, ce n'est pas un ordinateur,*
	c'est une calculatrice.
You hear:	Ah, ce n'est pas un ordinateur,
	c'est une calculatrice.

5. 6. 7. 8.

(Items 1 — 8)

III. **Aussi / Non plus.** Answer the questions you are asked according to the models.

    Modèle: **Jean-Luc / oui**

You hear:	Est-ce que Jean-Luc a un vélo?
You say:	*Oui, il a un vélo.*
You hear:	Ah, bon. Il a un vélo. Et aussi une auto?
You say:	*Oui, il a une auto aussi.*

    1. Chantal   2. Roger et Jean-Luc   3. vous

    Modèle: **Monique et Bénédicte / non**

You hear:	Est-ce que Monique et Bénédicte ont une télévision?
You say:	*Non, elles n'ont pas de télévision.*
You hear:	Ah, bon. Elles n'ont pas de télévision. Mais elles ont une chaîne stéréo?
You say:	*Non, elles n'ont pas de chaîne stéréo non plus.*
You hear:	Ah, elles n'ont pas de chaîne stéréo non plus.

    4. tu   5. Pierre   6. tu

IV. <u>Avoir ou être</u>. Certain forms of the verbs **avoir** and **être** resemble each other closely. Listen to the following sentences, circle which of the two forms you hear, and then write the corresponding infinitive (**avoir** or **être**). You may not recognize every word in the sentence; listen carefully for the verb. Each sentence will be read twice.

    Modèle: You hear: Vraiment? Il est avocat? Quelle surprise!
               You circle: **il est** and you write <u>être</u>.

    1. elle a   elle est   _____

    2. tu es   tu as   _____

    3. ils sont   ils ont   _____

    4. il a   il est   _____

    5. tu as   tu es   _____

    6. elles ont   elles sont   _____

V. **Qu'est-ce qu'il y a dans ton sac à dos?** Using the lists as a guide, answer the following questions first about your backpack and then about your bedroom. Give the number of items when possible.

    Modèle: You hear: Est-ce qu'il y a des stylos dans ton sac à dos?
               You say: *Oui, il y a quatre stylos dans mon sac à dos.*
               You hear: Ah, quatre stylos. Et des crayons aussi?
               You say: *Non, il n'y a pas de crayons.*
               You hear: Ah, il n'y a pas de crayons.

    sac à dos: 4 stylos, 6 livres, 2 calculatrices, 7 clés

    chambre: 1 télévision, 2 vélos, 1 chaîne stéréo

VI. **Les goûts d'Isabelle.** You are asked about your friend Isabelle — what sports (**quels sports**), what amusements (**quelles distractions**), what subjects (**quelles matières**) she likes, doesn't like, etc. Using the information provided on p. 249, answer the questions about Isabelle's likes and dislikes.

Modèles: You hear: Quel sport est-ce qu'Isabelle n'aime pas?
           You say: *Elle n'aime pas le golf.*
           You hear: Ah, bon. Elle n'aime pas le golf. Et le football?
           You say: *Oh, elle aime bien le football.*

les sports	*les distractions*	*les matières*
tennis + +	cinéma + +	sciences + +
football +	théâtre +	langues +
golf −	musique −	mathématiques −
camping −	télévision −	littérature −

VII. Combien? You have a job doing an inventory. Your partners count the objects; you simply write down the number that you hear.

Modèle: You hear: —Deux ordinateurs.
                     —Combien?
                     —Deux.
           You write: _2_ ordinateurs

_____ chaînes stéréos   _____ télévisions   _____ cassettes

_____ disques   _____ livres   _____ cahiers

_____ calculatrice

VIII. Les combinaisons qu et ch Usually the combination **qu** represents a hard sound / k / and the combination **ch** represents the soft sound /ʃ/. In a few words (usually of Greek origin), **ch** has the hard sound of / k /; these words are marked with an asterisk in the following exercise. Read the following words, then repeat the model pronunciation.

1. musique
2. machine
3. chercher
4. disque
5. qui
6. orchestre*
7. chat
8. chambre
9. Christiane*
10. Véronique

IX. À qui est... ? (*To whom does... belong?*) Your friend (Thérèse), her brother (André), and you are sorting out a number of your possessions. Using the lists as a guide, answer the questions about ownership. Pay attention to who is asking the question—Thérèse or André.

Modèles: You hear: (Thérèse's voice) À qui est le portefeuille?
           You say: *C'est ton portefeuille.*
           You hear: (André's voice) Oui, c'est ton portefeuille.

           You hear: (André's voice) C'est votre télévision.
           You say: *Oui, c'est notre télévision.*
           You hear: (Thérèse's voice) Oui, c'est notre télévision.

vous	*Thérèse*	*vous et Thérèse*
clés	cassettes	télévision
chaîne stéréo	portefeuille	transistor
appareil-photo	vélo	disques

Bande 4 (Étapes 3 et 4)

  I. Le Point de départ. Listen to the **Point de départ** of the **Troisième Étape** (p. 48).

  II. La famille de Dominique Tavernier. A school secretary is asking Dominique Tavernier about his family. Using the family tree shown on p. 250 as a guide, answer the questions as if you were Dominique.

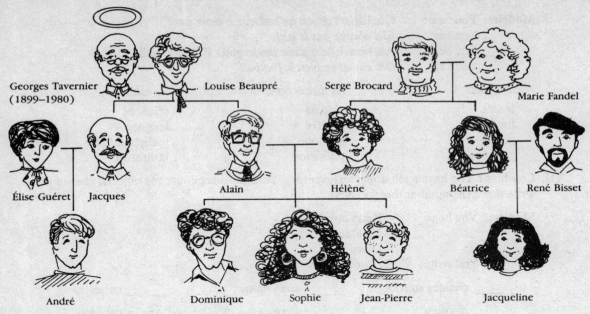

Georges Tavernier (1899–1980) — Louise Beaupré | Serge Brocard — Marie Fandel

Élise Guéret | Jacques | Alain | Hélène | Béatrice | René Bisset

André | Dominique | Sophie | Jean-Pierre | Jacqueline

Modèles: You hear: Comment vous appelez-vous?
You say: *Je m'appelle Dominique Tavernier.*
You hear: Bon. Vous vous appelez Dominique Tavernier. Comment s'appelle votre père?
You say: *Il s'appelle Alain Tavernier.*
You hear: Bon. Il s'appelle Alain Tavernier.

III. Le frère de mon père, c'est mon... ? Using the same family tree as in the preceding exercise, answer the questions you hear in order to explain the various relationships. You are still playing the role of Dominique Tavernier.

Modèles: You hear: Jacques Tavernier, c'est votre père?
You say: *Non, c'est mon oncle.*
You hear: Ah, bon. C'est votre oncle. C'est le frère de votre mère?
You say: *Non, c'est le frère de mon père.*
You hear: Ah, c'est le frère de votre père.

IV. Une mauvaise toux (*A bad cough*). A friend is telling you about his uncle. Unfortunately your friend has a bad cough; when he coughs, you miss an important piece of information. Ask your friend questions so that he will give you the missing information.

Modèle: You hear: Mon oncle s'appelle !!!
You say: *Comment s'appelle ton oncle?*
You hear: Comment s'appelle mon oncle? Il s'appelle Henri.

V. Les consonnes c et g. The consonants c and g have either a hard or a soft sound depending on what sound they precede. They are soft before the vowels **e, i,** and **y;** they are hard before the vowels **a, o,** and **u.** The **c** is also soft when it has a cedilla (**ç**). Read the following words, then repeat the model.

1. cahier
2. français
3. Nice
4. combien
5. facile
6. goûts
7. fromage
8. Genève
9. portugais
10. langues

VI. Qu'est-ce qu'elle (il) fait? You are not sure you understand correctly what someone tells you about your friends' activities. You get him or her to repeat by asking a question with **faire.** Another person, who overhears only part of the conversation, repeats your question. This time you give the answer.

Modèle: You hear: Nathalie regarde la télévision ce soir.
You say: *Qu'est-ce qu'elle fait ce soir?*
You hear: Elle regarde la télévision.
You hear (a different voice):
Qu'est-ce qu'elle fait ce soir?
You say: *Elle regarde la télévision.*

1. Jean-Pierre
2. tu
3. tes amis
4. Chantal
5. toi et ton frère (vous)

VII. À l'école élémentaire. A schoolteacher (**instituteur**) is quizzing his little pupils on some simple arithmetic problems. Each time he will ask you whether the student has given the right answer.

Modèles: You hear: Florence, combien font deux et deux?
You hear: Deux et deux? Quatre.
You hear: Est-ce que Florence a raison?
You say: *Oui, elle a raison. Deux et deux font quatre.*
You hear: C'est ça. Elle a raison. Deux et deux font quatre.

You hear: Bernard, combien font deux et quatre?
You hear: Deux et quatre? Sept?
You hear: Est-ce que Bernard a raison?
You say: *Non, il a tort. Deux et quatre font six.*
You hear: Il a tort. Deux et quatre font six.

1. $3 + 3$
2. $3 + 6$
3. $5 + 2$
4. $4 + 5$
5. $4 + 6$

VIII. Mini-dictée. Complete the following conversation by writing the missing words. The passage will be read twice.

— Ah, voilà _____ de Bernard. Elle s'appelle Yvonne. Salut, Yvonne.

— Salut, Stéphane. Où sont _____?

— Comment? Moi, je _____ frères, mais j'ai deux soeurs.

— Ah, oui. Elles _____ un appartement dans la rue Mauclair. Qu'est-ce qu'elles _____ comme distractions?

— Ma soeur Denise adore _____, ma soeur Isabelle aime beaucoup _____.

— Moi, j'aime _____ la musique. Je suis pianiste.

— Ah, bon. _____ tu aimes comme musique?

— _____ la musique classique.

IX. Un portrait. Claire Turquin, a young French woman, talks about herself and her family. Listen to her portrait, then answer the questions on your worksheet. Circle the letter of the correct response. You may listen more than once to her portrait.

1. Claire habite
   a. à l'université.
   b. dans une maison.
   c. dans un appartement.

2. ... n'habite(nt) pas avec Claire.
   a. Ses parents
   b. Son grand-père
   c. Ses frères
   d. Ses soeurs

3. Elle a
   a. une stéréo et des disques.
   b. un appareil-photo.
   c. un vélo.
   d. une auto.

4. Elle n'aime pas beaucoup
   a. le ski.
   b. le vélo.
   c. le camping.
   d. le basketball.

5. À l'université elle n'aime pas
   a. les sciences.
   b. l'histoire.
   c. les langues.
   d. la géographie.

CHAPITRE TROIS:
Renseignons-nous!

PARTIE ORALE

Bande 5   (Étapes 1 et 2)

I. Les Points de départ. Listen to the **Points de départ** of the **Première Étape** (p. 60) and the **Deuxième Étape** (p. 66).

II. Le cinéma Gaumont, s'il vous plaît? Ask a passerby the location of the following places, then repeat the answer to verify that you have understood. Be sure to check the gender of the nouns by listening carefully to the answers you receive.

Modèle: **cinéma Gaumont**
   You say: *Le cinéma Gaumont, s'il vous plaît?*
   You hear: Le cinéma Gaumont? Il est dans l'avenue de la Reine.
   You say: *Dans l'avenue de la Reine? Très bien. Merci.*

1. théâtre Municipal
2. banque de Provence
3. bibliothèque Municipale
4. église Saint-Pierre
5. gare du Luxembourg
6. musée Degas

III. Est-ce qu'il y a... près d'ici? Find out from a passerby whether there exists one of the following places near here (**près d'ici**). Be sure to verify the gender of the noun by listening to the answer you receive.

Modèle: **librairie**
   You say: *Est-ce qu'il y a une librairie près d'ici?*
   You hear: Oui, il y a une librairie dans la rue Balzac.

1. pharmacie
2. bureau de tabac
3. hôpital
4. banque
5. bureau de poste
6. parc
7. église
8. restaurant italien

IV. Où va Jean-Pierre? Indicate where the following people are going; then use the illustrations to answer the question about the location of the place.

Modèle: **Jean-Pierre / café**
   You say: *Jean-Pierre va au café.*
   You hear: Au café? Où est le café?
   You say: *Il est à côté du théâtre.*
   You hear: Il est à côté du théâtre? Ah, oui. C'est vrai.

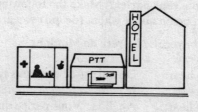

1. Valérie / bibliothèque

2. je / bureau de poste

3. Éric / hôpital

6. Marcelle / parc

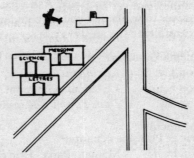

4. mes amis / théâtre

7. tu / aéroport

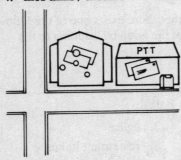

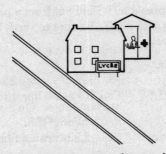

5. nous / banque

8. mes parents / pharmacie

V. La consonne s. The consonant s can represent an unvoiced sound / s / (when it is the first letter of a word, or when it is followed by a second s or by another consonant). It can represent a voiced sound / z / (between two vowels, when followed by a mute e). Read the following words, then repeat the model pronunciation.

1. maison
2. soeur
3. croissant
4. musée
5. église

6. professeur
7. Brésil
8. rose
9. Sacha
10. disque

VI. De qui est-ce que vous parlez? Make the following statements, then use the information given to identify the person about whom (de qui) you are talking.

Modèle: Il est avocat. / le frère de Monique
     You say: *Il est avocat.*
     You hear: De qui est-ce que vous parlez?
     You say: *Je parle du frère de Monique.*
     You hear: Ah, bon. Vous parlez du frère de Monique.

1. Elle parle très bien le français. / la soeur d'Henri
2. Ils habitent près de Paris. / les parents de Jean-Jacques
3. Il a trois autos. / le père d'Annick
4. Elles travaillent à l'aéroport. / les cousines de Christiane
5. Il fume beaucoup. / l'oncle de Xavier
6. Il va souvent à l'église. / le frère de Joséphine

VII. **Les parents.** Parents frequently use the imperative forms of verbs because they are constantly telling their children what to do or what not to do and making suggestions for family activities. Play the role of the parent in the following situations.

Modèle: **Jeanne / manger sa salade**

You hear:	Papa, Maman. Jeanne ne mange pas sa salade.
You say:	*Jeanne. Mange ta salade.*
You hear:	Oui, Jeanne. Mange ta salade.

1. Chantal / faire ses devoirs
2. Alain / écouter sa soeur
3. Pierre / être sage

Modèle: **Éric et Philippe / chanter**

You hear:	Maman, Papa. Éric et Philippe chantent.
You say:	*Éric. Philippe. Ne chantez pas.*
You hear:	Ne chantez pas.

4. Yvonne et Martine / regarder la télé
5. Gérard et Chantal / manger le dessert
6. Françoise et Hervé / fumer

Modèle: **regarder un film**

You hear:	Maman, Papa. Qu'est-ce qu'on fait?
You say:	*Regardons un film.*
You hear:	Oui, regardons un film.

7. aller au parc
8. parler un peu
9. faire une promenade en ville

VIII. **Tout près d'ici.** A passerby stops you on the main street and asks you whether some places are near here. You give a general answer and then, using the map on p. 256, you locate the places more precisely.

Modèles: derrière

You hear:	Pardon. Est-ce que l'hôtel Jeanne d'Arc est près d'ici?
You say:	*Oui, il est derrière la gare.*
You hear:	Derrière la gare? Merci bien.

à côté de

You hear:	Pardon. Est-ce qu'il y a un bureau de poste près d'ici?
You say:	*Oui, il y a un bureau de poste à côté du restaurant.*
You hear:	À côté du restaurant? Merci bien.

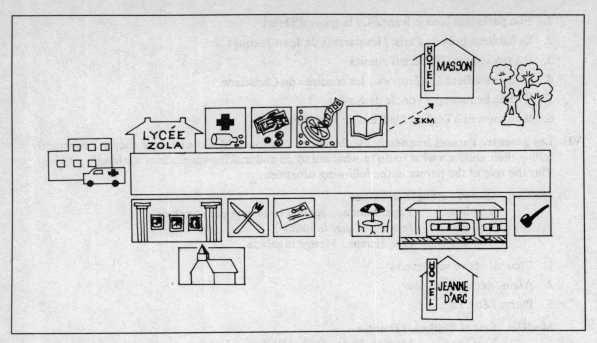

1. en face de
2. entre
3. à côté de
4. en face de

5. près de
6. derrière
7. à côté de
8. au bout de

Bande 6   (Étapes 3 et 4)

I. **Le Point de départ.** Listen to the **Point de départ** of the **Troisième Étape** (p. 72).

II. **Où est... ?** Using the map on p. 40 of the *Cahier*, indicate the name of the street where the following places are located.

Modèle: You hear: Où est le café de la Libération?
You say: *Le café de la Libération? Il est sur la place de la Libération.*
You hear: Ah, il est sur la place de la Libération. Merci.

(Items 1 — 7)

III. **La consonne t.** In most cases, the t in French, followed by a vowel or by another consonant including **h**, is pronounced /t /. However, the **t** in certain words with the combination **ti** is pronounced /s /. Read the following words, then repeat the model pronunciation.

1. tabac
2. omelette
3. thé
4. à côté
5. nation
6. pitié
7. étudiante
8. Mathieu
9. Nathalie
10. démocratie

IV. **Ce n'est pas mon livre.** Following the model given below, identify the owner of each of the items mentioned.

Modèle: Voici ton livre.
You say: *Voici ton livre.*
You hear: Ce n'est pas mon livre, c'est le livre de Janine.
You say: *Ah, c'est son livre?*
You hear: Oui, c'est son livre.

1. Voici ta calculatrice.
2. Voici tes clés.
3. Voilà ta maison.
4. Voilà tes cousins.

5. Voici mon cahier.
6. Voilà tes amis.
7. Voici mes disques.
8. Voilà ton école.

V. **Mini-dictée: Le quartier de l'université**

Listen to this description of the area around the university and fill in the missing words. The description will be read twice.

Le quartier de l'université est _____ la gare. Pour aller à l'université, vous

suivez (*follow*) _____ Chabot _____ boulevard de

l'Université. La Bibliothèque Municipale est _____ l'université.

_____ la bibliothèque il y a un restaurant et _____

restaurant se trouve une librairie. La librairie est _____ de l'école. Pour

s'amuser, les étudiants vont au café _____ boulevard de l'Université et

aussi _____ Royal, qui se trouve _____ de Bourgogne.

VI. **Au service des renseignements** (at the information desk). You work at the information desk in the Tourist Bureau (rue des Bons Enfants, next to the Musée Magnin). Using the map on p. 40 of the *Cahier*, give tourists instructions on how to get to their destination.

Modèle: You hear: Pardon. Je cherche le musée des Beaux-Arts.
           You say: *Bon. Vous tournez à droite.*
           You hear: Je tourne à droite.
           You say: *Vous allez jusqu'à la rue Chabot.*
           You hear: Je vais jusqu'à la rue Chabot.
           You say: *Vous tournez à gauche et vous traversez la place du Théâtre.*
           You hear: Je tourne à gauche et je traverse la place du Théâtre.
           You say: *Et le musée des Beaux-Arts est à gauche, sur la place de la Sainte Chapelle.*
           You hear: Et le musée des Beaux-Arts est à gauche, sur la place de la Sainte Chapelle. Merci beaucoup.

VII. **Où êtes-vous?** Listen to the directions you are given either by a stranger or by a friend. Follow the instructions on the map (p. 40 of the *Cahier*), tracing your route on the map and indicating where you end up. If you get lost, listen to the directions again.

CHAPITRE QUATRE:
Allons en ville!

PARTIE ORALE

Bande 7   (Étapes 1 et 2)

I. **Les Points de départ.** Listen to the **Points de départ** of the **Première Étape** (p. 86) and the **Deuxième Étape** (p. 93).

II. **Quelle langue est-ce que tu apprends?** Use the information given to answer the questions about the languages these students are learning:

    Modèle: **le chinois / bien**
                You hear: Quelle langue est-ce que Patrick apprend?
                You say: *Il apprend le chinois.*
                You hear: Ah, il apprend le chinois. Est-ce qu'il comprend son professeur?
                You say: *Oui, il comprend bien son professeur.*
                You hear: Ah, il comprend bien son professeur.

1. l'anglais / très bien
2. le français / bien
3. l'espagnol / assez bien
4. l'italien / mal
5. l'allemand / assez bien
6. le russe / non

III. **Demande à...** You and your friend are looking for people to go to a concert with you. Your friend suggests various people to ask; you ask them and then report back on their answers.

    Modèle: **Michèle**
                You hear: Demande à Michèle si elle veut aller au concert avec nous.
                You say: *Michèle, est-ce que tu veux aller au concert avec nous?*
                You hear: Non, merci.
                You say: *Elle ne veut pas aller au concert avec nous.*

1. Henri   2. Jacques et Serge   3. Marguerite   4. Marguerite

IV. **Les consonnes m̲ et n̲ au milieu d'un mot et à la fin d'un mot.** In most cases, when **m** or **n** is followed by a consonant (other than **m** or **n**) or is at the end of a word, the preceding vowel is nasalized and the **m** or **n** is not pronounced. Read the following words, being careful to nasalize the vowel and to not pronounce the **m** or **n**; then repeat the model pronunciation.

1. jambon
2. canadien
3. souvent
4. Jean
5. nous allons
6. combien
7. ils ont
8. blanc
9. un
10. je prends
11. maison
12. Saint-Malo
13. appartement
14. ton livre
15. demain

Remember, however, that when **m** or **n** is between two vowels or when it is followed by **m** or **n**, the **m** or **n** is pronounced and the preceding vowel is not nasalized. Read the following words, pronouncing the **m** or **n**; then repeat the model pronunciation.

16. ami
17. imiter
18. bikini
19. homme
20. femme
21. commander

V. **Aujourd'hui et demain.** The following questions deal with how various people are travelling today and how they are planning to travel in the future. Answer each question negatively, then use the cue provided to supply the correct answers.

Modèle: tu / voiture / autobus
>   You hear: Est-ce que tu prends le train aujourd'hui?
>   You say: *Non, aujourd'hui je prends ma voiture.*
>   You hear: Ah, et tu vas prendre ta voiture demain aussi?
>   You say: *Non, demain je vais prendre l'autobus.*
>   You hear: Ah, tu vas prendre l'autobus demain.

1. tu / métro / vélo
2. Georges / autobus / train
3. vous / métro / autobus
4. Jeanne / taxi / métro
5. Alain et Catherine / train / voiture
6. tu / vélo / à pied

VI. Combien? Quel numéro? (*What number?*) Write down the number that you hear in the following statements.

Modèle: You hear: Marie-Louise habite à quarante et un, rue de Fleurus.
> You write: <u>41</u>

1. _____ 2. _____ 3. _____ 4. _____ 5. _____ 6. _____

VII. Tu changes à... When taking the subway in Paris, it is important to know where you change trains and what the new direction is. Use the cues provided to answer the following questions:

Modèle: Trocadéro / Étoile
>   You hear: Où est-ce que je change?
>   You say: *Tu changes à Trocadéro, direction Étoile.*
>   You hear: Je change à Trocadéro, direction Étoile. Très bien, merci.

1. Montparnasse / porte de Clignancourt
2. République / Nation
3. place d'Italie / Mairie d'Ivry
4. Invalides / Balard
5. Saint-Lazare / Porte de la Chapelle
6. Concorde / Château de Vincennes

VIII. Tu descends à... When taking the subway in Paris, it is helpful to get off as close to your destination as possible. Use the cues provided to answer the following questions.

Modèle: au centre Beaubourg / Rambuteau
>   You hear: Où est-ce que je descends pour aller au centre Beaubourg?
>   You say: *Pour aller au centre Beaubourg, tu descends à Rambuteau.*
>   You hear: Ah, je descends à Rambuteau. Merci bien.

1. à la tour Eiffel / Bir-Hakeim
2. à l'arc de Triomphe / Charles de Gaulle-Étoile
3. au musée Rodin / Invalides
4. à la Sorbonne / Saint-Michel
5. à la cathédrale de Notre-Dame / Cité
6. à l'American Express / l'Opéra

IX. Au guichet. You are in a subway station, buying tickets for several tourists who don't speak French. Ask for the ticket, then repeat the price as you pay.

Modèle: un billet de première / 4F
>   You say: *Un billet de première, s'il vous plaît.*
>   You hear: Un billet de première? Quatre francs.
>   You say: *Quatre francs? Voilà, Madame. Merci.*

1. un billet de seconde / 3F
2. un carnet de première / 40F
3. quatre billets de première / 16F
4. deux billets de seconde / 6F
5. un carnet de seconde / 30F

Bande 8 (Étapes 3 et 4)

    I. Le Point de départ. Listen to the **Point de départ** of the **Troisième Étape** (p. 100).

    II. Non, il ne veut pas. You and your friend are having a terrible time getting people to do things with you. Each time you suggest something to someone that person has other plans.

        Modèle: Jacques / avoir l'intention d'aller au théâtre
            You hear: Est-ce que Jacques veut aller danser?
            You say: *Non, il ne veut pas.*
            You hear: Il ne veut pas. Pourquoi pas?
            You say: *Parce qu'il a l'intention d'aller au théâtre.*
            You hear: Ah, bon. Il a l'intention d'aller au théâtre.

        1.   Claire / avoir l'intention de faire ses devoirs

        2.   Gérard / aller dîner en ville

        3.   Marie et sa soeur / espérer aller danser

        4.   Victor / préférer rester à la maison

   III. Mini-dictée: Une semaine très chargée. (*A busy week*). Complete the following sentences with the words that you hear. Each sentence will be read twice.

        Modèle: You hear: Lundi je suis au bureau. Lundi je suis au bureau.
                      You write: <u>Lundi</u> je suis au bureau.

        1. _____ je prépare une présentation orale.

        2. _____ je vais au théâtre avec ma femme et des clients.

        3. _____ je travaille avec mes collègues.

        4. _____ j'ai rendez-vous avec une cliente importante.

        5. _____ je passe du temps avec mes enfants.

        6. Et _____ je vais être obligé d'aller à Berlin.

   IV. Les consonnes <u>m</u> et <u>n</u> suivies de la voyelle <u>e</u>. When followed by a mute **e** at the end of a word, the **m** and **n** are pronounced and the preceding vowel is not nasalized.

    A. Indicate whether the words you hear end in a nasal vowel (that is, in a silent **m** or **n**) or in an oral vowel followed by a pronounced **m** or **n**. Each word will be read once.

    nasal vowel (**m** or **n** silent):

    1. ____   2. ____   3. ____   4. ____   5. ____   6. ____   7. ____   8. ____

    oral vowel (**m** or **n** pronounced):

    1. ____   2. ____   3. ____   4. ____   5. ____   6. ____   7. ____   8. ____

    B. Read the following pairs of words, being sure to distinguish between those where the **m** or **n** is silent (nasal vowel) and those where the **m** or **n** is pronounced; then repeat the model pronunciation.

        1. américain / américaine   4. Jean / Jeanne

        2. prochaine / prochain   5. une / un

        3. cousin / cousine   6. ton / trombone

   V. Non, ce n'est pas ça. (*No, that's not right.*) The persons to whom you are speaking have not clearly understood how to use the métro. Use the information provided below to help them get to their destinations.

Modèle: **station de métro: Raspail**

      You hear: Je vais à la station de métro Edgar Quinet?

      You say: *Non, tu vas à la station de métro Raspail.*

      You hear: Ah, je vais à la station de métro Raspail.

1. station de métro Saint-Augustin
   billet de seconde
   direction Mairie de Montreuil
   correspondance: République
   direction: place d'Italie
   destination: la gare d'Austerlitz

2. station de métro Palais Royal
   billet de tourisme (4 jours)
   direction pont de Neuilly
   correspondance: Champs-Élysées-Clémenceau
   direction: Châtillon-Montrouge
   destination: Varenne

VI. **Samedi soir à Paris.** Listen to the following conversation between Claire, who is French, and her American friend, David. Then answer the questions on the worksheet. You may want to listen to the conversation more than once.

1. Ce soir Claire et David vont

   a. dîner au restaurant.

   b. aller au cinéma.

   c. visiter la place de l'Étoile.

   d. chercher des amis au club des Américains.

2. Qui prend les billets de métro?

   a. Claire a un carnet; elle a un billet pour David.

   b. David prend deux billets.

   c. Claire prend deux billets.

   d. David prend son billet, mais Claire a déjà son billet.

3. Quel est l'itinéraire de David et de Claire?

   a. Wagram / Opéra / église de Pantin

   b. Mairie d'Issy / Galliéni / Wagram

   c. Wagram / Opéra / Monge

   d. Opéra / Mairie d'Issy / Monge

4. À qui est-ce que Claire et David parlent?

   a. À un ami de Claire qui désire parler à un Américain.

   b. À un Allemand qui aime beaucoup les films italiens.

   c. À un ami qui va prendre le métro au Châtelet.

   d. À un Allemand qui désire aller à la place de l'Étoile.

CHAPITRE CINQ:
Visitons Paris!

PARTIE ORALE

Bande 9   (Étapes 1 et 2)

  I. On va au (à la)... ? You and your friends are discussing what places you are going to visit in Paris.

    Modèle: **dans l'île de la Cité**
        You hear: On va à la rive gauche?
        You say: *Oui, on va à la rive gauche, et ensuite on va dans l'île de la Cité.*
        You hear: D'accord, on va dans l'île de la Cité aussi.

  1. à Montparnasse   4. à la tour Eiffel
  2. au Panthéon   5. au Palais de Justice
  3. à l'église Saint-Germain-des-Prés   6. à la Sainte-Chapelle

  II. Où sommes-nous? When your friend describes to you what he or she sees, you identify where you are.

    Modèle: You hear: C'est un grand boulevard. Il y a beaucoup d'étudiants. On parle français, anglais, espagnol, arabe, chinois. Où sommes-nous?
        You say: *Nous sommes sur le Boul' Mich'.*
        You hear: C'est ça. Nous sommes sur le Boul' Mich'.

    (Items 1 – 6)

  III. L'intermédiaire (*The intermediary*). Your friend, Chantal, calls you on the phone and tells you about what she and her brother Pierre did yesterday. Your other friend, Raymond, is sitting next to you. As Chantal tells her story, you relate it to Raymond. Be careful to distinguish between verbs conjugated with **avoir** and verbs conjugated with **être**.

    Modèle: You hear: (Chantal) Hier, nous avons visité Paris.
        You say: *Hier, ils ont visité Paris.*
        You hear: (Raymond) Ah, ils ont visité Paris hier.

    (Items 1 – 12)

  IV. Mais non... You are talking with two friends, Philippe and Julie. Each time one of them makes a statement, you contradict that person and then explain to the other friend what really happened.

    Modèle: **à droite**
        You hear: Ensuite j'ai tourné à gauche.
        You say: *Mais non, tu n'as pas tourné à gauche.*
        You hear: Philippe, tu n'as pas tourné à gauche?
        You say: *Il a tourné à droite.*
        You hear: Ah, il a tourné à droite.

  1. une calculatrice   3. au théâtre   5. la voiture
  2. le Panthéon   4. avant Martine   6. à Châtelet

V. Les voyelles a, i, u. When not in combination with another vowel, the letters **a, i,** and **u** in French each represent a single sound. Read the following words, then repeat the model pronunciation.

1. la
2. place
3. tabac
4. ananas

5. il
6. ici
7. imiter
8. mari

9. tu
10. descendu
11. musée
12. calculatrice

Since the French sound for the letter **u** (/ y /) has no English equivalent, try this exercise to help you learn to pronounce this sound. Begin by making the sound for the letter **i** (/ i /); keep the inside of your mouth tense and spread your lips. Now, maintaining the tension inside your mouth, move your lips to a whistling position, putting them as far forward as possible: / i / → / y /. Now repeat the following words:

tu / su / bu / du / vu / nu / lu / jus

VI. Non,... la semaine dernière. You and your friends are discussing plans for the near future. However, whenever someone suggests something, you indicate that the person involved has already done it. Use the cues provided to give more information.

Modèle: la semaine dernière

You hear: Est-ce qu'Anne-Marie va visiter la cathédrale?
You say: *Non, elle a déjà visité la cathédrale?*
You hear: Elle a déjà visité la cathédrale? Quand?
You say: *Elle a visité la cathédrale la semaine dernière.*
You hear: Ah, bon. Elle a visité la cathédrale la semaine dernière.

1. l'année dernière
2. hier matin

3. il y a une heure
4. hier après-midi

5. il y a trois jours
6. le week-end dernier

Bande 10 (Étapes 3 et 4)

I. D'abord... ensuite... (*First... then...*). You and your friends are discussing in what order you will visit certain places in Paris.

Modèle: rive droite
You hear: On va d'abord sur la rive gauche?
You say: *Non, d'abord on va sur la rive droite, ensuite on va sur la rive gauche.*
You hear: Bon. D'abord la rive droite, ensuite la rive gauche.

1. au Louvre
2. à la Madeleine
3. au Centre Beaubourg

4. à la place de la Concorde
5. à la place Vendôme
6. au jardin du Luxembourg

II. Hier. Use the cues provided to answer the questions about what the following people did yesterday. Listen carefully to distinguish between **avoir** and **être** verbs.

Modèle: aller à la bibliothèque / pour étudier son français / pendant trois heures
You hear: Qu'est-ce que Monique a fait hier?
You say: *Elle est allée à la bibliothèque.*
You hear: Ah, elle est allée à la bibliothèque. Pourquoi?
You say: *Elle est allée à la bibliothèque pour étudier son français.*
You hear: Pour étudier son français? Combien de temps a-t-elle été à la bibliothèque?
You say: *Elle a été à la bibliothèque pendant trois heures.*
You hear: Pendant trois heures? Très bien.

1. aller à la librairie / pour acheter des livres / deux livres
2. rester à la maison / pour regarder la télévision / pendant cinq heures
3. aller à Paris / pour visiter les musées / pendant quatre jours
4. aller en ville / acheter des disques / neuf disques

III. **Mini-dictée: À Paris.** Danielle and her friend Monique are describing what they did in Paris. Complete their sentences by writing the words you hear. Each sentence will be read twice.

1. Danielle: Nous _____ à Paris l'année _____.

2. Monique: Nous _____ le train pour _____ à Paris.

3. Danielle: J'_____ le Louvre et la basilique _____ Sacré-Coeur.

4. Monique: Moi, je _____ à Notre-Dame et _____ l'Opéra.

5. Danielle: Mes parents _____ à Bordeaux; ils _____ voyager.

6. Monique: L'année _____, nous _____ à Paris.

IV. **Les combinaisons ai et au.** The combinations **ai** and **au** in French are pronounced as single sounds. Read the following words, then repeat the model pronunciation.

1. j'ai
2. française
3. autobus
4. de Gaulle
5. aimer

6. restaurant
7. s'il vous plaît
8. aussi
9. anglais
10. un thé au lait

V. **Hier? Aujourd'hui? Demain?** Use the cues provided to answer questions about what the following people do, have done, or are going to do. Listen carefully to distinguish among the verbs in the present, the past, and the future.

Modèle: **rester à la maison / aller en ville**
You hear: Qu'est-ce que Robert fait aujourd'hui?
You say: *Aujourd'hui il reste à la maison.*
You hear: Il reste à la maison? Mais il est resté à la maison hier aussi.
You say: *Non, hier il est allé en ville.*
You hear: Ah, oui. C'est vrai. Il est allé en ville hier.

1. travailler / rester à la maison
2. aller au cinéma / étudier ma géographie
3. aller à Londres / aller à Rome
4. acheter une auto / acheter un vélomoteur
5. aller au parc / aller à la bibliothèque
6. aller au Louvre / aller au Centre Beaubourg
7. dîner en ville / dîner à la maison

VI. Où êtes-vous? Your friends call you up to let you know where to meet them. Unfortunately, they don't know the names of the places where they are, so they give you a description. You identify each place and write down its name.

1. _____

2. _____

3. _____

4. _____

CHAPITRE SIX:
Faisons les courses!

PARTIE ORALE

Bande 11   (Étapes 1 et 2)

  I. Les Points de départ. Listen to the **Points de départ** of the **Première Étape** (p. 140) and the **Deuxième Étape** (p. 147).

  II. Tu vas acheter... Your mother is sending you to do the shopping. She tells you what to buy and then has you repeat so as not to forget.

     Modèle: You hear: Tu vas aller à la boulangerie et tu vas acheter un pain de campagne.
                 You say: *Un pain de campagne.*

     (Do this part of the exercise first, then listen to the new directions.)

     However, since your mother does not trust your memory, she has you repeat the list in order to verify that you are not going to forget something. Use the drawings below to help you remember the order. Begin.

     Modèle: You say: *Un pain de campagne.*
                 You hear: Un pain de campagne. Oui.

  III. Qu'est-ce qu'on va manger ce soir? You are discussing with your father what's for supper tonight. Using the cues provided, tell him what's planned, whether or not you like it, and exactly what your mother bought.

     Modèle: **poulet / beaucoup / 2 poulets**
              You hear: Qu'est-ce qu'on va manger ce soir?
              You say: *On va manger du poulet.*
              You hear: Ah, on va manger du poulet. Tu aimes le poulet, n'est-ce pas?
              You say: *Oui, j'aime beaucoup le poulet.*
              You hear: Moi aussi, j'aime beaucoup le poulet. Qu'est-ce que ta mère a acheté?
              You say: *Elle a acheté deux poulets.*
              You hear: Elle a acheté deux poulets? On va bien manger ce soir.

     1. boeuf / beaucoup / rôti

     2. jambon / pas beaucoup / 6 tranches

     3. veau / assez / 3 côtelettes

4. boeuf / bien / deux biftecks

5. pâtisseries / beaucoup / tarte aux cerises

6. saucisson / non / 10 tranches

IV. **Les voyelles é, è, et ê.** In French, you must distinguish between the vowel sounds represented by the letters é (accent aigu, / e /), è (accent grave /ɛ/), and ê (accent circonflexe, /ɛ/). Read the following words, then repeat the model pronunciation.

1. thé	5. résiste	8. téléphoner
2. mère	6. été	9. étudié
3. êtes	7. bête	10. bibliothèque
4. frère		

V. **À l'école de cuisine** (*At the cooking school*). You are a world famous chef with your own cooking school in Paris. Your students are preparing their final exam meal. Ask them about the number of guests and what they have purchased, then indicate whether or not they have enough food.

Modèle: **trois personnes / deux poulets**

You hear: Bonjour, chef.

You say: *Bonjour, Mlle. Johnson. Combien de personnes est-ce que vous avez invité?*

You hear: J'ai invité trois personnes.

You say: *Trois personnes. Qu'est-ce que vous avez acheté?*

You hear: Deux poulets. Est-ce que j'ai assez de viande?

You say: *Deux poulets pour trois personnes? Oui, vous avez assez de viande.*

You hear: J'ai assez de viande? Très bien.

1. huit personnes / une bouteille de vin

2. deux personnes / quatre baguettes

3. quatre personnes / quatre côtelettes de veau

VI. **Les clés.** Last night, you and some friends, bored and with nothing to do, sat around comparing the number of keys each one had. Your friend Marcel, who was not there, asks you about the results of the comparison. Using the list below, answer Marcel's questions.

Gabrielle	25		Simone	4
Michel	7		Yvette	2
Didier	7		Yves	10

Modèle: You hear: Est-ce que Didier a beaucoup de clés?

You say: *Non, il n'a pas beaucoup de clés.*

You hear: Ah, Didier n'a pas beaucoup de clés.

VII. **Mini-dictée: les villages de Provence.** In southern France, along with large cities such as Marseille, there are also many small towns. Write in numbers of the population of the following small towns. Each number will be read twice.

Les Baux _____   Ménerbes _____

Cadenet _____   St-Rémy-de-Provence _____

Gordes _____   Vivier _____

VIII. Qu'est-ce que vous dites? You're sitting at a café with friends. Because there is a lot of noise, you don't fully hear what they're saying. You ask a question for clarification, and when you still don't hear, you ask another question.

> **Modèle:** You hear: **J'ai acheté un ordinateur xxxxxxx.**
> You say: *Quel ordinateur?*
> You hear: **Quel ordinateur? Un ordinateur apple.**

(Items 1 — 4)

Bande 12   (Étapes 3 et 4)

I. Le Point de départ. Listen to the **Point de départ** of the **Troisième Étape** (p. 154).

II. Il a acheté des pommes? Identify correctly each of the following fruits and vegetables.

> **Modèle:** You hear: **Il a acheté des pommes?**
> You say: *Non, il a acheté des oranges.*
> You hear: **Tu as raison, il a acheté des oranges.**

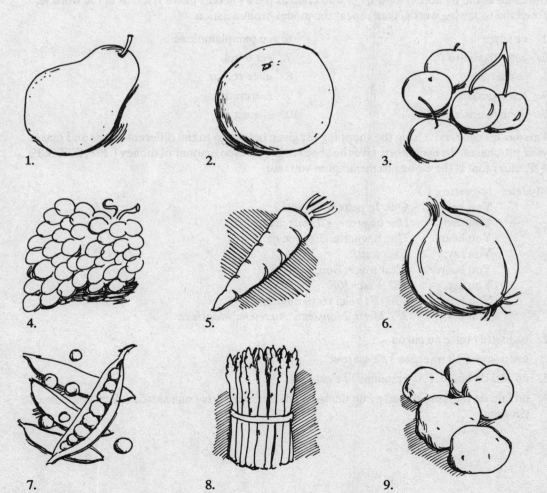

1.

2.

3.

4.

5.

6.

7.

8.

9.

III. Où est-ce qu'on va pour acheter... ? Indicate to what store one goes to buy the following items.

> **Modèle:** You hear: Où est-ce qu'on va pour acheter des légumes?
> You say: *On va à l'épicerie.*
> You hear: Oui, on va à l'épicerie.

IV. Combien coûte... ? While shopping, you point to various items and ask how much they cost. You then ask for the amount indicated in the cue and ask how much you owe.

> **Modèle: tomates / 1 kilo et demi**
> You say: *Combien coûtent ces tomates?*
> You hear: Ces tomates? Elles coûtent 16F le kilo.
> You say: *Donnez-moi un kilo et demi.*
> You hear: Un kilo et demi? Très bien.
> You say: *Combien est-ce que je vous dois?*
> You hear: Un kilo et demi de tomates, à 16F le kilo, ça fait 24F.
> You say: *Voilà 24F.*

1. petits pois / 2 kilos
2. asperges / 1 kg et demi
3. tarte / 2
4. pommes / 2 kilos
5. confiture / 2 boîtes
6. gruyère / 250 grammes

V. La voyelle ẹ. The e without a written accent in French represents three different sounds—/ e /, the same as the **é** (**accent aigu**); /$\mathcal{E}$/, the same as the **è** (**accent grave**); /∂/ as in the word **le**. Read the following words, then repeat the model pronunciation.

1. ce verre
2. cette baguette
3. je cherche
4. ces asperges
5. demain après-midi
6. ce pamplemousse
7. cet hôtel
8. aller-retour
9. mercredi
10. elle est

VI. Faisons les courses! Using the shopping list given below, go to the different stores and make your purchases. In each store, give the shopkeeper an even amount of money (10F, 20F, 30F, 40F, etc.) that is the closest to the amount you owe.

> **Modèle: baguette (1)**
> You hear: Oui. Je peux vous aider?
> You say: *Une baguette, s'il vous plaît.*
> You hear: Une baguette. Et avec ça?
> You say: *C'est tout.*
> You hear: C'est tout? Bon, c'est 3F.
> You say: *3F? Voici 10F.*
> You hear: 10F. Et voici votre monnaie—7F.
> You say: *7F. Merci, Monsieur. Au revoir, Monsieur.*

1. baguette / tarte au citron
2. saucisson (10 tranches) / c'est tout
3. un rôti de boeuf (3 personnes) / c'est tout
4. un kilo de pommes de terre / un demi-kilo de haricots verts / une salade / deux bouteilles de vin rouge

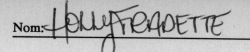

CHAPITRE HUIT:
Trouvons un hôtel!

PARTIE ORALE

Bande 15 (Étapes 1 et 2)

I. **Les Points de départ.** Listen to the **Points de départ** of the **Première Étape** (p. 192) and the **Deuxième Étape** (p. 198).

II. **Nous avons une chambre?** In each of the following situations, you are helping some people get a hotel room. While they wait outside, you have gone into the hotel lobby to get the room. When you return, they question you about the room you've reserved for them. Use the cues provided to answer their questions.

Modèle: 2 pers. avec / 200F / non compris / 4e / pas d'ascenseur

You hear:	Est-ce que tu as trouvé une chambre pour nous?
You say:	*Oui, j'ai trouvé une chambre pour deux personnes, avec salle de bains.*
You hear:	Une chambre pour deux personnes avec salle de bains. Très bien. C'est combien par nuit?
You say:	*Deux cents francs par nuit.*
You hear:	200F par nuit? C'est pas mal. Est-ce que le petit déjeuner est compris?
You say:	*Non, il n'est pas compris.*
You hear:	Il n'est pas compris? D'accord. À quel étage est la chambre?
You say:	*Elle est au quatrième étage.*
You hear:	Au quatrième. Est-ce qu'il y a un ascenseur?
You say:	*Non, il n'y a pas d'ascenseur.*
You hear:	Il n'y a pas d'ascenseur? Oh, ça va. Merci bien.

1. 2 pers., sans / 150F / compris / 5e / pas d'ascenseur
2. 2 pers., avec / 350F / non compris / 3e / ascenseur
3. 1 pers., avec / 190F / compris / 2e / pas d'ascenseur

III. **Au trente et unième étage.** You work as a receptionist in a large office and apartment building. Part of your job consists in telling visitors on what floor they can find the office or the people they are looking for.

Modèle: les Gladien / 18^e

You hear:	Les Gladien, s'il vous plaît.
You say:	*Les Gladien? Vous prenez l'ascenseur jusqu'au 18e étage.*
You hear:	Au dix-huitième? Merci.

1. les Mauroy / 35^e
2. l'Office de Tourisme / 4^e
3. Les Ralite / 16^e

4. M. Meunier / 6^e
5. Mme Mermaz / 21^e
6. les Salons de l'Étoile / 9^e

IV. **Vous avez bien dormi?** Use the cues provided to discuss how well or how poorly the following people sleep.

Modèle: **vous — assez bien / 7h / 7h30**

You hear:	Vous avez bien dormi hier soir?
You say:	*Oui, nous avons assez bien dormi.*
You hear:	Jusqu'à quelle heure dormez-vous d'habitude?
You say:	*D'habitude nous dormons jusqu'à sept heures.*
You hear:	Nous aussi, nous dormons jusqu'à sept heures. Et ce matin?
You say:	*Ce matin nous avons dormi jusqu'à sept heures et demie.*
You hear:	Jusqu'à 7h30. C'est assez bien.

1. ton père — bien / 8h / 10h
2. toi — assez bien / 6h30 / 7h
3. les enfants — bien / 6h / 6h45
4. vous — très mal / 7h30 / 5h
5. ta mère — pas très bien / 7h30 / 6h30

V. **La consonne l.** In French, the letter l represents either the consonant sound / l /, as in **le**, or the semi-consonant sound / j /, as in **travail**. Read the following words, then repeat the model pronunciation.

1. lit
2. joli
3. lavabo
4. soleil
5. travail
6. vieil
7. ail
8. aile
9. service d'accueil
10. laver

VI. **Quelle heure est-il?** You and your friends are discussing your plans. Give them the present time, then answer their questions about various events.

Modèle: **8h30 — le concert / commencer**

You hear:	Quelle heure est-il?
You say:	*Il est huit heures et demie.*
You hear:	Huit heures et demie? Le concert commence dans une demi-heure.
You hear:	À quelle heure commence le concert?
You say:	*Il commence à neuf heures.*
You hear:	Ah, il commence à neuf heures.

1. 7h30 — on / servir le dîner
2. 9h — Nicole / arriver
3. 11h — le concert / commencer
4. 2h10 — Jacques / partir
5. midi — Georges / arriver
6. 3h45 — les autres / quitter la maison

Bande 16 (Étapes 3 et 4)

I. **Point de départ.** Listen to the **Point de départ** of the **Troisième Étape** (p. 205).

II. **La note est réglée?** You are still helping your friends at the hotel. This time you are checking with them to make sure that all the details of their hotel bill are correct.

CHAPITRE DIX:
Soignons-nous!

PARTIE ORALE

Bande 19   (Étapes 1 et 2)

I. Les Points de départ. Listen to the **Points de départ** of the **Première Étape** (p. 246) and the **Deuxième Étape** (p. 253).

II. Où est-ce que... a mal? You are asked by a friend where each of the persons in the pictures is in pain. Answer your friend on the basis of each picture, then continue the conversation using the expression given.

Modèle:	**aller chez le dentiste**
	You hear: Qu'est-ce qu'il a, Éric?
	You say: *Il a mal aux dents.*
	You hear: Ah, bon. Il a mal aux dents?
	Il va chez le médecin?
	You say: *Mais non, il va chez le dentiste.*
	You hear: C'est vrai. Il va chez le dentiste.

1.   2.   3.

4.   5.   6.

III. Quelle sorte de personne étiez-vous? You and your friends talk about the changes you've undergone since you were a child. As you listen to each statement, formulate a question about the past. Use the imperfect.

Modèle:	You hear:	Maintenant je n'ai plus peur du tonnerre (*thunder*).
	You say:	*Tu avais peur du tonnerre autrefois?*
	You hear:	Oui, j'avais peur du tonnerre. Tu n'avais pas peur du tonnerre, toi?
	You say:	*Si, j'avais peur du tonnerre.* or *Non, je n'avais pas peur du tonnerre, moi.*

IV. **Une fois par jour.** As you answer the questions about your daily activities, explain that you and your friends/family used to do these things once a day.

Modèle: You hear: Tu téléphones à tes amis tous les jours?
        You say: *Non, mais autrefois je téléphonais à mes amis une fois par jour.*
        You hear: Moi aussi, je téléphonais à mes amis une fois par jour.

(Items 1 – 6)

V. **De mauvaises vacances.** You and your family were very unlucky: every time you went on vacation someone got sick or was hurt. Use the suggested answers to respond to your friends' questions about these vacations. Listen carefully to the tense of the verb in the question; it will tell you whether to use the **passé composé** or the **imparfait** in your answer.

Modèle: **je / avoir un rhume / avoir le nez pris, tousser beaucoup**
        You hear: Comment se sont passées les vacances de Noël?
        You say: *Très mal. J'ai eu un rhume.*
        You hear: Ah, tu as eu un rhume. C'est dommage. Tu avais mal à la gorge?
        You say: *Non, mais j'avais le nez pris et je toussais beaucoup.*
        You hear: Tu avais le nez pris et tu toussais beaucoup. Ce n'était donc pas très amusant.

1. je / avoir la grippe / avoir mal à la gorge / se sentir très mal

2. mon père / avoir un accident / se fouler la cheville / avoir du mal à marcher

3. ma soeur et moi / être enrhumé(e)s / avoir le nez qui coule / tousser beaucoup

4. je / avoir une grippe intestinale / avoir mal au coeur / ne pas supporter (*to stand*) la nourriture

VI. **Le groupement de mots.** The basic element of spoken French is the phrase, or group of related words. Therefore, any pauses that occur in the sentence tend to be located between word groups rather than between individual words.

Listen to the following sentences and mark the pauses (use a slash /) between word groups. Then repeat the sentences with the appropriate pauses.

1. Le matin, il se réveille à six heures et il se lève tout de suite.

2. J'ai beaucoup de livres intéressants dans ma bibliothèque.

3. Es-tu allé au cinéma hier soir?

4. Vous travaillez tous les jours, n'est-ce pas?

5. Hier, il y a eu un match épatant à la télévision.

VII. **L'accent.** In French, stress is indicated by length: a stressed syllable has a longer vowel sound than the syllables surrounding it. The accent, or stress, always falls in the same place — at the end of a word or phrase. Listen to each word and phrase. Then repeat it, taking care to stress the proper syllable.

1. Bonjour, Monsieur. Comment allez-vous?

2. Pas mal, Mademoiselle. Et vous?

3. Il fait beau aujourd'hui, n'est-ce pas?

4. Ah, oui. Il fait un temps magnifique.

5. C'est la première fois que vous visitez Paris?

6. Oui, c'est ma première visite dans votre ville.

VIII. **Des excuses.** You and a friend are trying to get together a group of friends to go out tonight. You call several people, suggest that they go out with the two of you, listen to their excuses and then report back to your friend.

Modèle: **Bernard**

You say:	*Allô. Bernard? Tu peux sortir ce soir?*
You hear:	Non, je ne peux pas. Je dois travailler.
You hear:	Qu'est-ce qu'il dit (*What is he saying*)?
You say:	*Il ne peut pas.*
You hear:	Il ne peut pas? Pourquoi?
You say:	*Il doit travailler.*
You hear:	Ah, bon. Il doit travailler.

1. Claire / faire les devoirs

2. Georges et François / rester à la maison

3. Jacqueline et Yvette / s'occuper des enfants

4. Alain / se coucher, avoir la grippe

IX. Personne n'a pu... (*Nobody could...*) Yesterday was a bad day for all your friends; everyone had to cancel his or her plans. Discuss this situation with your friend, following the model and using the suggested expressions.

Modèle: **je / travailler**

You hear:	Est-ce que tu es sorti hier soir?
You say:	*Non, je n'ai pas pu.*
You hear:	Tu n'as pas pu sortir. Pourquoi?
You say:	*J'ai dû travailler.*
You hear:	Ah, tu as dû travailler.

1. je / se coucher de bonne heure

2. nous / se reposer

3. Françoise / préparer le dîner

4. mes cousins / changer de projets

Bande 20 (Étapes 3 et 4)

I. Point de départ. Listen to the **Point de départ** of the **Troisième Étape** (p. 261).

II. Chez le médecin. You haven't been feeling well and you finally decide to go to the doctor. Using the clues given, reproduce the conversation as presented in the model.

Modèle: **pas très bien / gorge / frissons**

You hear:	Entrez. Comment allez-vous aujourd'hui?
You say:	*Je ne me sens pas très bien.*
You hear:	Vous ne vous sentez pas très bien. Qu'est-ce que vous avez?
You say:	*J'ai mal à la gorge.*
You hear:	Vous avez mal à la gorge. Vous toussez aussi?
You say:	*Non, mais j'ai des frissons.*
You hear:	Vous avez des frissons. Prenons votre température. 38,1.
You say:	*J'ai de la fièvre?*
You hear:	Oui, vous avez de la fièvre, mais ce n'est pas grave. Vous avez sûrement une grippe.

1. pas très bien / tête / tousser

2. mal / ventre / diarrhée

3. pas très bien / tousser / nez pris

4. très mal / yeux / nez qui coule

III. Une mauvaise semaine. Last week all of your family was sick. Discuss the situation with your friend, using the suggested expressions to answer his/her questions.

    Modèle: **avoir la grippe / très mal à la gorge / se coucher de bonne heure**

You hear:	Ta mère était malade?
You say:	*Oui, elle avait la grippe.*
You hear:	Elle avait la grippe. Elle toussait beaucoup?
You say:	*Non, mais elle avait très mal à la gorge.*
You hear:	Elle avait très mal à la gorge. Est-ce qu'elle a dû rester au lit?
You say:	*Non, mais elle a dû se coucher de bonne heure.*
You hear:	Ah, elle a dû se coucher de bonne heure. C'est très raisonnable.

1. avoir un rhume / le nez pris / acheter des gouttes pour le nez

2. avoir la grippe / oui / devoir rester à la maison

3. être enrhumé(e) / tousser beaucoup / devoir acheter un sirop contre la toux

4. avoir mal au dos / se faire mal en jouant au tennis / devoir rester au lit pendant trois jours

IV. ...depuis... Use the cues given to find out how long each person has been in a particular place.

    Modèle: **Georges / Paris**

You say:	*Quand est-ce que Georges est arrivé à Paris?*
You hear:	Il y a trois jours.
You say:	*Tiens, il est à Paris depuis trois jours.*
You hear:	Oui, il est à Paris depuis trois jours.

1. vous / Chicago   4. tu / Boston

2. ils / ici   5. elles / Paris

3. il / Madrid   6. il / Rome

V. Parce qu'il ne sait pas... Use the cues to indicate why the following people don't want to do what is suggested. Use the verb **savoir** in your answers.

    Modèle: **nager / oui**

You hear:	Pourquoi est-ce qu'Éric ne veut pas aller à la plage?
You say:	*Parce qu'il ne sait pas nager.*
You hear:	Ah, il ne sait pas nager. Et toi?
You say:	*Moi? Oui, je sais nager.*
You hear:	Moi aussi, je sais nager.

1. parler français / oui   3. nager / oui

2. faire de l'alpinisme / non   4. jouer au bridge / non

VI. L'intonation. Intonation refers to pitch, the rising and falling of the voice. French intonation patterns are determined both by word groups and by type of utterance. In some cases, intonation is the key to meaning.

A. Listen to the following sentences and, based on the intonation pattern that you hear, decide if the sentence is a *yes/no question*, an *information question*, a *command*, or a *declarative sentence*.

1. À quelle heure commence le film?   *information question*

2. Va au marché et achète du pain.   *declarative sentence*

3. Est-ce que tu as fait tes devoirs?   *yes/no question*

4. L'été prochain je vais en France.   *declarative sentence*

5. Ne le donne pas à Marie.   *command*

6. Nous sommes allés au bal avec eux.   *declarative sentence*

7. Pourquoi avez-vous acheté deux billets? _information question_

8. Allons à la plage cet après-midi. _command_

B. Listen to the sentences. Then repeat them, taking care to follow the proprer intonation pattern.

1. Avec qui vas-tu au théâtre?

2. Elles n'ont pas étudié le russe?

3. Est-ce que tes parents sont allés en Europe?

4. Si tu vas à la boulangerie, achète du pain et des croissants.

5. Je me réveille, je me lève, je m'habille et je prends mon petit déjeuner.

6. Tourne à gauche, va tout droit, et arrête-toi devant la boucherie.

VII. **Dictée: Discussion à table.** The Cazenave family is eating dinner when they notice that the youngest child Bernard is not acting like his usual self. Write down their conversation. The conversation will be read once at normal speed. Then each sentence will be read individually. You may listen to the conversation again to verify your work.

Janine: _____

Mme Cazenave: _Bernard Qu'est-qu'il y a?_
Tu n'on son pas bien Janine.

Bernard: _No ma mere, Je mal à la gorge._

Mme Cazenave: _Jevais me couche Je vais me couche_
Ce bien, Va to couché? Je réveille tu dixhui de tempéture

M. Cazenave: _Sur   et taujour malade_
Un téléphone et maison

Mme Cazenave: _No, C'est_

M. Cazenave: _Se ne pas gra_

Mme Cazenave: _Il n y pas à f_

Janine: _____

VIII. **Exercices de compréhension**

A. **Que répondez-vous?** Imagine that you are the person to whom each of the following comments or questions is addressed. Choose from the possible rejoinders the one that best suits the context. Each question or comment will be given twice.

Modèle: You hear: Alors, qu'est-ce qui ne va pas?
Possible answers:

a. Très bien, merci.

b. Je me sens très fatigué(e).

c. À la pharmacie.
You choose, of course: *b*

1. a. Oui, je me sens très fatigué(e).

b. Oui, je me promène tous les matins.

c. Oui, j'ai très bien dormi hier soir.

2. a. Oui, j'ai un peu mal à la gorge.

   b. Non, ce n'est pas grave. J'ai un petit rhume.

   c. Il s'appelle le docteur Richeroi.

3. a. Depuis deux jours.

   b. Il y a une heure.

   c. Mardi prochain.

4. a. Je devais chercher un médicament pour mon frère.

   b. Je dois m'acheter des anti-histamines.

   c. J'ai dû chercher des pastilles pour la gorge.

5. a. Oui, c'est que je ne me sens pas très bien.

   b. Oui, je suis en forme.

   c. Oui, j'ai bien mangé.

B. Qu'est-ce qu'il(elle) a dit? You are traveling in France with a non-French-speaking friend who is sick. You have explained your friend's symptoms to the doctor (or the pharmacist), who then gives advice and instructions. Your friend, who has not understood, asks you to interpret. Listen to what the doctor (pharmacist) says, then explain *in English* to your friend. You will probably not understand every word; the important thing is to get the gist of the information.

1. _____

   _____

   _____

2. _____

   _____

   _____

C. Vous êtes témoin d'un accident. You are one of four witnesses (**témoins**) to an accident. The other three witnesses, who are native French speakers, are able to explain to the police much more readily what happened than you can; however, their versions do not agree. Compare the three versions with the picture. There will be words you do not recognize, but what is important is for you to be able to tell the policeman which of the three versions is the most accurate.

Qui a raison? 1 2 3

CHAPITRE ONZE:
Habillons-nous!

PARTIE ORALE

Bande 21   (Étapes 1 et 2)

I. Les Points de départ. Listen to the **Points de départ** of the **Première Étape** (p. 274) and of the **Deuxième Étape** (p. 281).

II. Il vous faut des vêtements? Ask your friend if he/she needs the articles of clothing you see in the first set of drawings.

Modèle: You say: *Il te faut un collier?*
            You hear: Oui, il me faut un collier.

1.   2.   3.   4.   5.

Now ask both of your friends if they need the articles of clothing you see in the second set of drawings.

Modèle: You say: *Il vous faut des sous-vêtements?*
            You hear: Oui, il nous faut des sous-vêtements.

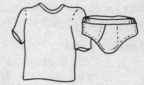

6.   7.   8.   9.   10.

III. Pas si vite! No matter what anyone wants to do, you can always think of something they have to do first. The cues provide you with the tasks you impose.

Modèle: **finir/devoirs**
            You hear: Je vais aller au café.
            You say: *Pas si vite! Il faut que tu finisses d'abord tes devoirs.*
            You hear: Oui, il faut que tu finisses d'abord tes devoirs.

1. aller chez le médecin   4. téléphoner
2. ranger leur chambre   5. faire les devoirs
3. être au rendez-vous avec Monique   6. signer le contrat

IV. Et aussi. Each time a friend indicates that it is necessary to do something, you agree and point out something else that must be done also. Distinguish between general statements and those with a specific subject.

Modèles: boire quelque chose

    You hear: Il faut manger quelque chose.
    You say: *Oui, et il est nécessaire de boire quelque chose aussi.*
    You hear: C'est vrai, il est nécessaire de boire quelque chose aussi.

nous / aller à la gare

    You hear: Il est nécessaire que nous passions par la banque.
    You say: *Oui, et il faut que nous allions à la gare aussi.*
    You hear: C'est vrai, il faut que nous allions à la gare aussi.

1. prendre l'autobus
2. vous / trouver des chaussettes
3. tu / faire la vaisselle
4. regarder le plan
5. je / prendre une douche
6. appeler un taxi

V. **La consonne r.** The French *r* is pronounced in the back of the throat. Listen to each of the following words, then repeat it, and finally listen to the model pronunciation again.

1. anorak
2. généreux
3. se marier
4. heureuse
5. marron
6. arriver

Now continue in the same fashion with the following sentences.

7. J'adore la robe rouge de ta soeur.
8. Robert se rase tous les soirs.
9. Tu désires sortir avec Richard ce soir?
10. Remets le rôti et le riz dans le four.

VI. **Mets tes gants!** It's wintertime and everyone is suffering from the cold. Use the verb **mettre** and the cues provided to tell them how to keep warm.

Modèle: gants

    You hear: J'ai froid aux mains.
    You say: *Mets tes gants!*
    You hear: Oui, mets tes gants!

1. pull
2. manteaux
3. bottes
4. écharpes
5. chapeau
6. chandail

VII. **Au rayon des vêtements.** You're at a clothing store to buy clothes for someone else. Use the cues provided to answer the salesperson's questions.

Modèle: jupe / votre cousine / 42 / laine / bleu / 250F

    You hear: Est-ce que je peux vous aider?
    You say: *Je voudrais acheter une jupe.*
    You hear: Une jupe? Très bien. Elle est pour vous?
    You say: *Non, elle est pour ma cousine.*
    You hear: Pour votre cousine. Et quelle est sa taille?
    You say: *Elle porte du 42.*
    You hear: Du 42. Vous voulez une jupe en coton?
    You say: *Non, une jupe en laine.*
    You hear: En laine. Voici une jolie jupe rose. Et une autre qui est bleue.
    You say: *Elle coûte combien, la jupe bleue?*
    You hear: La jupe bleue? 250F.
    You say: *Deux cent cinquante. Bon. Je la prends.*
    You hear: Vous la prenez? Très bien. Vous avez fait un excellent choix.

1. chemise / votre frère / 38 / coton / blanc / 115F

2. manteau / votre mère / 44 / laine / marron / 532F

3. pardessus / votre père / 51 / laine / gris / 886F

VIII. Vous changez d'avis. Use an indirect object pronoun to advise your friend whom to call or not to call. A second friend will repeat what you say.

    Modèle: You hear: Éric m'a dit de téléphoner à Suzanne.
                  You say: *Eh, bien. Téléphone-lui!*
                  You hear: Oui, téléphone-lui!
                  You hear: Mais je n'aime pas Suzanne.
                  You say: *Eh, bien. Ne lui téléphone pas!*
                  You hear: C'est ça. Ne lui téléphone pas!

(Items 1—4)

Bande 22   (Étapes 3 et 4)

    I. Le Point de départ. Listen to the **Point de départ** of the **Troisième Etape** (p. 289).

    II. Au rayon des chaussures. Everyone in your family needs new shoes for spring. Play the role of each family member, using the cues provided to answer the salesperson's questions.

      Modèle: **sandales / votre soeur / 37 / bleu / 180F**
                You hear: Est-ce que je peux vous aider?
                You say: *J'ai besoin de sandales.*
                You hear: De sandales? D'accord. Quelle est votre pointure?
                You say: *Je chausse du 37.*
                You hear: Du 37. Vous voulez des sandales marron?
                You say: *Non, je préfère des sandales bleues.*
                You hear: Voici des sandales bleues très à la mode.
                You say: *Elles coûtent combien, ces sandales?*
                You hear: Elles coûtent 180F.
                You say: *180F. Bon, je les prends.*
                You hear: Vous les prenez? Très bien. Vous avez fait un excellent choix.

1. votre frère / bottes / 41 / noir / 600F

2. votre mère / tennis / 39 / blanc et rouge / 210F

3. votre grand-mère / escarpins / 38 / vert / 300F

4. votre père / mocassins / 44 / marron / 510F

    III. Pourquoi? Use the cues provided to explain why you and your friends want or do not want to do certain things.

      Modèle: **attendre une lettre**
                You hear: Pourquoi est-ce que Chantal ne veut pas partir?
                You say: *Parce qu'elle attend une lettre.*
                You hear: Ah, bon. Elle attend une lettre.

1. répondre trop lentement aux questions

2. rendre des livres

3. vendre leur maison

4. perdre toujours ses clés

5. attendre des nouvelles de leur mère

6. entendre un bruit dans la maison

IV. Pourquoi pas? Use the **passé composé** and the cues provided to answer the questions.

> Modèle: **nous / entendre un bruit**
> You hear: Pourquoi vous levez-vous?
> You say: *Parce que nous avons entendu un bruit.*
> You hear: Ah, bon. Vous avez entendu un bruit.

1. je / perdre mes clés
2. elle / rendre visite à son oncle la semaine dernière
3. ils / vendre leur bicyclette
4. nous / entendre dire que le film est mauvais
5. ils / ne pas répondre aux questions

V. La consonne r avant et après une consonne. Read the following sentences, then listen to them and repeat them. Pay close attention to the r sound.

1. Vous allez mettre votre écharpe?
2. J'ai acheté des espadrilles et des escarpins dans les grands magasins.
3. Mon ordinateur ne marche pas très bien.
4. Sa cravate grise ne coûte que treize francs.
5. Je voudrais un croissant et un express.
6. Ils vont mettre l'argent dans ton portefeuille.

VI. Tu as les crayons? Use the cues to indicate whom to ask about the missing item and then to make clear exactly where it is.

> Modèle: **Martine / derrière le livre**
> You hear: Qui a les crayons?
> You say: *Je ne sais pas. Peut-être Martine. Demande-lui.*
> You hear: Oui, demande-lui.
> You hear: Martine, tu as les crayons?
> You hear: Non, je les ai mis sur la table.
> You say: *Elle les a mis sur la table.*
> You hear: Elle les a mis sur la table. Mais où?
> You say: *Les voici. Derrière le livre.*

1. Papa / près de la lampe
2. les enfants / derrière la porte
3. Gérard / sous le lit
4. Michel et Janine / dans ton sac à dos

VII. Dans les grands magasins. Listen to the conversation between Yves and Christine about their shopping trip. Then fill in the information requested for each of them.

Christine:

Elle est allée au rayon des _____ et au rayon des _____.

Elle a acheté _____.

Elle n'a pas trouvé _____.

Yves:

Il a fait ses achats au rayon des _____.

Il a acheté _____.

Il n'a pas acheté _____.

VIII. Dictée: Achetons des vêtements. Following is a description of Yves' and Christine's shopping trip. Listen to the text, which will be read once straight through; then each group of words will be read twice. Write down what you hear. You may want to listen to the entire passage again to verify your work.

_____

_____

_____

_____

_____

_____

CHAPITRE DOUZE:
Visitons la France!

PARTIE ORALE

Bande 23   (Étapes 1 et 2)

  I. Parle-moi de la France. A friend of yours is about to leave for France, but she knows nothing about the country. Since you have read about France, you can answer her questions.

      Modèle: forme
              You hear: Pourquoi la France est-elle souvent appelée l'hexagone?
              You say: *À cause de sa forme.*
              You hear: Ah, bon. À cause de sa forme.

      1. dans la partie occidentale de l'Europe
      2. l'Espagne
      3. l'Allemagne et la Suisse
      4. cinq fleuves
      5. le Rhin, le Rhône, la Garonne, la Loire et la Seine
      6. les châteaux de la Loire
      7. le Bordelais
      8. Renault

  II. Les liaisons obligatoires et interdites. Liaison (the pronouncing of a final consonant that is usually silent and its linking to the vowel of following word) is required in some instances and forbidden in others. Listen carefully to the following sentences and repeat them. Then repeat them again while reading them from this page. As you do so, indicate which liaisons are required (‿) and which ones are forbidden (/).

      Modèle: You hear: Mes parents aiment les hôtels modernes.
                 You say: *Mes parents aiment les hôtels modernes.*
                 You say and write: *Mes parents / aiment les‿hôtels modernes.*

      1. Richard et Anne ont aimé le concert.
      2. Ont-ils entendu les enfants?
      3. Jean est là, mais Marie est absente.
      4. Ils sont allés chez elles.
      5. Nous avons trois enfants. Un habite chez nous, les autres habitent en Allemagne.

  III. À l'agence de voyage, ils m'ont dit... One of your friends tells you what the travel agents said about Provence. Confirm the statements using the specifics found in the **Deuxième Étape.**

      Modèle: You hear: Ils m'ont dit que je pouvais visiter une église célèbre à Marseille.
                 You say: *Ils ont raison. Cette église s'appelle Notre-Dame-de-la-Garde.*
                 You hear: Ah, bon. Cette église s'appelle Notre-Dame-de-la-Garde.

      (Items 1 — 5)

  IV. Des souvenirs. You and your friends have just returned from vacation. Use the cues provided to (1) recount something you did (**passé composé**) and (2) make a a descriptive statement (imperfect).

Modèle: **je / aller en Floride / faire très beau**
    You say: *Moi, je suis allé(e) en Floride.*
    You hear: Moi, je suis allé(e) en Californie.
    You say: *Il faisait très beau en Floride.*
    You hear: Il faisait très beau en Californie aussi.

1. je / faire du ski / avoir un peu peur

2. nous / prendre l'avion / avoir mal au coeur

3. je / grossir / avoir toujours faim

4. nous / rencontrer un poète / être très intéressant

5. je / beaucoup dormir / ne... pas vouloir sortir

V. **À l'hôtel.** You're the desk clerk at a hotel. The manager of the hotel asks you questions about various guests. Use the cues provided and either the **passé composé** or the imperfect to answer them.

Modèle: **partir à 8h / être très pressée**
    You hear: ·   Où est Mme Poireau?
    You say: *Elle est partie à 8h.*
    You hear: Elle est partie à 8h? Pourquoi?
    You say: *Elle était très pressée.*
    You hear: Elle était très pressée? Dommage! Je voulais lui dire au revoir.

1. aller au restaurant / non, chercher un restaurant mexicain.

2. oui, arriver à 3h / non, ne... pas vouloir de champagne

3. les Martin, prendre la chambre 35 / non, leurs enfants, ne... pas être avec eux

4. ne... pas sortir / ne... pas se sentir bien

5. oui, réserver une chambre hier / vouloir payer à l'avance

VI. **Une bonne journée.** Use the cues provided to give a detailed account of your activities yesterday. Use the imperfect or the **passé composé** in your answers.

Modèle: **être une très bonne journée**
    You hear: Qu'est-ce que tu as fait hier?
    You say: *Hier, c'était une très bonne journée.*
    You hear: C'était une très bonne journée? Pourquoi?

1. se lever très tard

2. se préparer des oeufs et du bacon

3. aussi boire du jus d'orange et du café

4. être en bonne forme

5. faire une longue promenade

6. non / aller en ville

7. oui / faire très beau

8. non / y avoir trop de monde

9. avoir sommeil / rentrer / se reposer

10. regarder la télé

11. regarder la télé / quand / avoir un coup de téléphone

12. être un ami qui / vouloir sortir avec moi

13. non / se coucher

14. oui / être content(e) de ma journée

CHAPITRE TREIZE:
Prenons le train!

PARTIE ORALE

Bande 25   (Étapes 1 et 2)

I. Les Points de départ. Listen to the **Points de départ** of the **Première Étape** (p. 326) and the **Deuxième Étape** (p. 334).

II. Les gares de Paris. Use the cues provided to give details about your and your friends' departures from Paris.

> **Modèle:** **Dijon / 13h45 / gare de Lyon**
> | | |
> |---|---|
> | You hear: | Où vas-tu? |
> | You say: | *Je vais à Dijon.* |
> | You hear: | À Dijon? À quelle heure pars-tu? |
> | You say: | *Mon train part à 13h45.* |
> | You hear: | À 13h45? Et de quelle gare pars-tu? |
> | You say: | *Je pars de la gare de Lyon.* |

1. Nice / 8h15 / gare de Lyon
2. Chartres / 20h35 / gare Montparnasse
3. Rouen / 14h10 / gare Saint-Lazare
4. Mulhouse / 23h50 / gare de l'Est
5. Bordeaux / 15h20 / gare d'Austerlitz
6. Bruxelles / 11h40 / gare du Nord

III. Achetons les billets! Use the cues provided to buy train tickets.

> **Modèle:** **2 / Paris / 30 mars / aller-retour (15 avril) / 1ère**
>
> | | |
> |---|---|
> | You say: | *Je voudrais deux billets pour Paris pour le 30 mars.* |
> | You hear: | Aller-simple ou aller-retour? |
> | You say: | *Aller-retour. Retour pour le 15 avril.* |
> | You hear: | Première ou deuxième classe? |
> | You say: | *Première classe.* |
> | You hear: | Voilà. Deux billets aller-retour première classe pour Paris. |

1. 3 / Bourges / 3 novembre / aller-simple / 2^e
2. 1 / Avignon / 15 janvier / aller-retour (20 janvier) / 2^e
3. 4 / Tours / 12 juin / aller-retour (3 juillet) / 2^e
4. 2 / le Havre / 16 mai / aller-simple / 2^e

IV. Faisons des réservations! Use the cues provided to make reservations.

> **Modèle:** **2 places / 2e / fumeur / 13h25**
>
> | | |
> |---|---|
> | You say: | *Je voudrais réserver deux places.* |
> | You hear: | Première ou deuxième classe? |
> | You say: | *Deuxième.* |
> | You hear: | Fumeurs ou non-fumeurs? |
> | You say: | *Fumeurs.* |
> | You hear: | Quel train? |
> | You say: | *Le train de 13h25.* |
> | You hear: | Bon, vous avez réservé deux places, deuxième classe, fumeurs, dans le train de 13h25. |

1. 3 couchettes / 1ère / non-fumeurs / 19h45
2. 1 place / 2e / fumeurs / 10h30
3. 4 couchettes / 1ère / fumeurs / 22h20
4. 2 places / 2e / non-fumeurs / 13h10

V. **Les pays francophones.** You and your friends are going to spend a year in a foreign country. Use the cues provided to name the country and then say whether or not the country is French-speaking.

Modèle: Mauritanie

You say:	*Nous allons passer une année en Mauritanie.*
You hear:	En Mauritanie? C'est un pays francophone?
You say:	*Oui, c'est un pays francophone.*
You hear:	Ah, bon. C'est un pays francophone.

1. Égypte	3. Suède	5. Belgique	7. Israël
2. Niger	4. Sénégal	6. Cameroun	8. Tunisie

VI. **D'où sont ces produits?** Use the cues provided to explain where the following products come from.

Modèle: Normandie

You hear:	D'où est ce fromage?
You say:	*Ce fromage est de Normandie.*
You hear:	C'est vrai? Ce fromage est de Normandie?

1. Bordeaux	5. Canada	8. France
2. Japon	6. États-Unis	9. Texas
3. Allemagne	7. Paris	10. Floride
4. Suisse		

VII. **Pas si vite!** No matter what anyone wants to do, you can always think of something he/she has to do first. The cues provide you with the tasks to assign and the expressions to use when you assign them.

Modèle: il faut / finir tes devoirs

You hear:	Moi, je vais aller au café.
You say:	*Pas si vite. Il faut que tu finisses d'abord tes devoirs.*
You hear:	Oui, il faut que tu finisses d'abord tes devoirs.

1. il vaut mieux / aller chez le médecin
2. il faut / ranger leur chambre
3. il est essentiel / aller au rendez-vous avec Monique
4. il est important / lui téléphoner
5. il faut / répondre à la lettre des Lacheret
6. il est nécessaire / signer le contrat

VIII. **Qu'est-ce qui se passe?** Use the expression of emotion provided to comment on what is being said. Then use **il faut que** and the second cue to explain what has to be done.

Modèle: Paul / ne pas se sentir bien / être désolé / se reposer

You hear:	Paul ne se sent pas bien.
You say:	*Je suis désolé(e) qu'il ne se sente pas bien.*
You hear:	Moi aussi, je suis désolé(e) qu'il ne se sente pas bien. Est-ce que nous pouvons faire quelque chose?
You say:	*Non, il faut qu'il se repose.*
You hear:	C'est ça. Il faut qu'il se repose.

1. Madeleine / ne pas travailler bien / être furieux(se) / accepter ses responsabilités
2. Jean-Jacques / ne pas apprendre beaucoup / être étonné(e) / être mieux préparé
3. Yvette / ne pas avoir beaucoup d'amis / regretter / être plus généreuse
4. Jeanne et Françoise / ne pas sortir avec nous / être navré(e) / aller chez leurs parents
5. Armand / ne pas être heureux / être désolé(e) / choisir une autre profession

IX. **Qu'est-ce que vous dites?** You have an uncle who is somewhat hard-of-hearing. Every time your sister, Suzanne, who has a very soft voice, answers one of your uncle's questions, you and she are obliged to repeat the answer until your uncle hears you.

Modèle: **ta mère / être en ville**

You hear:	Est-ce que ta mère est en ville?
You hear:	C'est possible.
You hear:	Comment?
You say:	*Il est possible qu'elle soit en ville.*
You hear:	Qu'est-ce que vous dites, vous deux?
You hear:	Il est possible qu'elle soit en ville.

1. vous / aller en ville aujourd'hui
2. ton père / pouvoir se reposer aujourd'hui
3. tes parents / sortir ce soir
4. ta mère / avoir des projets pour demain
5. vous / aimer habiter ici
6. ton frère / vouloir habiter ici

Bande 26 (Étapes 3 et 4)

I. **Le Point de départ.** Listen to the **Point de départ** of the **Troisième Étape** (p. 342).

II. **J'insiste.** People are not always cooperative when you want them to do something. First, tell your friends and family members what to do. Then insist, using the cues provided.

Modèle: **être à l'heure / insister**

You say:	*Soyez à l'heure!*
You hear:	Nous ne pouvons pas être à l'heure.
You say:	*J'insiste que vous soyez à l'heure.*
You hear:	Moi aussi, j'insiste que vous soyez à l'heure.

1. monter dans votre chambre / vouloir
2. manger vos légumes / insister
3. se lever de bonne heure / exiger
4. aller à la boulangerie / vouloir
5. avoir de bonnes notes / vouloir
6. être en avance / insister

III. **Pourquoi?** Use the cues provided to answer your friend's questions about what you are going to do during winter vacation. Begin your answer with **Parce que** (indicated family member) **veut que je (nous)...**

Modèle: **mon père / passer les vacances avec la famille**

You hear:	Pourquoi est-ce que tu vas à Chamonix?
You say:	*Parce que mon père veut que je passe les vacances avec la famille.*
You hear:	C'est bien. Il vaut mieux que tu passes les vacances avec la famille.

1. mon frère / apprendre à faire du ski

2. ma soeur / être là samedi avant midi

3. mon frère / avoir la possibilité de faire du ski de fond aussi

4. ma soeur / sortir avec elle le soir

5. ma mère / réussir aux examens

6. ma mère / rendre visite à nos grands-parents

IV. **Qu'est-ce qu'il faut faire pour réussir dans la vie?** The following people all have their own ideas about what it takes to be successful in life and to achieve happiness. Use the cues provided to indicate what these ideas are.

Modèle: **Michel / 18 ans / il est nécessaire / trouver un bon job**

You hear:	Quel âge a Michel?
You say:	*Il a dix-huit ans.*
You hear:	Il a dix-huit ans. Pour réussir dans la vie, selon lui, est-ce qu'il est nécessaire de se marier?
You say:	*Non, il est nécessaire de trouver un bon job.*
You hear:	Moi aussi, je trouve qu'il est nécessaire de trouver un bon job.

1. Paul et Philippe / 15 ans / vouloir / beaucoup voyager

2. Jeanne / 35 ans / il est essentiel / avoir le sens de l'humour

3. Simone et Chantal / 20 ans / vouloir / être en bonne santé

4. Marc / 50 ans / il faut / s'amuser quand on peut

5. Catherine / 10 ans / il est important / avoir beaucoup d'amis

V. **Dictée: Prenons le train!** Francine and her family are going to visit friends in Besançon. Write down what you hear on a separate sheet of paper. The complete text will be read first. Then each sentence will be read twice. You may want to listen to the text one more time to verify your work.

VI. **En train ou en voiture?** Listen to the following disagreement between Nicole and her friend Paul about the best way to travel. Then answer the questions that follow.

1. Qui préfère voyager en train — Nicole ou Paul? _____

2. Quels arguments sont pour le train? Quels arguments sont pour la voiture? Écrivez **T** (**train**) ou **V** (**voiture**). Si Nicole ou Paul n'ont pas mentionné un de ces arguments, mettez un **X**.

   _____ a. À la fin du voyage on est très fatigué.
   _____ b. On peut s'arrêter où on veut.
   _____ c. À la fin du voyage, on n'est pas obligé de chercher un autre moyen de transport.
   _____ d. On peut dîner en voyageant.
   _____ e. On peut apprécier le paysage.
   _____ f. C'est un voyage reposant.
   _____ g. Il n'est pas nécessaire d'attendre.

VII. **Les haut-parleurs.** While waiting for trains in France, several American tourists (non-speakers of French) come up to you and ask questions about the train announcements over the loudspeakers. Answer their questions on the basis of what you hear.

1. What track does the train from Nantes arrive on? _____

2. When will it be here? _____

3. Do we have plenty of time to get our luggage onto the train? _____

4. What time does the train for Strasbourg leave? _____

5. We don't smoke. In what part of the train should we sit? _____

6. I have a first class ticket. Where do I go? _____

7. How long will it take to get to Strasbourg? _____

8. How much time before the TGV pulls out? _____

9. Are there any stops between Lyon and Marseille? _____

CHAPITRE QUATORZE:
Allons à la poste!

PARTIE ORALE

Bande 27   (Étapes 1 et 2)

I. **Les Points de départ.** Listen to the **Points de départ** of the **Première Étape** (p. 354) and the **Deuxième Étape** (p. 361).

II. **À la poste.** You're at the post office in Lille at Christmastime. You're sending letters and cards to friends and family. Use the cues provided to let the postal employee know how you want your mail sent.

    Modèle: **lettre / États-Unis / avec avis de réception**

You hear:	Vous voulez?
You say:	*Je voudrais un timbre pour envoyer cette lettre aux États-Unis.*
You hear:	C'est 4F50. Est-ce que vous voulez la faire recommander?
You say:	*Oui, avec avis de réception, s'il vous plaît.*
You hear:	D'accord. Avec avis de réception. Il y a autre chose?

    1. cartes de Noël / États-Unis / par avion

    2. lettre / Canada / avec avis de réception

    3. cartes postales / Mexique / par avion

    4. lettres / Algérie / sans avis de réception

    5. c'est tout

III. **Envoyons un colis!** Use the cues provided to explain to the postal employee where you want to send your packages.

    Modèle: **colis / États-Unis / voie de surface / pull-over**

You say:	*Je voudrais envoyer ce colis aux États-Unis.*
You hear:	Ah, vous voulez envoyer ce colis aux États-Unis. Par avion ou par voie de surface?
You say:	*Par voie de surface.*
You hear:	Bon. Indiquez le contenu sur cette étiquette de douane.
You say:	*C'est un pull-over.*
You hear:	D'accord, c'est un pull-over.

    1. paquet / Pérou / par avion / portefeuille

    2. cadeau / Sénégal / par avion / montre

    3. colis / États-Unis / par voie de surface / livres

IV. **Qui?** You and your brother are watching television while your mother is talking about what she did today. Because you are distracted, you don't hear what she says at first. Use the suggested interrogative expressions to ask her to repeat herself. Then your brother will do the same.

    Modèle: **Avec qui**

You hear:	Je suis allée en ville avec Mme Roseau.
You say:	*Avec qui est-ce que tu es allée en ville?*
You hear:	Avec qui est-ce que tu es allée en ville?
You hear:	Avec Mme Roseau.

    1. qui est-ce que   4. chez qui

    2. à qui   5. qui est-ce que

    3. qui

V. Quoi? When your father comes home, you are watching television with your sister. But it is the same story once again. For certain questions, a verb other than the one used by your father is suggested in parentheses.

Modèle: **qu'est-ce que (faire)**

You hear:	Après le déjeuner je me promenais dans le parc.
You say:	*Qu'est-ce que tu faisais?*
You hear:	Oui, qu'est-ce que tu faisais?
You hear:	Je me promenais dans le parc.

1. qu'est-ce que
2. sur quoi
3. de quoi

4. qu'est-ce que
5. qu'est-ce qui (se passer)

VI. Le Secouriste et son Saint-Bernard. (*The rescue worker and his Saint-Bernard*). You and a friend are hiking in the mountains. On the edge of a ravine you hear a voice calling for help. You see a man and a woman at the bottom of the ravine. Your friend tells you to call to the person, but each time you say something, your voice is heard in echo.

Modèle: **qui**

You hear:	Demande-leur qui ils sont.
You say:	*Qui êtes-vous?*
You hear:	Qui êtes-vous?
You hear:	Je suis Jean-Pierre.
You hear:	Je suis Jean-Pierre.
You say:	*C'est Jean-Pierre.*
You hear:	Ah, c'est Jean-Pierre.

1. qui
2. qu'est-ce qui
3. qu'est-ce que
4. avec qui
5. qu'est-ce qui
6. qui est-ce que
7. de quoi
8. pourquoi

VII. On ne te cherche pas. You have a friend who thinks the world revolves around her. Answer her questions negatively; another friend will repeat what you say.

Modèle:
You hear:	On me cherche?
You say:	*Non, on ne te cherche pas.*
You hear:	Comment?
You hear:	On ne te cherche pas.

1. connaître
2. écouter
3. vouloir / voir

4. aller / inviter
5. écrire
6. téléphoner

VIII. Mais il faut... You tell someone to do something for you, but he/she refuses to cooperate, so you insist that he/she do it.

Modèle: **regarder**

You say:	*Regarde-moi.*
You hear:	Je ne veux pas te regarder.
You say:	*Mais il faut que tu me regardes.*
You hear:	Il faut que je te regarde?
You say:	*Oui, il faut que tu me regardes.*

1. téléphoner 2. parler 3. écrire 4. aider 5. accompagner

IX. Nous nous aidons. You and your friends agree to help each other.

> **Modèle: accompagner**
>
> You hear: Qui va vous accompagner aujourd'hui?
> You say: *Je ne sais pas qui va nous accompagner.*
> You hear: Vous voulez que nous vous accompagnions?
> You say: *Vous voulez nous accompagner?*
> You hear: Bien sûr. Si vous pouvez nous accompagner demain.

1. appeler
2. aider à faire le ménage
3. apprendre à nager
4. chercher à l'aéroport
5. envoyer les livres

Bande 28   (Étapes 3 et 4)

I. Le Point de départ. Listen to the **Point de départ** of the **Troisième Étape** (p. 368).

II. Un coup de fil. You're explaining to your Swiss friend how to use a public telephone in France. Put the cues provided into the right order and answer her questions.

> **Modèle:** You hear: Qu'est-ce qu'il faut faire d'abord?
> You answer: *D'abord tu entres dans une cabine téléphonique.*
> You hear: Bon. J'entre dans une cabine téléphonique.

attendre la tonalité / parler à ton correspondant / décrocher l'appareil / composer le numéro / introduire les pièces de monnaie dans la fente / raccrocher l'appareil

III. Conversation téléphonique. You call your friend Maurice, who is ill. You want to find out how he's doing and if there is anything you can do for him. Unfortunately, you have a very bad connection, and he has to repeat everything you say. Use the elements given.

> **Modèle: Allô, allô... c'est le 42 56 74?**
> You say: *Allô, allô... c'est le 42 56 74?*
> You hear: Je ne vous entends pas très bien. Ici, c'est le 42 56 74.

1. parler à Maurice
2. (give your name)
3. Allô, Maurice?
4. appeler pour savoir comment ça va
5. pouvoir apporter quelque chose?
6. y aller dans quelques minutes
7. vouloir autre chose?
8. volontiers! / être chez toi vers midi / au revoir, Maurice

IV. Une surprise-partie. Your friend has lots of questions about the party you are organizing for Saturday night. Answer the questions using the pronoun **en.**

> **Modèle: oui / beaucoup**
> You hear: Tu as invité beaucoup de gens?
> You say: *Oui, j'en ai invité beaucoup.*
> You hear: Tu es sûr(e)? Tu en as invité beaucoup?
> You say: *Oui, j'en ai invité beaucoup.*

1. oui / assez   2. oui / assez   3. oui / beaucoup   4. non / non   5. non / non

V. Pas encore. Correct your friend's mistaken impression that the following events have already occurred. Use the expression **ne... pas encore.**

> **Modèle:** **faire la lessive**
> You hear: Simone a déjà fait la lessive?
> You say: *Non, elle n'a pas encore fait la lessive.*
> You hear: Ah, bon. Elle n'a pas encore fait la lessive.

1. gagner à la loterie
2. partir pour l'Europe
3. se fiancer
4. voir l'exposition
5. finir tes études

VI. Autrefois, oui. Indicate that what was once true is no longer true. Use the expression **ne... plus.**

> **Modèle:** **se fâcher**
> You hear: Marc se fâche facilement?
> You say: *Autrefois il se fâchait facilement, mais maintenant il ne se fâche plus.*
> You hear: Ah, maintenant il ne se fâche plus. C'est bien.

1. voyager beaucoup
2. jouer au tennis
3. manger de la viande
4. fumer
5. se disputer avec ses parents

VII. Une journée en ville. You spent what you hoped would be an interesting day in town. As it turned out, nothing happened and you saw no one you knew. Consequently, when your friend asks about your day, you don't have much to talk about. Use either **ne... rien** or **ne... personne** to answer your friend's questions.

> **Modèle:** **faire**
> You hear: Tu as fait quelque chose d'intéressant en ville?
> You say: *Non, je n'ai rien fait d'intéressant en ville.*
> You hear: Tu n'as rien fait d'intéressant?

1. acheter
2. voir
3. prendre
4. arriver
5. parler
6. voir
7. manger
8. rencontrer

VIII. Dictée: Au bureau de poste. Emmanuel spent two hours in the post office yesterday. Listen to what he has to say about the experience, then write it down on a separate sheet of paper. The complete text will be read first. Then each sentence will be read twice. At the end, you may want to listen to the text again so that you can verify your work.

IX. Conversation téléphonique. Your friend Éric is on the phone with his girlfriend Micheline. Although you can only hear Éric's side of the conversation, you can guess what Micheline is saying. Suggestion: listen once to everything Éric says, then listen a second time and put a check mark in the blank next to the appropriate expression for each number.

1. _____ Non, je n'ai pas envie d'aller au cinéma.

   _____ Ah, oui. J'adore aller au cinéma.

2. _____ J'ai déjà vu *E.T.*

   _____ J'ai envie de voir ce film depuis longtemps.

3. _____ À quelle heure commence le film?

   _____ À quelle heure termine le film?

4. _____ Tu veux aller à un restaurant avant le film?

   _____ Tu veux dîner ensemble après le film?

5. _____ Tu sais où on peut dîner?

_____ Je connais un bon restaurant chinois au Quartier Latin.

6. _____ Tu passes me chercher?

_____ Nous nous retrouvons devant le restaurant?

7. _____ À quelle heure veux-tu qu'on se retrouve?

_____ Je n'ai pas le temps de réserver une table.

8. _____ Je vais réserver une table tout de suite.

_____ Il n'est pas nécessaire de réserver une table.

9. _____ D'accord. Rendez-vous à 7h.

_____ Oui. À demain.

CHAPITRE QUINZE:
Installons-nous!

PARTIE ORALE

Bande 29   (Étapes 1 et 2)

I. Les Points de départ. Listen to the **Points de départ** of the **Première Etape** (p. 382) and the **Deuxième Étape** (p. 388).

locations non meublées offres		
1. AV. DE VERDUN, dans très bel imm. ancien, 7e ét., asc. 3 P., tt cft. Parfait état. 4 000 F + ch. Tél. le matin, 60-54-33-12	3. LUXEMBOURG, Studio tt cft, 2e ét., asc., imm. pierre, salle dche, kitchenette, cab. toil., **cave,** piscine, park. 2 900 F + ch. Tél. 67-89-15-75	5. BANLIEUE PARISIENNE, 4 P. dans rés. calme, près tts **commodités,** clair, ensoleillé, **comprenant:** entrée, gde cuis., séjour av. balc., 3 chbres, w.-c., s. de bns, nombreux **placards,** park., jard., sous-sol. 5 500 F. Tél. 22-46-81-39
2. RÉGION PARISIENNE, dans une très agréable rés., à prox. gare, cft moderne, 3 P., 4e ét., asc., **interphone,** balc., gar. **sous-sol.** 3 500 F + ch. Tél. 59-28-76-14	4. 7e ARRDT., 2 P., séj. + chbre, cuis. équip., RdC., petite rés., ch. comp. 2 100 F. Tél. 65-31-74-49	

II. Nous cherchons un appartement. You and your friends are looking for an apartment to share. Your friends ask you specific questions as you scan the ads above. Circle the number(s) of the apartment(s) that correspond to the questions they're asking. You will hear each question twice.

Modèle: You hear: Est-ce qu'il y a un appartement avec un interphone?
You circle: <u>2</u>

1. 1 2 3 4 5   5. 1 2 3 4 5
2. 1 2 3 4 5   6. 1 2 3 4 5
3. 1 2 3 4 5   7. 1 2 3 4 5
4. 1 2 3 4 5   8. 1 2 3 4 5

III. Demain, toujours demain! You and your friends tend to put things off until tomorrow. Make this clear, using the future tense and the cues provided.

Modèle: You hear: Il faut que tu laves la voiture.
You say: *Je la laverai demain.*
You hear: Ça ne va pas! Je la laverai moi-même.

1. faire la vaisselle   6. prendre des médicaments
2. aller à la poste   7. aller à la bibliothèque
3. être en classe   8. acheter des chaussures
4. finir leurs devoirs   9. rendre visite à ta soeur
5. vendre ton auto   10. parler à son professeur

IV. Nous le ferons. Indicate that you will do what is suggested, then ask a favor in return, using the cues provided.

> **Modèle:** **New York / parents / Los Angeles / frère**
> You hear: Si tu vas à New York, téléphone à mes parents.
> You say: *D'accord. Si je vais à New York, je téléphonerai à tes parents. Mais si tu vas à Los Angeles, téléphone à mon frère.*
> You hear: D'accord. Si je vais à Los Angeles, je téléphonerai à ton frère.

1. boulangerie / croissants / boucherie / poulet
2. cet après-midi / ménage / ce soir / lessive
3. ville / pharmacie / université / bibliothèque
4. dîner / mettre la table / déjeuner / mettre la table
5. avoir le temps demain / commander les livres / avoir le temps jeudi / commander les disques
6. sortir / manteau / sortir / parapluie

V. Nos lectures. Use the cues provided to answer questions about your reading habits and also about the reading habits of your friends. Use the verb **lire** in the tense indicated by the questions.

> **Modèle:** **un article sur les nationalisations**
> You hear: Qu'est-ce que tu fais?
> You say: *Je lis un article sur les nationalisations.*
> You hear: Moi, je lis une pièce de Shakespeare.

1. un poème
2. un roman policier
3. un roman d'amour
4. un essai de Montaigne
5. un conte de Voltaire
6. un article sur Rousseau
7. les petites annonces

VI. Les meubles. First, look at the drawing of the kitchen. When you hear an item mentioned, indicate **oui** if that item is in the drawing and **non**, if it is not.

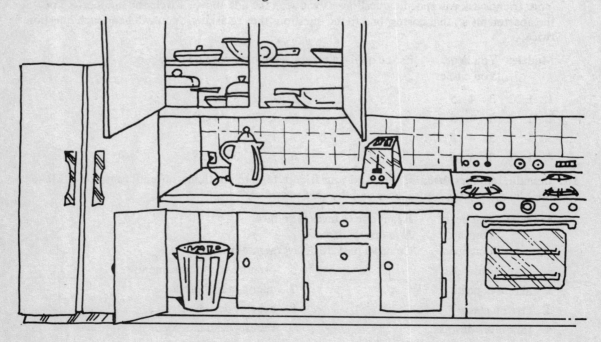

1. oui   non
2. oui   non
3. oui   non
4. oui   non
5. oui   non
6. oui   non
7. oui   non
8. oui   non
9. oui   non

Now look at the drawings of the two bedrooms. When an item is mentioned, indicated whether it is found in the **grande chambre (g)** or in the **petite chambre (p)**.

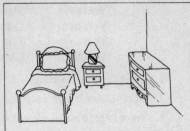

_____ une table de nuit   _____ des étagères
_____ un grand lit   _____ un fauteuil
_____ une commode   _____ une lampe
_____ un bureau   _____ un petit lit

Finally, listen to the description of the **salle de séjour** and fill in the blank floor plan.

VII. Si tu viens en France... Use the cues provided to ask your friends if they are coming to France this summer. Then remind them about something they have to do if they come.

> **Modèle:** **tu / se souvenir de l'horaire des trains**
> You say: *Tu viens en France cet été?*
> You hear: Oui, je viens en France cet été.
> You say: *Si tu viens, il faut que tu te souviennes de l'horaire des trains.*
> You hear: C'est vrai. Il faut que je me souvienne de l'horaire des trains.

1. elles / revenir à Paris
2. elle / obtenir une carte de séjour
3. vous / retenir des places dans le TGV
4. il / se souvenir de son appareil de photo

VIII. Ne vous en faites pas! (*Don't worry!*) You're upset and your friend asks you what's the matter. Use the cues provided to explain what just happened.

> **Modèle:** **je / perdre mon portefeuille**
> You hear: Qu'est-ce qu'il y a?
> You say: *Je viens de perdre mon portefeuille.*
> You hear: Ne t'en fais pas! Je viens de le trouver!

1. elles / dire qu'elles ne viendront pas
2. Francine / avoir un accident
3. je / apprendre que je n'ai pas réussi à l'examen
4. nous / se disputer avec Paul
5. ils / perdre leur carnet de chèques
6. je / avoir mal à la tête
7. Éric / dire qu'il ne peut pas sortir ce soir
8. nous / apprendre qu'il va pleuvoir

IX. Des nouvelles de la famille. Your cousin calls and asks you about rumors that he has heard concerning members of your family. You answer his questions using the cues provided and the pronoun y.

> **Modèle:** **oui / le mois prochain**
> You hear: J'ai entendu dire que ta soeur va aller à Paris.
> You say: *Oui, elle va y aller le mois prochain.*
> You hear: Ah, elle va y aller le mois prochain. Pourquoi?

1. trouver du travail
2. non / ne pas vouloir
3. préférer / aller l'année prochaine
3. trouver un petit appartement
4. oui / pouvoir avoir des animaux
5. habiter depuis dix ans
6. être heureux

Bande 30   (Étapes 3 et 4)

I. Le Point de départ. Listen to the **Point de départ** of the **Troisième Étape** (p. 396).

II. Changeons de l'argent! You are at the **bureau de change** to change dollars into French francs. Use the cues provided in your conversation with the employees.

    Modèle: **$150 / 500F / 3x100, 2x50, monnaie**

You say:	*Je voudrais changer 150 dollars en francs, s'il vous plaît.*
You hear:	Très bien. Vous avez une pièce d'identité?
You say:	*Voilà mon passeport. Quel est le cours du change?*
You hear:	Le cours est à 6F55. Ça vous fait 982F50.
You say:	*Pouvez-vous me changer le billet de 500F?*
You hear:	Certainement. Comment le voulez-vous?
You say:	*Trois billets de 100, deux billets de 50 et le reste en petite monnaie.*
You hear:	Voilà. Trois billets de cent, deux billets de cinquante et le reste en petite monnaie.

    1. $100 / 500F / 2 x 100, 4 x 50, 4 x 20, monnaie

    2. $250 / 1 000F / 1 x 500, 3 x 100, 2 x 50, monnaie

    3. $100 / 500F / 2 x 100, 4 x 50, monnaie

    4. $200 / 1 000F / 7 x 100, 4 x 50, monnaie

III. Tu as raison. Agree with the statement you hear using a stress pronoun in your answer.

    Modèle:

You hear:	Georges a peur des chiens.
You say:	*Tu as raison. Lui, il a peur des chiens.*
You hear:	Ah, oui. Lui, il a peur des chiens.

    (Items 1 — 6)

IV. Où est-ce qu'on va dîner ce soir? Using the cues given, explain where you're going to eat tonight and what you're going to eat (**on mange**) or drink (**on boit**).

    Modèle: **les Martin / viande**

You hear:	Où est-ce qu'on va dîner ce soir?
You say:	*On dîne chez les Martin.*
You hear:	Chez les Martin? Qu'est-ce qu'on va manger?
You say:	*D'habitude, on mange de la viande chez eux.*
You hear:	Ah, chez eux on mange de la viande.

    1. ses parents / lait   4. les Monot / vin

    2. Anne-Marie / légumes   5. Michel / omelettes

    3. notre professeur / escargots

V. Des cadeaux. Use the cues provided to explain what birthday presents you gave to your friends and family.

    Modèle: **tu / mère / montre**

You say:	*Qu'est-ce que tu offres à ta mère pour son anniversaire?*
You hear:	Je ne sais pas encore. Je pense lui offrir un livre.
You say:	*Moi, j'ai offert une montre à ma mère.*
You hear:	C'est bien, ça. Mais j'ai offert une montre à ma mère l'année dernière.

    1. elles / père / calculatrice   4. vous / frère / vélo

    2. il / soeurs / portefeuille   5. ils / mère / manteau

    3. tu / Anne-Marie / livre

VI. Un coup de téléphone à l'agence de location. You call a real estate agency to get some information about available apartments. When you call, the office is closed and you get a recorded message describing three of the apartments currently available. Listen to the messages and jot down some of the information you hear about each apartment. You may listen to the messages more than once.

Appartement numéro 1:

_____

_____

_____

Appartement numéro 2:

_____

_____

_____

Appartement numéro 3:

_____

_____

_____

VII. Dictée: Une lettre. Roland Ferrier, a businessman well established in his new job, is dictating a letter to his secretary, you! Write down what he says. He will read each sentence twice. At the end, he will read the entire letter again so that you can verify your dictation.

_____

_____

_____

_____

_____

_____

Nom: Cours:

CHAPITRE SEIZE:
Parlons de nos études!

PARTIE ORALE

Bande 31   (Étapes 1 et 2)

I. **Les Points de départ.** Listen to the **Points de départ** of the **Première Étape** (p. 408) and the **Deuxième Étape** (p. 415).

II. **Les étudiants.** A fellow student is trying to decide what to study. Based on the schedules given below, answer the questions about each of the following students and their courses of study.

Modèle:	You hear:	Qu'est-ce que Sophie fait comme études?
	You say:	*Elle est en sciences naturelles.*
	You hear:	Elle est en sciences naturelles? Combien de cours est-ce qu'elle a?
	You say:	*Elle a quatre cours.*
	You hear:	Quatre cours? Quels cours?
	You say:	*Elle suit des cours de biologie, de chimie, de mathématiques et d'anglais.*
	You hear:	Des cours de biologie, de chimie, de mathématiques et d'anglais. Quels jours a-t-elle ses cours?
	You say:	*Elle a ses cours le lundi, le mercredi et le vendredi.*
	You hear:	Le lundi, le mercredi et le vendredi. Est-ce qu'elle a des cours le mardi et le jeudi?
	You say:	*Le mardi et le jeudi elle a des travaux pratiques.*
	You hear:	Des travaux pratiques? Son emploi du temps est très chargé. Je ne voudrais pas faire sciences naturelles.

Sophie: SCIENCES NATURELLES

L	M	M	J	V
biologie chimie maths anglais	travaux pratiques (biologie)	biologie chimie maths anglais	travaux pratiques (chimie)	biologie chimie maths anglais

Eric: LETTRES

L	M	M	J	V
espagnol littérature philosophie informatique	espagnol	espagnol littérature philosophie informatique	espagnol	espagnol littérature philosophie informatique

Josette: BEAUX-ARTS

L	M	M	J	V
littérature psychologie	peinture dessin	littérature psychologie	peinture dessin	littérature psychologie

toi: SCIENCES HUMAINES

L	M	M	J	V
anthropologie sciences politiques anglais histoire		anthropologie sciences politiques anglais histoire		anthropologie sciences politiques anglais histoire

III. **Frère et soeur.** Jean-Patrice and his sister Danielle are very competitive. They're always comparing themselves to one another. One of your friends ask you to compare the two. Answer the questions using either **mieux** or **meilleur**.

Modèles: Jean-Patrice / Danielle

> You hear: Ils jouent au tennis?
> You say: *Oui, mais Jean-Patrice joue mieux que Danielle.*
> You hear: Ah, il joue mieux qu'elle.

Danielle / Jean-Patrice

> You hear: Ils sont étudiants?
> You say: *Oui, mais Danielle est meilleure que Jean-Patrice.*
> You hear: Ah, elle est meilleure que lui.

1. Jean-Patrice / Danielle?
2. Danielle / Jean-Patrice
3. Danielle / Jean-Patrice
4. l'auto de Jean-Patrice / l'auto de Danielle
5. le vélo de Danielle / le vélo de Jean-Patrice
6. Jean-Patrice / Danielle

IV. **Trois professeurs de français.** There are three French teachers at your school. Compare them using the information in the chart.

Modèle: avoir des étudiants

> You hear: Comparez le nombre d'étudiants qu'ont M. Juin et Mlle Cholan.
> You say: *M. Juin a plus d'étudiants que Mlle Cholan.*
> You hear: Ah, il a plus d'étudiants que Mlle Cholan. Et comparez le nombre d'étudiants qu'ont Mme Vincent et M. Juin?
> You say: *Mme Vincent a moins d'étudiants que M. Juin.*
> You hear: Ah, elle a moins d'étudiants que M. Juin. Et comparez le nombre d'étudiants qu'ont Mme Vincent et Mlle Cholan?
> You say: *Mme Vincent a plus d'étudiants que Mlle Cholan.*
> You hear: Ah, elle a plus d'étudiants que Mlle Cholan.

Professeur	Nombre d'étudiants	Années d'expérience	Age	Façon de parler	Réputation scolaire	Rapports avec étudiants
M. Juin	100	15	45	vite	bonne	bien
Mme Vincent	75	10	40	très vite	excellente	très bien
Mlle Cholan	60	10	35	lentement	bonne	assez bien

1. avoir de l'expérience
2. être âgé
3. parler rapidement
4. la réputation / être bonne
5. s'entendre bien avec les étudiants / moins bien

V. Le plus... le moins... You are touring Paris with a friend. Describe each of the places you see with a superlative form, then answer your friend's question.

    Modèle: **la tour Montparnasse / un haut bâtiment / Paris**
                la tour Montparnasse: 210m / la tour Eiffel: 321m

                You hear: Voilà la tour Montparnasse.
                You say: *C'est le plus haut bâtiment de Paris.*
                You hear: C'est le plus haut bâtiment de Paris? Elle est plus haute que la tour Eiffel?
                You say: *Non, tu as raison. Elle est moins haute que la tour Eiffel.*
                You hear: Oui, elle est moins haute que la tour Eiffel.

1. Notre-Dame de Paris / une belle cathédrale / France
   Notre-Dame de Paris: + + / Chartres: + + + + +

2. le pont de l'Alma / un vieux pont / Paris
   le pont de l'Alma: 1854 / le pont Neuf: 1604

3. l'Archistrate / un restaurant cher / Paris
   l'Archistrate: 180 à 240F / Tour d'Argent: 190 à 250F

4. le musée Picasso / un grand musée / Paris
   le musée Picasso: 2 000 tableaux / le Louvre: 400 000 objets d'art

5. le jardin du Luxembourg / un grand parc / Paris
   le jardin du Luxembourg: 2 000 arbres / le Bois de Boulogne: 5 000 arbres

VI. Et toi, qu'est-ce que tu en penses? You and your friends are discussing French painting—artists and movements. Ask two friends their opinions on each of the following topics. Remember to distinguish between people (**lui**) and things (**en**).

    Modèles: Picasso
                You say: *Qu'est-ce que tu penses de Picasso?*
                You hear: Je trouve qu'il est extraordinaire.
                You say: *Et toi, qu'est-ce que tu penses de lui?*
                You hear: Oui, qu'est-ce que tu penses de lui?
                You hear: Oh, j'aime mieux ses premiers tableaux.

            l'art moderne
                You say: *Qu'est-ce que tu penses de l'art moderne?*
                You hear: Je le trouve très intéressant.
                You say: *Et toi, qu'est-ce que tu en penses?*
                You hear: Oui, qu'est-ce que tu en penses?
                You hear: Moi, je ne l'aime pas beaucoup.

1. Braques	3. le cubisme	5. Renoir
2. le surréalisme	4. Cézanne	6. la peinture abstraite

VII. Et toi, tu y penses aussi? Ask your friends whom or what they are (or were) thinking about in the following situations. Remember to distinguish between people (**moi, toi, lui,** etc.) and things (**y**).

    Modèle: **maintenant / quoi**
                You say: *À quoi est-ce que tu penses maintenant?*
                You hear: Je pense à mon examen.
                You say: *Et toi, tu y penses aussi?*
                You hear: Oui, tu y penses aussi?
                You hear: Non, je n'y pense pas.

1. maintenant / qui	4. quand je suis arrivé(e) / quoi
2. maintenant / quoi	5. souvent / qui
3. quand je suis arrivé(e) / qui	6. souvent / quoi

Bande 32 (Étapes 3 et 4)

I. **Le Point de départ.** Listen to the **Point de départ** of the **Troisième Étape** (p. 421).

II. **La vie universitaire américaine.** Two French students who are visiting your school ask you questions about your life. You answer according to the information given below.

    Modèle: 4e / appartement

        You hear: C'est ta première année à l'université?
        You say: *Non, c'est ma quatrième année.*
        You hear: Ta quatrième année? Tu es "senior". Est-ce que tu habites sur le campus?
        You say: *Non, j'habite dans un appartement.*

    1. 2e / résidence universitaire / une camarade de chambre / snack bar / reporter pour le journal des étudiants / sortir avec mes amis / aller au cinéma ou faire une promenade à vélo

    2. 3e / appartement / deux amis / s'entendre bien / préparer les repas à la maison / sports / se reposer / regarder la télévision ou jouer aux cartes.

III. **Avant ou après?** Answer the questions explaining that you will do something either before or after something else. You will then hear that someone else has the same plans as you do.

    Modèles: avant / le déjeuner

        You hear: Est-ce que tu seras à la bibliothèque après le déjeuner?
        You say: *Non, je serai à la bibliothèque avant le déjeuner.*
        You hear: Moi aussi, je serai à la bibliothèque avant le déjeuner.

        après / manger

        You hear: Est-ce que tu finiras tes devoirs avant de manger?
        You say: *Non, je finirai mes devoirs après avoir mangé.*
        You hear: Moi aussi, je finirai mes devoirs après avoir mangé.

    1. avant / le cours de français   4. après / rentrer
    2. après / les travaux pratiques   5. après / dîner
    3. après / passer l'examen   6. avant de / finir les devoirs

IV. **Et après?** You are waiting for your younger brother, who has not returned home yet, so you question one of his friends about their activities. For each answer, ask a new question using **après** + noun or **après** + past infinitive.

    Modèle: tu / il / vous

        You say: *Tu as vu Robert?*
        You hear: Oui, je l'ai vu ce matin à l'école.
        You say: *Qu'est-ce qu'il a fait après l'école?*
        You hear: Lui et moi, nous sommes allés au jardin public.
        You say: *Après être allés au jardin public, qu'est-ce que vous avez fait?*

    Now continue with the questioning as you hear the answers.

    1. retrouver / vous   2. s'arrêter / vous   3. prendre / Robert
    4. venir / il   5. manger un sandwich   6. partir / il

V. **Les Verdun.** In small towns in France (as in the United States), many people tend to be related. A visitor, going through the phone book, notices the number of entries with the last name Verdun, the same as yours. Use the cues provided to identify their relationship to you and their occupation.

Modèle: **Étienne Verdun — cousin / médecin**
You hear: Étienne Verdun?
You say: *C'est mon cousin.*
You hear: C'est ton cousin. Que fait-il?
You say: *Il est médecin.*
You hear: Ah, il est médecin.

1. Jean-Jacques Verdun — oncle / pharmacien
2. Simone Verdun — cousine / avocate
3. Claire Verdun — tante / médecin
4. Louis Verdun — grand-père / boucher
5. Pierre Verdun — père / ingénieur
6. Marie-Louise Verdun — soeur / professeur

VI. **De vieilles photos.** You and a friend are looking at some old photographs. Your friend has trouble identifying what is in the pictures; when you identify the objects, you then disagree about how to describe them.

Modèle: **maison / grande**
You hear: Qu'est-ce que c'est?
You say: *C'est une maison.*
You hear: C'est une maison? Ah, oui. C'est une assez petite maison.
You say: *Mais non, elle est grande, cette maison.*
You hear: Tu trouves qu'elle est grande, cette maison? Moi, non.

1. maison / jolie
2. restaurant / bon
3. garçons / assez grands
4. maison / assez nouvelle
5. livre / très intéressant
6. pêches / mauvaises

VII. **Dictée: les universités en France.** Listen to the text which will be read once straight through; then each group of words will be read twice. Write down what you hear. You may want to listen to the entire passage again to verify your work. Use a separate sheet of paper.

VII. **L'argot des étudiants.** French students, as do students of all nations, have their slang expressions (**argot**) to talk about school and university life. Listen to the following conversation between two French university students and try to pick out the slang expressions listed below. Following the conversation, the expressions will be explained. Write their equivalent in "normal" French in the space provided.

du boulot _____

des bouquins _____

vachement dur _____

bosser _____

bouffer _____

le restau-U _____

CHAPITRE DIX-SEPT:
Visitons le monde francophone!

PARTIE ORALE

Bande 33 (Étapes 1 et 2)

I. Vous connaissez votre géographie? Your Francophone friend claims that Americans don't know their geography. In order to prove your friend wrong, you agree to take a test. Indicate in what part of the world each of the following countries is located.

Régions: **en Amérique du Nord, en Europe, en Afrique, en Asie, en Océanie, aux Antilles, en Amérique du Sud**

Modèle: You hear: le Québec
           You say: *Le Québec se trouve en Amérique du Nord.*
           You hear: Tiens! Vous avez raison. Le Québec se trouve en Amérique du Nord.

(Items 1 — 10)

II. Est-ce que tu connais... ? Use the cues provided to ask your friend a question.

Modèle: **femme / être professeur**
           You hear: Je connais une femme. Elle est professeur.
           You say: *Comment s'appelle cette femme qui est professeur?*
           You hear: Oui, comment s'appelle cette femme qui est professeur?

1. étudiants / être français
2. homme / avoir trois voitures
3. enfant / être doué en mathématiques
4. étudiante / faire son droit
5. jeune personne / jouer très bien du piano

III. Préférences. Answer your friend's questions truthfully, using the relative pronoun **que**.

Modèle: You hear: Qui est-ce que tu admires le plus?
           You say: *La personne que j'admire le plus est (name someone).*
           You hear: Moi, la personne que j'admire le plus est ma mère.

(Items 1 — 5)

IV. Curiosité. Use the cues provided to ask questions. Use **qui** or **que** in your questions. You may also need a preposition such as **à, avec,** etc.

Modèle: **garçon / tu / rencontrer / gentil**
           You say: *Est-ce que le garçon que tu as rencontré est gentil?*
           You hear: Oui, le garçon que j'ai rencontré est gentil.

1. professeur / t'enseigner l'histoire / exigeant
2. robe / elle / acheter / chère
3. train / vous / prendre / part à 20h
4. avocat / ils / parler (passé composé) / célèbre
5. garçon / elle / sortir / français
6. médecin / tu / travailler / gentil
7. film / vous / voir (passé composé) / intéressant
8. cours / elles / suivre / difficiles
9. progrès / il / faire (passé composé) / impressionnants
10. personne / te téléphoner (passé composé) / est journaliste

V. Allons à Québec. According to what your friend would like to see, suggest a place to visit in the city of Québec.

Endroits à visiter: **la place d'Armes, l'hôtel Château-Frontenac, le Musée du Fort, la terrasse Dufferin, la Citadelle, le monastère des Ursulines**

Modèle: **domine la place d'Armes**
  You hear: Je voudrais voir un hôtel qui a été construit au dix-neuvième siècle.
  You say: *Allons à l'hôtel Château-Frontenac.*
  You hear: À l'hôtel Château-Frontenac? Où se trouve-t-il?
  You say: *Il domine la place d'Armes.*

1. le fort le plus ancien de Québec

2. la première école pour filles en Amérique

3. se promener

4. les grandes étapes de l'histoire militaire québécoise

5. une fontaine et le monument de la Foi

VI. Je peux vous donner... Use the relative pronoun **dont** to explain that you can give the things your friends are looking for.

Modèle: **lui donner**
  You hear: Alexandre a besoin du livre de français?
  You say: *Je peux lui donner le livre dont il a besoin.*
  You hear: Tu peux lui donner le livre dont il a besoin?

1. te donner   4. te donner

2. leur donner   5. leur donner

3. vous donner   6. te donner

Bande 34   (Étapes 3 et 4)

I. Le Sénégal. Listen to the following description of the African country of Senegal, then decide which of the following statements are true or false. Put **V (vrai)** in front of those statements that are true and **F (faux)** before any false statements.

_____ 1. Le Maroc est un voisin du Sénégal.

_____ 2. La saison sèche est entre novembre et mai.

_____ 3. La colonisation française a commencé avec la fondation de Dakar, la capitale actuelle.

_____ 4. Le Sénégal est devenu un pays indépendant au 19e siècle.

_____ 5. Le Sénégal avait un président qui était aussi poète.

_____ 6. Tous les sénégalais parlent français.

II. Qu'est-ce qui est important? Use **tout ce qui** to emphasize what is considered to be important to people.

Modèle: **important / le travail**
  You hear: Le travail est très important pour eux.
  You say: *Tout ce qui est important pour eux, c'est le travail.*
  You hear: Tu as raison. Tout ce qui est important pour eux, c'est le travail.

1. essentiel / le bonheur   4. important / la paix dans le monde

2. important / l'argent   5. essentiel / ses études

3. essentiel / un bon job

III. Qu'est-ce qu'ils veulent? Use **tout ce que** to emphasize what people seem to want.

Modèle: **vouloir / de l'argent**

You hear: Ils veulent de l'argent.

You say: *Tout ce qu'ils veulent, c'est de l'argent.*

You hear: Tu as raison. Tout ce qu'ils veulent, c'est de l'argent.

1. chercher / un bon job
2. attendre / une bonne occasion
3. vouloir / une interview
4. aimer / un bon vin blanc
5. chercher / le bonheur

IV. Nous avons appris beaucoup de choses. Danielle and Pierre are talking about everything they've learned about France and the French-speaking world. Listen to their conversation, then do the comprehension exercise. First, list some of the places Danielle and Pierre mention in their conversation. Then add at least three other places that interest you.

Danielle et Pierre   *moi*

Paris

_____   _____

_____   _____

_____   _____

_____   _____

_____   _____

Provinces

_____   _____

_____   _____

_____   _____

_____   _____

Autres régions francophones

_____   _____

_____   _____

_____   _____

_____   _____

V. Dictée: Un voyage en France. Cécile talks about her trip to Europe with her family. Write down what she says on a separate sheet of paper. The complete text will be read first. Then each word group will be read twice. At the end, you may want to listen to the text again so that you can verify your work.

CHAPITRE DIX-HUIT:
Dînons!

PARTIE ORALE

Bande 35 (Étapes 1 et 2)

I. Les Points de départ. Listen to the **Points de départ** of the **Première Étape** (p. 460) and the **Deuxième Étape** (p. 467).

II. Les spécialités régionales. Every French region has its own gastronomic specialities. Use the information given in your **Cahier** to identify the following regional specialities.

Modèle: **la fondue / Bourgogne**
You hear: la fondue
You say: *La fondue? C'est une spécialité de la Bourgogne.*
You hear: De la Bourgogne? Ah, c'est une spécialité bourguignonne.
You say: Oui, c'est une spécialité bourguignonne.

1. la choucroute / Alsace   2. la bouillabaisse / Provence   3. les crêpes / Bretagne
4. le cassoulet / Toulouse   5. les escargots / Bourgogne   6. les tripes / Normandie

III. Au restaurant. You are eating in a French restaurant with your uncle, who does not speak French. You serve as his interpreter.

Modèle: You hear: Ask for a table for three.
You say: *Une table pour trois, s'il vous plaît.*
You hear: Une table pour trois... certainement, Monsieur. Par ici.

IV. Qu'est-ce que vous feriez si... Use the cues provided to explain what you and your friends would do if you could relive your life. Use the present conditional of the indicated verbs.

Modèle: **devenir ingénieur**
You hear: Qu'est-ce que tu ferais si tu pouvais refaire ta vie?
You say: *Je deviendrais ingénieur.*
You hear: Moi, je deviendrais avocat.

1. étudier en France   2. être chanteuse   3. aller au Japon
4. apprendre le russe   5. faire des économies

V. De toute façon... (*Anyway...*) When you're told that your friends have decided against certain things, you express your approval by indicating that, in any case, they would have difficulties. Use the present conditional of the suggested expressions.

Modèle: **ne pas réussir**
You hear: Jean-Marc ne continue pas ses études.
You say: *De toute façon, il ne réussirait pas.*
You hear: Tu as raison. Il ne réussirait pas.

1. ne pas être heureux   2. ne pas faire de progrès   3. ne jamais le finir
4. ne rien manger   5. ne pas y voir ses amis   6. ne rien comprendre

VI. À sa place... Tell what you would have done in the following situations. Use the past conditional of the suggested verbs.

Modèle: rester au lit
　　　You hear:　　Quand Jean-Paul s'est levé ce matin, il avait de la fièvre. Mais il est allé au bureau comme tous les jours.
　　　You say:　　*À sa place, je serais resté(e) au lit.*
　　　You hear:　　Moi aussi. À sa place je serais resté(e) au lit.

1. prendre l'autobus　2. se raser la barbe　3. ne pas acheter la maison
4. aller au concert　5. se fâcher　6. rentrer tout de suite

Bande 36　(Étapes 3 et 4)

I. Le Point de départ. Listen to the **Point de départ** of the **Troisième Étape** (p. 473).

II. Des conseils. For each situation, offer the advice suggested using the conditional of **devoir**.

Modèle: faire attention
　　　You hear:　　Ma soeur a beaucoup d'accidents.
　　　You say:　　*Elle devrait faire attention.*
　　　You hear:　　Oui, c'est ça. Elle devrait faire attention.

1. changer d'appartement　2. passer deux ou trois jours en Suisse　3. lui téléphoner
4. attendre un peu　5. se coucher plus tôt　6. acheter une nouvelle auto

III. Probablement. Indicate what was supposed to happen (use the imperfect of **devoir**) and then tell what must have prevented it from happening (use the **passé composé** of **devoir**).

Modèle: être là à 6h / se perdre en route
　　　You hear:　　Où est Jacques?
　　　You say:　　*Je ne sais pas. Il devait être là à 6h.*
　　　You hear:　　Oui, il devait être là à 6h. Qu'est-ce qui lui est arrivé?
　　　You say:　　*Il a dû se perdre en route.*
　　　You hear:　　Oui, c'est ça. Il a dû se perdre en route.

1. être là à midi / oublier

2. nous accompagner au concert / changer d'avis

3. travailler aujourd'hui / décider de prendre un jour de congé

4. téléphoner / avoir des difficultés à la maison

IV. Des regrets. Indicate what should have been done, using the past conditional of **devoir**.

Modèle: faire sa demande plus tôt
　　　You hear:　　Monique a eu le poste?
　　　You say:　　*Non. Elle aurait dû faire sa demande plus tôt.*
　　　You hear:　　Tu as raison. Elle aurait dû faire sa demande plus tôt.

1. attendre quelques semaines　2. venir plus tôt　3. suivre un cours d'informatique
4. aller en Corse　5. acheter une voiture française　6. prendre le train

V. Dictée: les bonnes manières. Listen to the text, which will be read once in its entirety. Then each group of words will be read twice. Write what you hear. You may want to listen to the entire passage again to verify your work.

VI. Proverbes et expressions. Four people are talking about food and the French language. Listen to the conversation, then complete the proverbs and expressions that are mentioned. Do they all have English equivalents? You may want to listen to the conversation more than once.

1. Un repas sans _____ est comme une journée sans _____ .

2. Un jour sans _____ est comme une fille à qui il manque (*is missing*) _____ .

3. C'était long comme _____ sans _____ .

4. Quand _____ est tiré, il faut le _____ .

5. Elle met _____ dans son _____ .

6. J'ai _____ sur la planche.

7. Il vaut mieux aller au _____ qu'au _____ .

8. Mon oncle s'est trouvé _____ .

9. Il est heureux comme _____ .